2020 中国煤炭行业绿色发展报告

刘传庚 / 主编

中国经济出版社
CHINA ECONOMIC PUBLISHING HOUSE
· 北 京 ·

图书在版编目（CIP）数据

中国煤炭行业绿色发展报告．2020／刘传庚主编．--北京：中国经济出版社，2020.11

ISBN 978-7-5136-5925-3

Ⅰ．①中…　Ⅱ．①刘…　Ⅲ．煤炭工业-工业发展-研究报告-中国-2020　Ⅳ．①F426.21

中国版本图书馆 CIP 数据核字（2019）第 281064 号

责任编辑　丁　楠
责任印制　马小宾
封面设计　任燕飞

出版发行　中国经济出版社
印 刷 者　北京建宏印刷有限公司
经 销 者　各地新华书店
开　　本　710mm×1000mm　1/16
印　　张　14.5
字　　数　203 千字
版　　次　2020 年 11 月第 1 版
印　　次　2020 年 11 月第 1 次
定　　价　68.00 元
广告经营许可证　京西工商广字第 8179 号

中国经济出版社　**网址** www.economyph.com　**社址** 北京市东城区安定门外大街 58 号　**邮编** 100011
本版图书如存在印装质量问题，请与本社销售中心联系调换（联系电话：010-57512564）

编 委 会

主　编： 刘传庚

副主编： 牛克洪　陈绍杰　汪秋磊　郭中华

编　者： 司千宇　李旗刚　孙志伟　白卫国　陈　雷
王霄飞　李　跃　江东耀　张一清　盛玲玉

PREFACE

序　言

我国“富煤、贫油、少气”的特点决定了煤炭行业在我国能源行业中占据重要地位。为支撑我国经济社会快速发展，煤炭行业得到迅猛发展。2000—2019年，煤炭产量由9.98亿吨增长到39.7亿吨，增长了2.97倍；煤炭消费由14.11亿吨增长到42.7亿吨，增长了2.03倍。2019年煤炭消费量增长1%，煤炭消费量占能源消费总量的57.7%，比上年下降1.5个百分点。煤炭在生产和消费过程中会破坏生态环境、造成污染，特别是在开采和燃烧利用环节。煤炭开采引发土地沉陷、水资源破坏、瓦斯排放、煤矸石堆存等，煤炭燃烧排放的废气会造成大气污染，排放的二氧化硫会产生酸雨，排放的二氧化碳会加剧气候变暖。面对能源资源约束趋紧、生态环境污染排放治理和应对气候变化的压力，煤炭行业转型升级成为必然。

在党的十九大提出加强生态文明建设、“十三五”推进绿色发展的指引下，按照“四个革命、一个合作”的能源战略推进能源生产和消费革命，以《煤炭工业发展“十三五”规划》为行动纲领，煤炭行业向绿色发展转型升级。绿色发展成为煤炭行业“十三五”期间的重要主题。2017年国务院政府工作报告明确提出：退出煤炭产能1.5亿吨以上，并要淘汰、停建、缓建煤电产能5000万千瓦以上；全面实施散煤综合治理，着力推进北方地区冬季清洁取暖。2017年中央经济工作会议强调：深化供给侧结构性改革，推动化解过剩产能，大力培育新动能，推动传统产业优化升级；加快推进生态文明建设，发展循环经济，促进资源循环利用，推动产业循环发展。2019年中央经济工作会议强调，“加快绿色发展，参与全球经济治理体系变革，变压力为加快推动经济高质量发展的动力”。2019年国务院工作报告提出，加强污染防治和生态建设，大力推动绿色发展。绿色发展是构建现代化经济体系的必然要求，是解决污染问题的根本之策。应推进煤炭清洁化利用，加快解决风、光、水电消纳问题。

“中国煤炭行业绿色发展”课题将绿色发展作为中国煤炭行业转型升级的重点研究内容，以严谨务实的作风，由山东工商学院煤炭经济学院、山东能源经济协同创新中心课题组成员共同协作完成，旨在系统剖析我国煤炭行业绿色发展的成效与不足、甄别难点与重点、探讨对策与建议。

本书以国家大政方针为引领，以煤炭行业绿色发展相关政策措施为指导，以煤炭行业面临的问题为突破点，以煤炭清洁生产和煤炭清洁高效利用为重点，全面系统地研究了煤炭行业绿色发展的理论与实践，融知识性、理论性、政策性和实践性为一体，是国内公开发行的首部以绿色发展研究煤炭行业转型升级的著作，可作为与煤炭行业绿色发展相关的政府、企业、研究人员的参考用书。

由于煤炭行业绿色发展具有内涵丰富和状况复杂的特征，而本书撰写又受限于时间和人力，内容存在不妥之处，敬请读者谅解。

PREFACE

前　言

面对能源资源约束趋紧、生态环境污染排放治理和应对气候变化的压力，在党的十九大提出加强生态文明建设、推进绿色发展的指引下，按照“四个革命、一个合作”的能源战略推进能源生产和消费革命，《煤炭工业发展“十三五”规划》提出“努力建设集约、安全、高效、绿色的现代煤炭工业体系”，绿色发展成为煤炭行业“十三五”发展的重要主题。2020年是煤炭行业“十三五”绿色发展的关键年份，应通过全方位研究煤炭行业绿色发展，促进煤炭行业有序均衡发展。

本书共分为四个部分。

第一部分是总论。简要阐释煤炭行业绿色发展有助于保障国家能源安全、促进煤基战略性新兴产业发展、推动煤炭生产和消费革命，有利于控制环境污染、减缓温室气体排放以及提升煤炭行业国际竞争力和影响力的意义。以煤炭行业绿色发展内涵为切入点，从煤炭和煤矿全生命周期角度，分析煤炭的生产和消费，构建以政策措施为指导、以煤炭清洁生产和煤炭清洁高效利用为核心、以技术创新与应用为支撑的煤炭行业绿色发展理论体系。按照煤炭行业绿色发展内涵，归纳了煤炭行业绿色发展的五个阶段，并剖析煤炭行业绿色发展面临的机遇与挑战，明确绿色发展的困境，提出建立健全绿色发展政策法规体系、推进绿色发展的科技创新、推进绿色矿山建设、提高燃煤效率和散煤治理、推进现代煤化工产业化发展和提高煤炭绿色物流水平的煤炭行业绿色发展路径。

第二部分是现状篇。从国家大政方针到相关政策措施，分别在煤炭清洁生产和煤炭清洁高效利用两方面逐步展开煤炭行业绿色发展研究。首先，开篇以国家大政方针为顶层设计，重点分析党的十九大报告和“十三五”规划所倡导的绿色发展理念对能源行业、煤炭行业绿色转型的积极意义，剖析《中国制造 2025》《能源生产和消费革命战略（2016—2030）》等的发布落实对能源行业、煤炭行业启动绿色发展的影响，研究煤炭行业“十三五”各个专项规划及行动计划对煤炭行业绿色发展战略部署与行动纲领的引领作用。其次，归纳供给侧结构性改革面临的困境、节能减排需重点关注和生态环境保护工作开展的着力点，分析煤炭行业供给侧结构性改革、产能调控、节能减排、低碳发展、生态环保等方面的政策措施的出台及实施。供给侧结构性改革使得煤炭产能过剩问题得到较大缓解，促进煤炭产业结构优化升级，煤炭企业经营状况明显好转和煤炭行业安全事故明显下降，节能减排和低碳发展使得原煤生产能效水平有很大提升，节能减排技术快速发展和资源综合利用水平不断提高，环保督察和生态补偿强有力地促进了生态环保工作开展。再次，阐释了煤炭清洁生产是推动煤炭行业绿色发展的有效途径，从促进煤炭清洁生产方面制定的一系列制度政策入手，归纳《中华人民共和国煤炭法》和《中华人民共和国清洁生产促进法》等法规条例、《煤炭采选业清洁生产评价指标体系（试行）》和《生产煤矿回采率管理暂行规定》等部门规章以及推进清洁生产的煤炭行业标准化体系建设和标准修订，着力分析煤炭清洁生产的绿色开采、煤炭洗选加工、煤炭绿色物流、矿区循环经济、矿区生态环境治理等重要环节的绿色发展面临的形势及路径，重点研究煤炭开采、洗选加工、矿区生态环境保护、智能矿山等领域的清洁生产技术及应用。最后，阐释国家实施能源消费“双控”及煤炭消费减量替代，将进一步严格控制能源消费总量的增长和煤炭消费总量的增长，煤炭清洁高效利用成为煤炭行业绿色发展的有效途径，从为促进煤炭清洁高效利用制定的一系列制度政策入手，归纳《煤电节能减排升级与改造行动计划（2014—2020 年）》《煤炭清洁高效利用行动计划（2015—2020年）》等，重点分析做燃料（燃煤发电、燃煤锅炉和民用散煤）和做原料（煤化工和煤焦化）的煤炭等重点领域绿色发展面临的形势及路径，重点研究清洁利用和高效转化的技术及应用。

第三部分是专题篇。主要聚焦近年来煤炭行业绿色发展的重点领域，如绿色开采技术体系、煤化工行业绿色发展、绿色矿山和散煤治理。煤炭绿色开采是一项系统工程，核心是安全高效绿色开采，最大限度地提高资源回收率和利用率，降低对环境及其他资源的破坏。其技术体系的构建应全面考虑煤炭资源开采的整个过程，关键技术主要包括保水开采技术、充填开采、煤与瓦斯共采技术、减沉开采技术、矸石减排技术和生态恢复技术等。目前主要问题为研发创新能力和技术水平有待进一步提高、企业技术研发和管理人才匮乏、法律法规和管理制度仍不完善，建议加大科技创新力度和成果推广力度、推动“知识型+技能型+创新型”人才队伍建设，建设煤炭绿色开采监管体系。在我国石油天然气储量和生产相对不足、对外依存度持续提高的背景下，从保障能源安全出发，凸显煤化工产品替代石油石化产品的战略意义。针对煤化工行业发展过程中的耗水高及由此引发的生态环境问题，国家通过一系列政策引导，鼓励技术创新，通过系列示范工程的建设，推进相关技术应用，促进煤化工行业绿色发展。近年来，煤焦化、煤气化、煤液化等行业技术通过依托科技创新以及借鉴国外的成功经验，取得了突破性进展，煤制油、煤制烯烃等一大批关键技术居世界领先地位，并在行业绿色发展方面取得了极大进展。为进一步促进煤化工产业绿色发展，建议完善节能减排管理体制、强化对煤化工企业的节能减排监督、加强专业人才的引进和培养、引进清洁生产技术和提高现代煤化工建设项目环境准入条件。绿色矿山建设着力于科学、有序、合理地开发利用煤矿资源，主要包含规划、开采、选矿、资源综合利用、环境恢复与治理、数字化建设、文化建设和矿地和谐建设。2017年为我国绿色矿山建设政策与标准集中发布的一年，绿色矿山建设实现了从试点探索到全面推进的飞跃，煤炭绿色矿山试点数量为222个，是纳入试点最多的行业，占试点总数的33.23%。近年来，煤炭行业的绿色矿山试点在资源综合利用、科技创新、节能减排、环境保护、社区和谐等方面积累了大量的成功经验，但也存在不足，建议扩大煤炭绿色矿山建设的规模、加大新技术创新、引进和加快构建多元化治理体系。在“控煤治霾、加快能源转型、推进北方清洁取暖、保民生暖民心”的大背景下，散煤治理得到了中央和地方政府、媒体及社会各界的高度重视，2017年国家陆续出台了一系列新的政策法规，主要以大气污染治理为目标，以能源消费转型为抓手，散煤综合施治与北方清洁供暖相结合，政府激励与监督并重。目前，存在的问题主要有煤改气、煤改电的供应与成本存在矛盾，补贴方式缺乏持续性，清洁能源季节性供需调峰压力增大，“煤改气”“煤改电”中的安全隐患突出，工程建设设备安装缺乏统一标准，洁净煤与节能环保炉具的质量有待提高，建议因地制宜选择供暖热源，加大对农村居民的清洁采暖补贴力度，全面提升热网系统效率，有效降低用户取暖能耗。

第四部分是展望篇。主要展望国际国内煤炭行业绿色发展形势。国际上，亚太、欧洲、北美是煤炭的主要生产和消费地区，集中了世界上主要的发达经济体和新兴经济体。发达经济体已进入后工业化时代，煤炭需求呈下降趋势，对煤炭相关政策以减少项目资助、设定排放限制、淘汰煤炭使用为主基调。而新兴经济体正处于重工业化快速发展阶段，对包括煤炭在内的各种能源的需求均保持强劲增长势头，对煤炭相关政策以提高煤炭产量、发展燃煤电厂、提振煤炭产业为主。在全球能源转向清洁化、低碳化背景下，煤炭行业绿色发展势头强劲，煤炭国际贸易需求转向绿色。国内，煤炭行业绿色发展的内在动力和外在压力持续加大，绿色相关支撑技术加速涌现，中央和地方政府通过法规政策逐步规范煤炭行业绿色发展，煤炭行业正由少节制、低效率、高污染发展转向低碳化、清洁化、数字化。我国煤炭行业绿色发展处于起步阶段，相关的体系机制尚未完全搭建起来，需要明确我国煤炭行业绿色发展的重点领域，开放国际合作，逐步落实长期目标，建议建立系统性的绿色发展体系，建设现代煤炭工业体系，提升煤炭行业绿色发展科技创新能力，推动煤炭绿色发展对外合作。

CONTENTS

目　录

专题篇

展望篇

总论　砥砺前行，全方位推进煤炭行业绿色发展

面对能源资源约束趋紧和生态环境污染排放治理压力，树立人与自然和谐共生、绿水青山就是金山银山、良好的生态环境是最普惠的民生福祉的观念，以创新驱动发展新动能、建立绿色生产和消费的法治制度来构建绿色低碳循环发展的经济体系，以实现环境质量根本好转、经济高质量发展、建设美丽中国的目标，着力推进能源行业绿色发展。在党的十九大提出加强生态文明建设、推进绿色发展的指引下，按照“四个革命、一个合作”能源战略推进能源生产和消费革命，煤炭行业作为主体能源亟待转向绿色发展。煤炭行业以供给侧结构性改革为主线，推动产能调控，严守生态保护红线、环境质量底线和资源利用上限，迎难而上，从煤炭清洁生产、煤炭清洁高效利用等的政策措施出台、技术研发及应用、试点示范推行等出发，全方位推进煤炭行业绿色转型升级，以有效推进清洁低碳、安全高效的现代煤炭行业体系建设。

一、煤炭行业绿色发展意义

近现代以来，煤炭的开发利用极大地推动了社会文明进步。从 18 世纪末蒸汽机技术掀起第一次世界工业革命浪潮，到 19 世纪后期电力技术掀起第二次世界工业革命浪潮，再到后来的第三次世界工业革命浪潮，煤炭和石油等化石能源为驱动全球经济发展提供了重要动力。煤炭在中国的一次能源中一直占据主体地位，煤炭行业对社会经济发展起到重要推动作用。与此同时，煤炭在开采、加工、运输、利用等过程中对生态环境造成了污染破坏。其中，煤炭开采对生态环境的影响主要表现为地表沉陷、水资源破坏、煤矸石堆积、

水土流失、植被破坏、湿地缩减等环境污染。① 煤炭在仓储、装卸、运输过程产生的环境污染主要表现为煤尘飞扬、土壤污染等。煤炭在燃烧利用过程中向环境释放了大量二氧化碳、二氧化硫、氮氧化物、挥发性有机化合物等温室气体和大气污染物，是温室气体主要来源之一，也是重要的大气污染物来源之一。目前我国煤炭生产和消费约占世界的一半，面对我国资源相对不足、生态环境脆弱的困境，资源环境对煤炭行业发展的约束力越来越显著，国家相继出台煤炭清洁生产和消费“双控”目标的政策措施，成为推动煤炭行业绿色发展的重要推手。

习近平总书记对煤炭行业发展带来的环境保护问题高度重视，他指出②：“煤炭的大量开采和使用带来两大突出问题：一是煤炭开采带来的生态损害，核心是地下水破坏和生态环境损伤问题；二是煤炭消费带来的环境破坏，主要是煤炭燃烧污染物排放问题。”可见煤炭行业绿色发展的重要性。煤炭行业绿色发展有利于：①推动煤炭行业发展方式由数量速度型向质量效益型转变，促进煤炭生产结构不断优化；②推动解决煤炭供给侧结构性改革进程中煤炭总量与生态环境、安全生产、新能源替代、应急保障等问题；③坚持去产能、去库存、去杠杆、降成本、补短板，优化存量资源配置，扩大优质增量供给，实现煤炭供需动态平衡；④大力构建清洁低碳、安全高效的现代煤炭工业体系；⑤推动煤炭清洁高效利用技术革命。长期来讲，煤炭行业绿色发展可以保障国家能源安全，支撑国家经济社会可持续发展，促进煤基战略性新兴产业发展，实现高碳能源低碳发展，推动大气污染防治、生态环境治理，推进环境友好型、资源节约型的社会建设，推动煤炭生产和消费革命，助力工业文明向生态文明转变，对实现美丽中国的目标具有战略意义。短期来讲，煤炭行业绿色发展有助于应对我国极为严峻的资源环境生态约束，有利于解决在集约发展经济、控制环境污染、减缓温室气体排放等方面面临的问题，有利于提升煤炭行业国际竞争力和影响力，对新时代煤炭行业可持续发展具有

---

① 周其刚．煤矿区开发生态约束力评价指标体系研究［J］．能源环境保护，2013（8）：16-18.

② 王继明．煤炭的绿色开采（上）［N］．陕西日报，2016-01-29.

重要现实意义。

二、煤炭行业绿色发展理论体系

近些年，社会各界关注煤炭行业的绿色发展或者绿色转型升级，诸多研究从一个或多个环节（如绿色煤炭资源、绿色开采、煤炭清洁生产、高效清洁利用等领域）展开煤炭行业绿色发展分析，但是对于煤炭行业绿色发展内涵与理论体系仍未有准确的阐述。本书从煤炭行业绿色发展内涵的诠释入手，构建煤炭行业绿色发展理论体系。

（一）煤炭行业绿色发展内涵

绿色发展是以资源节约、环境友好、生态保护为主要特征的发展。① 将绿色发展纳入煤炭行业发展中来，可从煤炭行业各个主要环节展开研究，具体有煤炭资源勘探、煤田开发、煤矿生产、煤炭物流、煤炭加工利用、煤炭技术开发及应用、煤炭和煤矿的生态环境保护。已有研究包括：姜大霖和聂立功认为煤炭行业绿色转型发展的内涵为实现煤炭转化利用的高效化、清洁化与低碳化，并以燃煤发电为例展开研究；② 包括王佟等指出绿色煤炭资源是在当前先进技术条件下，资源禀赋条件适宜，能够实现安全高效开采、适宜清洁高效利用，具有经济竞争力的煤炭资源；③ 白中科等认为绿色矿山指在矿山开采过程中充分考虑环境影响、资源消耗、科技水平等要素，实现矿产资源开发最优、矿山环境量扰动最小，体现了对传统的高强度资源开发、低层次环境管理的技术修正，突出了矿业科学发展、和谐发展、创新发展的可持续发展方向。④ 由此可见，对煤炭行业绿色发展内涵缺乏全方位的系统研究。

---

① 谷树忠，王兴杰．绿色发展的源起与内涵［N］．中国经济时报，2016-05-20.

② 姜大霖，聂立功．我国煤炭行业绿色发展的内涵与低碳转型路径初探［J］．煤炭经济研究，2016，36（11）：17-21.

③ 王佟，张博，王庆伟，江涛．中国绿色煤炭资源概念和内涵及评价［J］．煤田地质与勘探，2017，45（1）：1-8.

④ 白中科，杨侨，白甲林．论绿色矿山建设的源头管控与过程监管［J］．中国矿业，2018（8）：75-79.

本书从煤炭生产和消费切入，提出煤炭行业绿色发展应着力于：①以人为本，建立回归自然的煤炭生产和消费方式，在煤炭行业发展的同时保持对生活环境最低限度的破坏和污染，实现人与自然的和谐发展；②落实煤炭生产和消费节约优先战略，促进煤炭的生产节约、流通节约、分配节约，实行煤炭消费总量控制、供需双向调节、差别化管理，强化资源的重复利用和综合利用，大幅度提高煤炭资源利用效率；③实现煤炭生产、流通、分配、消费的全生命周期清洁化、无害化；④推进煤炭生产和消费低碳化，使社会经济发展尽可能减少煤炭燃料的利用，促进煤炭由燃料向燃料与原料并重转变，减少温室气体排放；⑤通过大规模清洁生产技术和高效利用技术的突破，加强煤炭科技创新能力建设和科技基础设施建设，提高煤炭生产效率、经济效率、资源环境利用效率，降低绿色转型成本、发展成本、资源环境利用成本，推动煤炭行业绿色发展形态和模式形成。由此提出煤炭行业绿色发展内涵是将煤炭清洁高效开发利用贯穿于煤炭开采、加工、转化、利用、综合循环等全产业链，以及煤矿规划设计、实施运营、尾矿废矿处理等煤矿全生命周期，实现煤炭生产和消费的生态环境友好、安全有保障、产业高效化、全程低碳化的新型煤炭行业发展方式。

（二）煤炭行业绿色发展理论体系

以煤炭和煤矿全生命周期为切入点，构建煤炭行业绿色发展理论体系应以政策措施为指导，以煤炭清洁生产和煤炭清洁高效利用为核心，以技术创新及应用为支撑。

1. 政策措施

煤炭行业绿色发展需要国家生态文明建设和绿色发展引领，在相关政策措施指导下贯彻实施。煤炭行业绿色发展涉及中央政府、地方政府、煤炭企业和居民等利益相关者。[①] 中央政府主要是根据国家大政方针制定政策措施，

① 司春彦，雷涯邻，李宪海．政策网络视角下我国煤炭地区绿色发展政策设计［J］．中国矿业，2016，25（3）：54-57.

实施监督管理和考核；地方政府主要是根据中央的政策措施结合当地的实际情况，制定符合地区发展的相关政策措施，促进执行和反馈，并协调好煤炭企业以及居民之间的关系；煤矿企业响应号召，量力而为，企业经营既要经济效益，也要兼顾环境约束和社会影响；居民是环境污染的主要受害者，但缺乏话语权。这些利益相关者的行为能够影响到政策的制定和执行效果。煤炭行业绿色发展政策措施必须综合考虑多方利益相关者的利益诉求，必须科学合理、针对性和操作性强。

2. 煤炭清洁生产

煤炭清洁生产主要指煤炭开采、煤炭洗选加工、物流与利用的生产环节，[①] 应用先进的管理体系与方法，采用先进的生产工艺与装备，高效开发煤炭资源，在生产优质、清洁的煤炭产品的同时，减少或者避免污染物的产生和排放以及生态环境破坏，实现资源综合利用，保护矿山生态环境。煤炭清洁生产不仅能够减少生产过程对生态环境的破坏，还可为下游煤炭清洁利用提供优质原料，从源头上注入绿色发展理念。煤炭清洁生产是煤炭行业绿色发展的两个核心之一，目的是通过科学合理的规划布局、技术创新、管理提升和设备升级提高煤炭资源的综合利用以及节能、节水等，科学合理利用自然资源，减少资源的耗竭，减少废物排放和污染物生成，促进绿色低碳循环经济产业体系建设。

3. 煤炭清洁高效利用

煤炭清洁高效利用指煤炭资源经过加工并转化为具有专用功能的商品，同时其能源形态转化为清洁高效的气、液、固、电，可燃烧或作为原料，涵盖燃煤发电、煤化工、燃煤锅炉、煤炭分级分质利用、民用散煤等领域。煤炭清洁高效利用是煤炭行业绿色发展的两个核心之一，目的是加强煤炭利用过程中能量的梯级利用和资源的梯级循环使用，降低物质消耗，减少污染排放，有利于提高能源、资源、环境的优化配置，使经济效益、社会效益和环

① 郝秀强．我国煤炭行业清洁生产水平评价研究［J］．中国煤炭，2018，44（3）：9-14.

境效益相统一。

4. 技术创新及应用

技术创新是煤炭行业绿色发展的突破口，是能够有效提高绿色发展效率的支撑手段。煤炭行业从绿色发展理论、方法和原则出发，在煤炭的开采和洗选加工、煤炭转化利用、煤炭物流、煤炭制品消费等环节中，结合煤炭资源消费、生态环境破坏、污染物排放等状况，从绿色、低碳和循环发展角度对煤炭生产和消费展开技术创新及应用，不仅能实现资源的综合利用，降低对生态环境的破坏及污染排放，同时也能实现煤炭行业可持续发展，促进煤炭行业集中积聚，达到稳定煤炭行业经济发展、稳定就业的效果。煤炭行业绿色发展的创新技术有绿色开采技术、洁净煤技术、低阶煤分级分质利用热解技术、节能降耗超大型气体净化技术、污染治理技术、自动化和信息化技术、矿山修复技术等。

三、煤炭行业绿色发展形势

（一）煤炭行业绿色发展历程

煤炭行业绿色发展经历了从认识到实践再持续加深扩大的过程，大致可分为五个阶段：

第一阶段为《煤炭工业发展“一五”规划》至《煤炭工业发展“九五”规划》，主要以煤炭行业管理发展、企业生产经营、安全生产为主要内容，基本不提及节能减排等绿色发展内容。

第二阶段为《煤炭工业发展“十五”规划》，出于行业发展需要将清洁高效利用等绿色发展作为一部分内容进行规划，自主提出随着“加工转换和利用技术水平的提高，煤炭可以成为高效、清洁利用的能源”，“要通过实施大集团、科教兴煤、洁净煤、综合经营四大战略，促进煤炭行业健康发展”。煤炭工业“十五”绿色发展取得的成效包括：原煤入选率32%，比2000年提高6个百分点；开发了具有自主知识产权的煤炭液化技术，年产百万吨级的煤炭液化产业化工程启动；煤层气（煤矿瓦斯）规模化开发起步，以煤矸石和粉煤灰为原料的水泥生产能力为2900万吨、墙体材料的生产能力为54亿块标准砖，矿井水利用率达到44.44%。

第三阶段为《煤炭工业发展“十一五”规划》，国家将节能减排等绿色发展指标纳入约束性指标中，将清洁高效利用、减少环境污染等绿色发展作为关键内容实施，提出转变经济增长方式，加快结构调整；走资源利用率高、安全有保障、经济效益好、环境污染少和可持续的发展道路。煤炭工业“十一五”绿色发展取得的成效包括：加快推进整顿关闭和资源整合，小煤矿数量和产量大幅度减少，淘汰落后产能成效显著；煤层气（煤矿瓦斯）抽采利用技术取得突破，煤制油、煤制烯烃等现代煤化工示范项目相继建成投产；资源综合利用取得新进展，11家煤炭企业被列入国家循环经济试点；实现全国煤层气（煤矿瓦斯）抽采利用率38.89%，洗矸、煤泥和中煤综合利用发电装机容量2600万千瓦，利用低热值资源1.3亿吨，相当于回收4200万吨标准煤，少占压土地300公顷，矿井水利用率59%，土地复垦率40%。①

第四阶段为《煤炭工业发展“十二五”规划》，国家仍将节能减排等绿色发展指标纳入约束性指标且提及控制温室气体排放，将集约开发、高效利用和保护环境等绿色发展作为关键内容，提出“科学布局、集约开发、安全生产、高效利用、保护环境”。煤炭工业“十二五”绿色发展取得的成效包括：产业结构显著优化，在大型煤炭基地内建成一批大型、特大型现代化煤矿，淘汰落后煤矿7100处，煤炭生产集约化、规模化水平明显提升；科技创新迈上新台阶，智能工作面技术达到国际先进水平，百万吨级煤制油和60万吨级煤制烯烃等煤炭深加工示范项目实现商业化运行，低透气性煤层瓦斯抽采等技术取得突破；② 矿区生态环境逐步改善，采煤沉陷区和排矸场得到进一步综合治理，矿区生态修复和环境治理成效明显，煤矿清洁生产和循环经济

---

① 国家发展改革委．煤炭工业发展“十一五”规划［Z］．2008.

② 国家发展改革委．煤炭工业发展“十二五”规划［Z］．2012.

显著增强，煤矸石、矿井水、煤层气（煤矿瓦斯）等资源综合利用水平不断提高。①

第五阶段为《煤炭工业发展“十三五”规划》，国家仍将节能减排和控制温室气体排放等绿色发展指标纳入约束性指标，将绿色发展作为目标，提出“努力建设集约、安全、高效、绿色的现代煤炭工业体系”。到 2017 年绿色发展取得的成效包括：化解过剩产能取得成效，推动了先进产能建设，优质产能比重大幅提高，煤炭产能利用率达到 68.2%；产业结构调整步伐加快，全国煤矿数量大幅减少，大型现代化煤矿已经成为全国煤炭生产主体，煤电联营与煤电一体化发展迅速，现代煤化工得到进一步发展；② 技术研发支撑能力显著增强，以企业为主体的产学研用协同创新体制机制不断完善，煤炭清洁高效利用产业协同创新共同体、煤炭行业矿区土地整治与生态修复工程研究中心、中国国际卓越煤矿瓦斯治理中心等相继成立；资源综合利用率、节能减排和生态保护显著增强，以煤矿保水开采、充填开采、无煤柱自成巷开采等为主的绿色开采技术得到普遍推广。到 2020 年，煤炭开发布局科学合理，供需基本平衡，“安全绿色开发和清洁高效利用水平显著提升，职工生活质量改善，国际合作迈上新台阶，煤炭治理体系和治理能力实现现代化，基本建成集约、安全、高效、绿色的现代煤炭工业体系”，化解淘汰过剩落后产能约 8 亿吨/年，通过减量置换和优化布局增加先进产能约 5 亿吨/年，到 2020 年，煤炭产量 39 亿吨。生态文明矿区建设取得积极进展，最大限度地减轻煤炭生产开发对环境的影响。资源综合利用水平提升，煤层气（煤矿瓦斯）产量 240 亿立方米，利用量 160 亿立方米；煤矸石综合利用率约 75%，矿井水利用率约 80%，土地复垦率约 60%。原煤入选率 75%以上，煤炭产品质量显著提高，清洁煤电加快发展，煤炭深加工产业示范取得积极进展，煤炭清洁利用水平迈上新台阶。牢固树立绿色发展理念，推行煤炭绿色开采，发展煤炭洗选加工，发展矿区循环经济，加强矿区生态环境治理，推动煤炭供给

---

① 国家发展改革委．煤炭工业发展“十三五”规划［Z］．2016.

② 中国煤炭工业协会．2017 煤炭行业发展年度报告［R］．北京，2018.

革命。

（二）煤炭行业绿色发展面临的机遇与挑战

煤炭行业内外部环境产生复杂变化。在国际上，向能源结构清洁化、低碳化发展，结果是煤炭总体消费比重下降，煤炭生产向集约高效方向发展。在国内，经济增速趋缓，带动能源消费增速放缓，在推进生态文明建设和绿色发展转型背景下，我国煤炭行业进一步发展不容乐观。当前我国煤炭工业绿色发展的机遇与挑战如下：

1. 机遇

首先，能源结构清洁化、低碳化发展。发达国家能源消费趋于稳定，发展中国家能源消费较快增长。能源结构调整呈现清洁化、低碳化，一次能源消费中煤炭的比重显著下降。以绿色发展为引领的能源科技创新不断涌现，即将全面深化新一轮以绿色低碳、信息化、智能化为特征的能源科技革命。

其次，煤炭生产向集约高效方向发展。全球煤炭市场供应充足，竞争激烈。为应对市场竞争，主要产煤国从加强管理能力、提高生产技术水平、提高产品质量入手，淘汰经济效益差的煤炭企业，以整体提升产业竞争力。世界煤炭生产结构呈现煤矿数量不断减少，煤矿平均生产规模持续扩大，劳动生产率快速提升的态势。①

再次，国家绿色相关政策趋紧。国家陆续出台《大气污染防治行动计划》《水污染防治行动计划》《土壤污染防治行动计划》《关于促进绿色消费的指导意见》等，2018 年 1 月 1 日开始实施新《环境保护法》，大力开展环保督察工作，这些都促进了煤炭行业绿色发展的步伐。

最后，全国统一碳市场启动。电力行业已纳入全国统一碳市场，这必将倒逼煤炭行业实施碳减排举措，而且煤炭消费双控目标的实施对控制煤炭消费、减少二氧化碳排放起到了积极作用。

---

① 国家发展改革委．煤炭工业发展“十三五”规划［Z］．2017．

2. 挑战

首先，产能过剩问题依然严重。深化煤炭供给侧结构性改革，着力淘汰落后产能、化解过剩产能，取得了预期成果。但也必须看到，煤炭产能总体过剩的态势并没有改变，深化改革、化解过剩产能、行业脱困、优化结构、转型升级的任务依然艰巨。

其次，煤炭生产和消费造成的生态破坏和环境污染仍然突出。我国煤炭开发引发地表沉陷、水资源流失、固体废弃物堆存等问题，煤炭燃烧利用是造成我国大气污染的主因之一，并释放大量温室气体。

再次，煤炭利用方式和效率仍需转变和提高。我国煤炭利用的结构和方式需要进一步优化调整。我国煤炭消费主要用于燃烧发电，以及钢铁、建材、化工领域。此外还有一定数量的低效民用散烧煤，对其进行治理亟待解决。

复次，煤炭市场的不确定性增加。新能源、可再生能源替代强劲。受能源结构调整、能源科技进步加快的影响，新能源和可再生能源继续保持较快增长，先进产能释放加快。国家加大宏观调控力度，对手续不全的建设项目，通过产能置换加快补办相关手续；对部分先进产能煤矿、安全保障能力较高的露天煤矿和低瓦斯煤矿核增生产能力；安全生产、环保检查、矿产资源利用、土地（草原、湿地）使用监管加强，一些煤矿生产能力受到制约。以上因素相互叠加，增加了煤炭市场的不确定性。

最后，企业负债高、融资难、资金紧张等问题依然突出。2017 年，规模以上煤炭企业资产负债率 67. 8%，仍处于较高水平。2018 年，规模以上煤炭企业资产负债率同比下降 2 个百分点，但依然高达 65. 7%，其中，负债 1000 亿元以上的煤炭企业 14 家，负债 2000 亿元的煤炭企业 8 家。尤其是部分历史欠账较多、负担较重的老矿区、老企业，加上面对去产能任务的压力，企业资产负债率明显上升，而且由于债务得不到及时处理，企业融资难和成本高导致的资金紧张问题凸显。

四、煤炭行业绿色发展路径

煤炭行业推进绿色发展，可重点从以下六个方面展开：

一是建立健全绿色发展政策法规体系，树立绿色发展理念。建立健全煤炭行业绿色发展政策法规体系，使得煤炭行业绿色发展所涉及的行为主体建立起绿色发展理念。继续推进供给侧结构性改革，建立煤矿退出机制，淘汰落后产能，消化过剩产能，优化煤炭生产结构，严格控制煤炭总量。根据市场需求，支持煤炭绿色市场拓展和商业模式创新，完善煤炭行业绿色发展行业标准体系和市场准入制度，控制煤矿新建规模，支持建设大型坑口电厂，促进煤电一体化发展，发展现代煤化工产业，推进企业兼并重组，推动煤炭结构调整与转型升级。

二是推进绿色发展的科技创新，建立绿色发展科技支撑体系。促进煤炭清洁高效开发利用技术研发及应用，充分发挥科技创新对推动绿色发展的引领作用。以推动煤炭清洁生产和清洁高效利用的技术革命为目标，加强相关基础理论研究和关键技术攻关；围绕煤炭行业绿色发展，推进重大科技示范工程建设，推广应用先进技术。

三是推进绿色矿山建设，促进形成节约高效、环境友好、矿地和谐的绿色矿业格局。一方面，树立集约、节约的自然资源利用的观念，将地表、地下水及植被的损害降到最低水平，最大化开采煤炭，以最小的生态损失获取最大自然资源收益；另一方面，推动煤炭分级、分质利用，推进煤矸石、瓦斯等资源综合利用，加大矿区生态环境恢复和治理力度。

四是提高燃煤效率和加强散煤治理。一方面，煤炭作为燃料主要用于电力、钢铁、建材等行业，通过研发设施设备、生产工艺技术革新来提高煤炭燃烧利用率。另一方面，散煤具有点多面广、直燃直排的特点，散煤治理是解决北方冬春季节雾霾天气的关键。对工业小窑炉实施强制淘汰和散煤减量替代，对民用散煤实施清洁高效利用和清洁能源替代，能够有效推进散煤治理。

五是有序推进现代煤化工产业化发展，促进煤炭产品由燃料向原料与燃料并重转变。第一，建立现代煤化工绿色发展理念，指导现代煤化工产业化发展方向和模式；第二，结合现代煤化工特点，因地制宜，科学规划现代煤化工产业布局；第三，开展低阶煤利用、新型催化剂等关键技术攻关；第四，倡导建设试点的大型煤制油、煤制气等示范项目。

六是煤炭物流是煤炭生产重要环节，提高煤炭绿色物流水平，将煤炭在仓储和运输过程中对环境产生的污染及排放影响降低到最低程度，有利于开展煤炭清洁生产。具体为构建“公、铁、水”多式联运绿色物流体系，优化升级煤炭运输网络，合理布局仓储和装卸，加强煤炭物流信息化建设。

现状篇

第一章　国家大政方针

过去的40多年，中国经济高速增长的同时也付出了相当大的资源和环境代价。当前，我国已进入增速放缓、结构优化、追求质量的经济发展新常态，发展绿色经济成为这一经济转型关键时期的必然选择。党的十九大报告中提出绿色发展理念以来，这一理念引领煤炭行业迈进了倡导绿色发展、全面深化绿色发展、引领绿色发展的新时代。

一、倡导绿色发展

（一）绿色发展理念

改革开放40多年来，中国经济快速发展，经济总量持续攀升，已达到世界第二位，创造了举世瞩目的“中国奇迹”，同时也累积了一些深层次的问题。其中一个主要问题就是能源、资源和环境的承载力已达极限状态，高投入、高排放、高能耗和高污染的粗放型经济增长模式不可持续，能源、资源和环境产生的交叉性问题（如大气雾霾、土壤重金属超标和水体污染等）凸显，中国经济社会发展面临的主要矛盾发生深刻变化。

面对环境污染严重、生态系统退化、能源资源约束趋紧的严峻形势，以习近平同志为核心的党中央将建设生态文明、加快绿色发展作为新时代建设社会主义现代化强国的重要目标，以前所未有的速度和力度加以推进。党的十八大以来，党中央从中国特色社会主义事业“五位一体”总布局的战略高度，强力推进生态文明建设，要求通过生态文明建设，提供更多优质生态产品，不断满足人民群众日益增长的优美生态环境需要。绿色发展作为生态文明建设的重要途径，已成为经济转向集约化、经济结构持续优化、走新型工业化道路的重要驱动力，也必将成为“十三五”乃至更长时期我国经济社会发展的一个基本理念。

2016 年，中共中央办公厅、国务院办公厅《关于印发〈生态文明建设目标评价考核办法〉的通知》（厅字〔2016〕45 号）要求，国家发展改革委、国家统计局、环境保护部、中央组织部制定《绿色发展指标体系》和《生态文明建设考核目标体系》，确定对各省区市实行年度评价、五年考核机制，以考核结果作为党政领导综合考核评价、干部奖惩任免的重要依据。结合绿色发展相关政策的出台，对各级政府加大了资源消耗、环境保护等指标的考核权重，而且强调显性责任即时惩戒，隐性责任终身追究，逐步将政绩考核导向绿色发展。于是各地经济发展从追求“数量”向提高“质量”转变，注重经济发展方式转变，走向优化产业结构、优先保护生态环境等可持续发展的路径。另外，近年来国家先后发布实施了《大气污染防治行动计划》《土壤污染防治行动计划》和《水污染防治行动计划》，强力展开环保督察、环保问责，控制环境污染取得阶段性成效。而且中国积极参与全球气候治理进程，把应对气候变化融入国民经济和社会发展中长期规划，提出了一系列雄心勃勃的减排目标，已成为全球应对气候变化的重要参与者、贡献者、引领者。以山东省为例，2018 年 7 月，省委办公厅、省政府办公厅印发《山东省生态文明建设目标评价考核办法》，自 2018 年 7 月 16 日起施行，年度评价按照山东省绿色发展指标体系实施，主要评估资源利用、环境治理、环境质量、生态保护、增长质量、绿色生活、公众满意程度等方面的变化趋势和动态进展，生成绿色发展指数。

（二）能源行业绿色发展

能源为国家经济发展的重要物质基础，能源行业发展则成为工业化和城镇化进程中的主要支撑和优先选项。伴随中国经济的快速发展，中国能源生产和消费急剧上升。2000—2019 年，能源生产由 13.86 亿吨标准煤①增长到

① 国家统计局．中国统计年鉴［M］．北京：中国统计出版社，2018.

39.7 亿吨标准煤，增长了约 1.87 倍；能源消费由 14.7 亿吨标准煤增长到 48.6 亿吨标准煤，增长了 2.31 倍。目前，中国已成为世界第一大能源生产国和消费国，传统化石能源、新能源、可再生能源全面发展的能源供应体系初步形成。大量生产和消费化石能源产生了一系列环境问题。21 世纪初，我国将节能减排指标纳入考核各级政府的约束性指标，十多年的节能减排工作同样取得了良好绩效。2000—2017 年，能源消费结构得到极大优化，传统能源消费占能源消费总量的比重从① 92.7%下降到 77.8%，天然气、水电、核电、风电等清洁能源消费占消费总量的比重从 9.5%上升到 20.8%。目前，中国可再生能源装机容量占全球总量的 24%，新增装机容量占全球增量的 42%，已成为世界节能和利用新能源、可再生能源的第一大国。

国家大力推进的绿色发展，在极大促进了节能减排工作开展的同时，也对传统的能源生产和消费体系形成了挑战。我国能源利用现状主要表现为以下五个方面：

第一，过去几十年的粗放型增长方式所产生的惯性，造成能源行业存在资本、固定资产、人力等方面的锁定效应，需要逐步化解。

第二，我国仍处于工业化和城镇化进程中，能源生产和消费还在增加，能源利用效率相对于美国、日本等发达国家仍然偏低。

第三，能源生产和燃烧利用产生的破坏生态环境、污染环境的问题依然严重，而且碳减排压力日趋增加。

第四，油气对外依存度持续增加，一是能源消费易受国际资源品价格波动的影响，二是能源供应安全存在一定风险。

第五，能源禀赋决定了我国传统能源以煤为主的特点，煤炭清洁生产和清洁高效利用成为今后一个时期的重点。

未来一个时期，传统能源生产和消费的主体地位不会改变，能源安全稳定供应、减少对气候变化的影响和降低对生态环境的损害是要面对的主要问题。能源的高效、清洁利用成为共识，逐步扩大新能源和清洁能源应用成为

① 国家统计局. 中国统计年鉴［M］. 北京：中国统计出版社，2017.

趋势，最终要形成煤炭、石油、天然气、核电、新能源、可再生能源多能互补的能源供应体系。在大力推进生态文明建设背景下，能源行业绿色转型发展成为未来能源可持续发展的重要驱动因素。

（三）煤炭行业绿色发展

我国“富煤、贫油、少气”的特点决定了煤炭行业在我国能源行业中占据重要地位。为支撑经济快速增长，能源生产和消费总量急剧增加，作为主要能源的煤炭也得到迅猛发展，产能产量迅速扩张①。煤炭在生产和消费过程中都会对生态环境造成破坏，特别是在开采和燃烧利用环节。煤炭开采需要剥离地表或造成地表塌陷，会破坏土地资源和植物资源，毁坏景观生态，如有地下水还会造成水体污染，开采过程中产生的废矿石等固体废弃物、工业废水以及矿井瓦斯排放等都会破坏生态环境。而且，煤炭燃烧排出的二氧化碳会导致气候变暖，排出的二氧化硫会产生酸雨等危害。我国煤炭资源主要分布在山西、陕西、内蒙古和新疆等地区，这些地区往往缺水且生态环境脆弱。如果不从保护生态环境的角度出发进行煤炭开采利用，将会导致上述地区生态环境进一步恶化。因此，煤炭行业绿色发展成为重要选择。为推动煤炭行业绿色发展，国家大力推进供给侧结构性改革，积极开展产能调控，以及推动煤炭清洁生产、煤炭清洁高效利用、绿色矿山建设等工作。原煤入选率为70.2%,② 矿井水利用率达到72%，煤矸石综合利用处置率达到67.3%，井下瓦斯抽采利用量达到48.9亿立方米，大中型煤矿原煤生产综合能耗、生产电耗分别达到11.6公斤标准煤/吨、21.2度/吨，煤矸石及低热值煤综合发电装机3600万千瓦，土地复垦率达到49%。但是，煤炭生产和消费总量所占比重过高以及产能过剩问题依旧突出。按照国家控制目标，分层次、分步骤有序展开煤炭行业绿色发展，需要继续淘汰落后产能，释放先进产能，强力推进供给侧结构性改革；发展现代煤化工，推动煤制烯烃、煤制乙二醇、煤

---

① Wang X，Liu C，Chen S，Chen L，Li K，Liu N. Impact of coal sector's de-capacity policy on coal price［J］. Applied Energy. 2020；265：114802.

② 中国煤炭工业协会 . 2017煤炭行业发展年度报告［R］. 北京，2018.

制气、煤炭分级分质利用项目实施。在建设美丽中国、推进生态文明建设、能源行业绿色转型背景下，煤炭行业将迎来绿色转型升级的重要机遇期。

二、全面深化绿色发展

（一）能源行业绿色转型

绿色发展符合新型工业化的内在要求和供给侧结构性改革的目标方向。《中国制造 2025》将“绿色制造工程”作为重点实施的五大工程之一，部署全面推行绿色制造，努力构建高效、清洁、低碳、循环的绿色制造体系。进入 21 世纪，我国工业化进程加快，工业化水平得到很大提升，发展至今，是全球唯一拥有联合国产业分类目录中所有工业门类的国家，是名副其实的工业大国。但是，我国制造业总体上处于产业链中低端，产品的能源资源消耗高，对环境的破坏严重，劳动力生产效率低且成本优势不断削弱。在当前经济步入中高速增长阶段的条件下，全面推行绿色制造，加快构建起科技含量高、资源消耗低、环境污染少的产业结构和生产方式，有利于提升工业发展质量，有助于推进工业强国步伐。《中国制造 2025》以强化绿色科技为支撑，主要从加快实施传统行业绿色改造升级、积极引领新兴产业高起点绿色发展、资源高效循环利用和积极构建绿色制造体系入手，推动制造业实现质量更优、效率更高、消耗更少、污染更小、排放更低的绿色转型发展。

为落实《中国制造 2025》，工业和信息化部制定的《工业绿色发展规划（2016—2020 年）》提出，“以绿色发展为导向，紧紧围绕资源能源利用效率和清洁生产水平提升，以传统工业绿色化改造为重点，以绿色科技创新为支撑，以法规标准制度建设为保障，实施绿色制造工程，加快构建绿色制造体系，大力发展绿色制造产业，推动绿色产品、绿色工厂、绿色园区和绿色供应链全面发展，建立健全工业绿色发展长效机制，提高绿色国际竞争力”。2020 年，预计工业能源利用效率显著提升，能源结构进一步优化，清洁生产水平大幅提升，绿色制造产业快速发展，绿色制造体系初步建立，工业绿色发展整体水平得到显著提升。

能源资源供应安全、生态环境破坏和应对温室气体减排等诸多问题使得作为新型工业化主要支撑之一的能源行业面临着如何绿色发展的困境。而且伴随工业化和城镇化进程，能源生产和消费仍然在增加。面对能源资源约束日益加剧，生态环境问题突出，调整结构、提高能效和保障能源安全的压力进一步加大，行业发展形势愈加严峻。2014 年习近平总书记明确提出了我国能源安全发展的“四个革命、一个合作”能源战略思想，即：推动能源消费革命，抑制不合理能源消费；推动能源供给革命，建立多元供应体系；推动能源技术革命，带动产业升级；推动能源体制革命，打通能源发展快车道；全方位加强国际合作，实现开放条件下的能源安全。这一指示标志着我国进入了能源生产和消费革命的新时代，也为能源行业绿色发展指明了方向。

2014 年国务院办公厅发布了《能源发展战略行动计划（2014—2020 年）》（以下简称《计划》），提出“以开源、节流、减排为重点，确保能源安全供应，转变能源发展方式，调整优化能源结构，创新能源体制机制，着力提高能源效率，严格控制能源消费过快增长，着力发展清洁能源，推进能源绿色发展，着力推动科技进步，切实提高能源产业核心竞争力”。《计划》提出实施绿色低碳发展的总量控制：预计到 2020 年，一次能源消费总量控制在 48 亿吨标准煤左右，煤炭消费总量控制在 42 亿吨左右；非化石能源占一次能源消费比重达到 15%，天然气比重达到 10%以上，煤炭消费比重控制在 62%以内。

2016 年国家发展改革委、国家能源局发布了《能源生产和消费革命战略（2016—2030）》，明确了我国顺应全球能源清洁低碳发展的趋势，面对世界能源技术创新进入活跃期，针对我国能源发展正进入从总量扩张向提质增效转变的全新阶段，需要以我国供给侧结构性改革为主线，提升经济发展质量目标，通过提高能源利用的技术效率和经济产出效益，建立多元化清洁低碳的能源供应体系，强化推动能源革命的政策措施，加强能源绿色技术创新和推广，进一步推动能源体制革命，着力破解能源资源环境约束，积极应对气候变化，以大力推进生态文明建设。[①]

（二）煤炭行业绿色转型

煤炭是我国主体能源和重要工业原料，支撑了我国经济社会快速发展，今后仍将长期发挥重要作用。实现煤炭行业绿色转型发展是我国能源行业绿色转型发展的立足点和首要任务。[②] 通过合理布局煤炭生产供应、推进供给侧结构性改革、推进煤炭清洁高效开发利用和示范技术应用，控制重点地区、重点领域煤炭消费总量，推进减量替代，压减煤炭消费。预计到 2020 年，煤炭消费总量控制在 42 亿吨左右，煤炭消费比重降至 62%以内。

合理布局煤炭生产供应。依据区域水资源分布特点、生态环境承载能力、统筹煤炭生产与输送以及煤炭消费总量和强度“双控”等因素，严格煤矿环保和安全准入标准，推广充填、保水等绿色开采技术，高质量发展煤炭国家规划矿区（国家规划矿区共 267 个，其中煤炭矿区为 162 个，约占 60.67%）[③]，重点建设 14 个亿吨级大型煤炭基地（能源基地共有 26 个，其中煤炭基地约占 53.85%）。

继续推进供给侧结构性改革。按照严控增量、优化存量的原则，煤炭行业严格控制新增产能，切实淘汰落后产能，有序退出过剩产能，释放先进产能，加快企业兼并重组，促进产业结构优化升级，使煤炭供需严重失衡的局面得到扭转、煤价出现稳定性反弹、煤炭企业经营状况好转、煤炭行业安全事故下降、煤炭行业环境污染得到一定的控制。

提高煤炭清洁利用水平。科学合理制定煤炭清洁高效利用规划和实施方案，大力推动煤炭分级分质梯级利用，持续增加煤炭洗选比重，鼓励煤矸石、劣质煤等就地清洁转化利用。建立健全煤炭质量管理体系，加强对煤炭开发、加工转化和使用过程的监督管理。大幅减少煤炭分散直接燃烧，鼓励使用洁净煤和型煤。

---

① 何建坤．实施能源革命战略促进绿色低碳发展［J］．科学中国人，2017（28）．

② 国务院．能源发展战略行动计划（2014—2020 年）［Z］．2014.

③ 国土资源部等．全国矿产资源规划（2016—2020 年）［Z］．2016.

煤炭清洁开发利用技术。[①] 创新煤炭高效建井和智能矿山等关键技术、煤炭无人和无害化等智能开采、充填开采、保水开采以及无煤柱自成巷开采技术，开展矿井低浓度瓦斯采集、提纯、利用技术攻关。创新超高效火电技术、超清洁污染控制技术、低能耗碳减排和碳捕集封存利用技术、整体煤气化联合循环发电技术等，掌握燃气轮机装备制造核心技术。做好节水环保高转化率煤化工技术示范。

积极发展能源替代。以绿色发展为指导，稳妥实施煤制油、煤制气示范工程。按照清洁高效、量水而行、科学布局、突出示范、自主创新的原则，在优质煤炭资源富集地区稳步推进煤制油、煤制气技术研发和产业化升级示范工程，掌握核心技术，根据环境承载力，严格控制能耗、水耗和污染物排放，适度发展煤基燃料替代能力。

以京津冀鲁、长三角和珠三角为重点，削减区域煤炭消费总量。加大高耗能产业落后产能淘汰力度，扩大外来电、天然气及非化石能源供应规模，控制重点用煤领域煤炭消费。以经济发达地区和大中城市为重点，有序推进重点用煤领域“煤改气”工程，加强余热、余压利用，加快淘汰分散燃煤小锅炉。结合城中村、城乡接合部、棚户区改造，扩大城市无煤区范围，逐步由城市建成区扩展到近郊，大幅减少城市煤炭分散使用。

坚持绿色开发，加强监管。坚持节约优先，有度有序利用矿产资源，推动形成绿色开发方式，全面节约和高效利用资源，加强矿山地质环境治理恢复与矿区土地复垦，以资源利用方式转变推动经济发展方式转变。强化矿产开发源头管控，严格各类保护地矿产开发管理，强化矿山生产过程环境监管，加强废弃矿山矿井监管。

在能源生产和消费革命的背景下，能源行业绿色转型全面深化了煤炭行业绿色转型之路。《能源生产和消费革命战略（2016—2030）》确定，2021—2030年，能源消费总量控制在60亿吨标准煤以内，非化石能源占能源消费总量比重

① 国家发展改革委，国家能源局．能源生产和消费革命战略（2016—2030）[Z]．2016.

达到20%左右，天然气占比达到15%左右，新增能源需求主要依靠清洁能源来满足；单位国内生产总值二氧化碳排放比2005年下降60%~65%，二氧化碳排放在2030年左右达到峰值；展望2050年，能源消费总量基本稳定，非化石能源占比超过一半。明确目标、分步骤分阶段实施能源行业绿色转型对煤炭行业绿色发展具有重要的现实意义。

三、引领绿色发展

"十三五"时期是全面建成小康社会的决胜阶段，也是煤炭行业加快转型发展、提质增效的重要机遇期。要牢固树立创新、协调、绿色、开放、共享的发展理念，深入贯彻"四个革命、一个合作"能源发展战略思想，着力推进集约、安全、高效、绿色的现代煤炭行业体系建设，努力保障国家能源安全，大力推动煤炭行业健康、有序、均衡发展。为使煤炭行业科学合理地优化升级，诸多"十三五"专项规划引领了煤炭行业绿色发展。

《煤炭工业发展"十三五"规划》提出，依据能源发展战略和主体功能区战略，优化煤炭发展布局；统筹把握产能调控，确保产能与需求基本平衡，促进结构调整和优化升级；推进绿色开发与清洁利用，从煤炭开发、转化、利用各环节着手，强化全产业链统筹衔接，推进煤炭安全绿色，加快煤炭由单一燃料向原料和燃料并重转变；加强煤炭科技创新以驱动绿色发展；开展环境影响评价以达到环境治理的预期效果。

（1）优化生产开发布局。全国煤炭开发总体布局是压缩东部、限制中部和东北、优化西部；以大型煤炭基地为重点，统筹资源禀赋、开发强度、市场区位、环境容量、输送通道等因素，优化煤炭生产布局；按照减量置换原则，严格控制煤炭新增规模；跨区调运平衡。

（2）加快煤炭结构优化升级。遵循煤炭行业特点和发展规律，发挥市场在资源配置中的决定性作用，更好地发挥政府作用，严格控制新增产能，有序退出过剩产能，积极发展先进产能，推进煤矿企业兼并重组，促进结构调整和优化升级，提升煤炭产业发展质量和效益。

（3）推进煤炭清洁生产。牢固树立绿色发展理念，推行煤炭绿色开采，发展煤炭洗选加工，发展矿区循环经济，加强矿区生态环境治理，推动煤炭供给革命。

（4）促进煤炭清洁高效利用。按照“清洁、低碳、高效、集中”的原则，加强商品煤质量管理，推进重点耗煤行业节能减排，推进煤炭深加工产业示范，加强散煤综合治理，推动煤炭消费革命。

（5）加强煤炭科技创新。坚持创新发展理念，加强基础研究、关键技术攻关、先进适用技术推广和重大科技示范工程建设，完善煤炭科技创新体系，推动煤炭技术革命。

（6）环境影响评价。煤炭开发对环境的影响主要是煤矸石、煤矿瓦斯和矿井水排放，以及采煤引起的地表沉陷和水土流失。预防和减轻环境影响的对策有：顶层设计，推进煤炭清洁高效开发利用；科技创新，为减缓环境影响提供基础支撑；加强治理，改善矿区生态环境；公众监督，完善公众参与机制。

《煤炭工业“十三五”结构调整指导意见》提出，依靠科技创新，以推进供给侧结构性改革为动力，以促进煤炭转型升级提质增效为方向，着力化解过剩产能，实现煤炭行业结构优化升级；提升煤炭安全高效绿色智能化开采和清洁高效低碳集约化利用水平，推动行业发展由数量、速度、粗放型向质量、效益、集约型转变。

（1）优化投资建设布局。按照国家“限制东部、控制中部和东北、优化西部地区煤炭资源开发”的煤炭开发布局思路，围绕形成资源“梯级开发、梯级利用”格局要求，煤炭企业应依据资源禀赋、市场区位、环境容量等因素，发挥管理、技术及人力资源等方面的优势，合理确定投资建设和发展方向。

（2）积极化解煤炭过剩产能。积极利用国家能源政策，依据煤炭资源条件、矿山地质环境、水资源承载力和生态环境容量，确定企业科学产能；[①] 发

---

① Wang X，Chen L，Liu C，Zhang Y，Li K. Optimal production efficiency of Chinese coal enterprises under the background of de-capacity—Investigation on the data of coal enterprises in Shandong Province［J］. Journal of Cleaner Production. 2019；227：355-65.

挥市场主体作用，积极探索建立煤矿自主减量生产或退出机制；大幅退出落后和其他不符合产业政策的产能，做好资源枯竭、安全无保障、扭亏无望的煤矿关闭破产和职工安置工作，完成退出过剩产能任务。

（3）坚持集约化、国际化发展。大力推动煤炭企业实施跨地区、跨行业、跨所有制的重组整合；鼓励非国有资本投资主体通过多种方式参与国有煤炭企业改制重组或国有控股上市公司增资扩股以及企业经营管理，引导煤炭企业构建以资本为纽带的企业内部市场体系；充分利用国际区域合作平台，积累国际开发经验，提升企业国际竞争力。

（4）稳步推进煤矿现代化。采用高新技术和先进适用绿色开采技术，推进煤矿绿色开采和技术升级；从规划、立项、设计入手，采用先进技术工艺和装备，优先建设露天煤矿、特大型和大型井工煤矿；推动数字化矿山、自动化系统及无人工作面等智能关键技术，以及地下气化采煤技术、保水开采技术、充填开采技术以及煤炭清洁高效利用技术等的研究与示范工程建设。

（5）大力推进煤炭清洁高效利用。推动煤炭洗选加工转化的科学发展，加快研究制定商品煤系列标准和煤炭清洁利用标准；大中型煤矿应建设与生产能力相适应的选煤厂，探索井下选煤厂建设和运营，提高原煤入选比重；推进煤炭焦化、气化、煤炭液化（含煤油共炼）、煤制天然气、煤制烯烃等关键技术攻关，提升煤炭综合利用效率；科学利用矿井水、煤矸石、煤泥、粉煤灰等副产品，综合开发利用煤系共伴生资源，构建煤基经济产业链，提高产品附加值和资源利用率。

《煤炭清洁高效利用行动计划（2015—2020年）》为进一步提高煤炭清洁高效利用水平，有效缓解资源环境压力，提出加快发展高效燃煤发电和升级改造，实施燃煤锅炉提升工程，着力推动煤炭分级分质梯级利用，推进废弃物资源化综合利用。

（1）煤炭洗选和提质加工。开发高性能、高可靠性、智能化、大型选煤装备；新建煤矿均应配套建设高效的选煤厂或群矿选煤厂，现有的煤矿实施选煤设施升级改造，组织开展井下选煤厂示范工程建设；积极推广先进的煤炭提质、洁净型煤和高浓度水煤浆技术；建设和完善区域煤炭优质化配送中心、大型现代化煤炭物流园区和储配煤中心。

（2）发展超低排放燃煤发电。加快燃煤电站节能减排改造步伐，提升煤电高效清洁利用水平，进行煤电产业升级。

（3）推进现代煤化工产业发展。以规模化、集群化、循环化发展模式，大力发展焦炉煤气、煤焦油、电石尾气等副产品的高质高效利用；以现代煤气化技术促进煤制合成氨升级改造，开展高水平特大型示范工程建设，通过示范项目建设不断完善国内自主技术，加强不同技术间的耦合集成，大幅提升现代煤化工技术水平和能源转化效率；在煤炭资源丰富、环境承载力高的地区，布局现代煤化工示范项目。

（4）实施燃煤锅炉提升工程。加速淘汰落后锅炉，提升锅炉污染治理水平，严格执行新生产和安装燃煤锅炉标准，大力推广应用高效、节能、环保型锅炉。

（5）开展煤炭分质分级梯级利用。鼓励低阶煤提质技术研发和示范，逐步实现“分质分级、能化结合、集成联产”的新型煤炭利用方式，鼓励煤—化—电—热一体化发展，加强各系统耦合集成。

（6）加大民用散煤清洁化治理力度。① 大力推广优质能源替代民用散煤，结合城市改造和城镇化建设，通过政策补偿和实施多类电价等措施，逐步推行天然气、电力及可再生能源等清洁能源替代散煤；农村地区综合推广使用生物质成型燃料、沼气、太阳能等清洁能源；加大先进民用炉具的推广力度；制定更严格的民用煤炭产品质量地方标准；推行优质、低排放煤炭产品替代劣质散煤机制，全面禁止劣质散煤的销售。

（7）推进废弃物资源化利用。推广矸石井下充填技术，推进井下模块式选煤系统开发及其示范工程建设，实现矸石等不出井；开发脱硫石膏、粉煤灰大宗量规模化利用及精细化利用技术；建设与煤共伴生的铝、锗等资源精

---

① 姜耀东，张博，宋梅，孙旭东．煤炭清洁高效利用与中国的碳减排战略［A］//苏树辉，袁国林，李玉崙．国际清洁能源发展报告（2015）［M］. 北京：社会科学文献出版社，2016.

细化利用示范工程；有条件的矿区实施保水开采或煤水共采，以控制矿井突水和保护水资源；鼓励开展煤矿瓦斯防治利用重大技术攻关，实施瓦斯开发利用示范工程；积极开展二氧化碳捕集、利用与封存技术研究和示范。

《煤炭深加工产业示范“十三五”规划》提出，紧紧抓住供给侧改革的重要契机，以增强能源自主保障能力和推动煤炭清洁高效利用为导向，以技术升级示范为主线，以国家能源战略技术储备和产能储备为重点，加强煤炭深加工自主创新，加快先进技术产业化，推动重大示范项目建设，提升煤炭转化效率和效益，强化生态环境保护，降低工程造价和生产成本，不断增强产业竞争力和抗风险能力，将煤炭深加工产业培育成为我国现代能源体系的重要组成部分。

（1）煤制油：加强煤直接液化和间接液化技术、低温费托合成和高温费托合成技术集成，实现各自优势互补，进一步提高能效，降低成本，提高石油自给保障能力。

（2）煤制天然气：推动已建成的煤制天然气示范工程系统优化完善，在高负荷条件下实现连续、稳定和清洁生产，协同保障进口管道天然气的供应安全。

（3）低阶煤分质利用：研发清洁高效的低阶煤热解技术，通过油品、天然气、化学品和电力的联产，实现低阶煤使用价值和经济价值的最大化。

（4）煤制化学品：优化完善甲醇制芳烃技术，生产烯烃、芳烃、含氧化合物等基础化工原料及化学品，弥补石化原料不足，降低石化产品成本，形成与传统石化产业互为补充、有序竞争的市场格局。

（5）煤炭与石油综合利用：采用先进煤化工技术改造炼油过程，统筹优化煤炭和石油资源的加工利用，更高效率、高收率、低成本地生产优质油品；开展煤气化、费托合成、油煤共炼等技术与炼油工艺技术的优化集成研究。

（6）通用技术装备：开发煤炭在线原位快速检测技术，研制大规模磨煤机、流化床干燥、冷凝水回收等装备；研发示范废水处理技术、高盐废水处置技术以及结晶盐资源化技术；开展二氧化碳驱油驱气工业化示范；开展通用装备和控制系统的自主化应用示范；利用煤炭深加工产业的合成气、副产氢，开展与燃料电池产业衔接的相关技术、装备研发。

（7）环境影响评价：①环境影响分析。在合理控制项目的选址和规模、强化污染防治措施和风险防范措施的前提下，煤炭深加工产业对环境的影响基本可控；在消费环节，煤制天然气替代民用散煤、工业锅炉和工业窑炉用煤，可有效解决用煤方式粗放、难以脱硫、脱硝、除尘和大量污染物直接外排的问题。②环境保护措施。优化规划布局，减轻环境影响；坚持预防为主，提升治理水平；加强风险防范，完善应急措施。③环境治理预期效果。

《关于推进煤炭工业“十三五”科技发展的指导意见》提出，全面实施创新驱动发展战略，以转型升级、绿色低碳、煤基清洁能源为中心，以构建创新型煤炭科技体系为基础，以煤炭安全、绿色、智能化开采和清洁、高效、低碳化利用为主攻方向，加强基础理论研究，突破核心关键技术，建设科技创新示范工程，培育科技领军人才，为推动煤炭供给侧结构性改革、实现产业升级发展提供有力支撑。

（1）提升自主创新能力。优化行业创新基地和科研设施布局，加强企业技术创新基础能力建设，培育造就高水平的行业创新人才队伍。

（2）突破核心关键技术。重点推广研发闭坑环境下的生态环境恢复、废弃矿井的资源利用等技术；大力推广绿色开采技术，提高煤炭共伴生资源协同开发与利用水平，研发燃煤污染物的超低排放技术，大力发展低水耗和低排放的绿色煤炭转化技术；重点掌握低阶煤热解分质转化技术和褐煤干燥提质改性技术，加强高硫煤分类资源利用和分级提质利用，推进稀缺煤二次开发；发展现代化、大型化、分质联产化、多原料化、清洁高效化煤化工技术，创新和优化煤基多联产单元技术和集成技术，开展单元技术示范，培育煤化工及多联产设备制造产业。

（3）煤炭清洁利用与高效转化理论。重点研究煤炭热解的多相反应动力学及传热传质规律、多种污染物一体化脱除、低阶煤分级转化、煤电化热多联产、高浓度二氧化碳利用或封存等基础理论和方法。

（4）重点领域科技发展。确立煤炭资源开发地质保障、大型矿井建设、煤炭高效开采、煤矿信息化与自动化、煤层气开发利用、灾害防治与职业健康、煤矿应急救援、煤炭加工与利用、煤炭高效转化、资源综合利用与生态修复等科技创新重点领域。

（5）重大关键技术攻关。围绕煤炭安全绿色开采、智能矿山建设、煤炭清洁利用和高效转化，开展关键技术组织攻关。

（6）科技示范工程建设。重点建设煤炭企业技术升级示范工程，扎实推进煤炭安全绿色开采、智能矿山、清洁高效利用、煤层气开发利用示范工程，稳妥推进煤制油、煤制气技术研发和产业化升级示范工程，形成适度规模的煤基燃料替代能力。

（7）先进适用技术推广。重点推广煤矿绿色开采、煤田高精度勘探、煤矿巷道全断面掘进、井下高效清洁辅助运输、智能化开采等先进适用技术；重点推广干法洗煤，矿井水、矿井热能高效利用，褐煤干燥提质等先进适用技术。

《煤炭工业“十三五”基本建设指导意见》提出，优化煤炭建设结构，促进煤炭建设科技创新，提升工程质量和安全水平，实现煤炭建设行业的健康发展。

（1）按照限制东部、控制中部和东北、优化发展西部的发展战略，有序推进 14 个大型煤炭基地建设，控制建设强度，实现在建规模的减量置换。

（2）以供给侧结构性改革为切入点，推动资源整合兼并重组，严格控制增量，淘汰落后产能，化解过剩产能。

（3）优化煤炭资源开发。以生产煤矿的补充勘探、中西部地区的资源勘查、大型矿井的地质勘探为重点，进一步提高勘探精度和水平。有序推进 14 个大型煤炭基地建设，发展煤电联营和煤电一体化建设项目规划、设计、建设、管理、运营等深度融合建设模式。

（4）优化设计技术。围绕着清洁高效，在设计生产能力、井田开拓、工艺布置、系统集成和配置、集中化智能化程度、安全保障、厚煤层开采、井壁结构等方面达到国际领先水平。

诸多“十三五”专项规划全面系统地梳理了煤炭行业绿色开采、清洁高效利用及科技创新等关键节点，为煤炭行业绿色发展指明了实施路径。

第二章　相关政策措施

煤炭行业迅猛发展带来产能和产量的急剧扩张，凸显煤炭行业总体生产效率低、存在结构性矛盾、煤矿发展水平失衡、企业竞争力弱等问题，大而不强成为我国煤炭行业的真实写照。在绿色发展背景下，自 2016 年来，《关于煤炭行业化解过剩产能实现脱困发展的意见》《关于做好 2017 年钢铁煤炭行业化解过剩产能实现脱困发展工作的意见》《关于做好 2018 年重点领域化解过剩产能工作的通知》《关于煤炭工业“十三五”节能环保与资源综合利用的指导意见》《中华人民共和国环境保护法》（以下简称《环境保护法》）等煤炭行业供给侧结构性改革、产能调控、节能减排、生态环保等方面的诸多相关政策相继颁布，为煤炭行业推进绿色转型升级，实现经济发展和生态环保的双赢提供了政策保障。

一、供给侧结构性改革

进入“十二五”以来，市场需求不旺、产品积压严重、生产过剩、产能过剩、投入产出效率低等供给侧结构性问题已经成为中国煤炭行业发展的困境。为化解过剩产能，实现脱困发展，我国及各省份针对煤炭行业陆续采取了供给侧结构性改革、去产能、企业兼并重组、产业结构优化等一系列措施，长期积累的深层次矛盾正在逐步改善。

（一）煤炭行业供给侧结构性改革困境

产能过剩导致供给侧结构困境出现时，一般会有六大经济运行问题：一是产品库存持续急剧上升，销售呈现停滞状态；二是产销率大幅下降，供求关系严重失衡；三是商品价格大幅度回落，长期处于成本线以下；四是产业出现大面积的企业亏损，企业被迫举债经营；五是一批企业相继倒闭或破产；六是进口严重受阻，出口不计成本，国际贸易摩擦频繁发生。

2015 年我国的煤炭行业出现的上述各种表现尤为突出：①产品滞销严重。2015 年煤炭产业全社会库存已连续 48 个月处于 3 亿吨左右的高位，[①] 煤炭企业、全国重点电厂分别存煤 1.01 亿吨、7358 万吨。②煤炭供求严重失衡，煤炭企业销售不畅。2015 年全国煤炭产量 37.5 亿吨，煤炭销量 34.61 亿吨，产业销售利润率创 10 年来新低。③煤炭价格出现下跌。2015 年环渤海 5500 大卡动力煤综合平均价格为 370 元/吨，较年初下降 30%。④煤炭企业亏损严重，员工工资水平下降。2015 年全国煤炭企业亏损面超过 90%，煤炭采掘业几乎全面亏损，半数以上煤炭企业减发、欠发工资和欠缴社保，并呈加剧趋势，员工工资水平普遍下降。⑤煤炭企业利润率严重下降。2015 年煤炭开采和洗选业企业主营业务收入 24994.9 亿元，同比下降 14.8%，实现利润总额 440.8 亿元，同比下降 65%。⑥煤炭进口量降幅扩大。2015 年我国累计进口煤炭 2.04 亿吨，同比下降 29.9%，净进口 1.99 亿吨，同比减少 8700 万吨，下降 30.4%。

造成煤炭产能过剩问题的原因是多方面的。一是有效需求不足；二是技术进步快于产业转型升级，形成先进产能和落后产能叠加；三是产能管理机制落后。针对煤炭行业供给侧产能过剩的困境，供给侧结构性改革成为煤炭行业脱困发展的治本之策，需进行煤炭产业结构调整，化解产能过剩，围绕市场需求实现有效供给，使供给体系更适应需求结构的变化，实现煤炭经济持续、平稳增长。企业兼并重组以促进落后产能的有序退出是解决产能过剩、进行供给侧结构性改革的关键步骤。

（二）供给侧结构性改革政策措施

2015 年 11 月 10 日在中央财经领导小组第十一次会议上，习近平总书记提出，“要牢固树立和贯彻落实创新、协调、绿色、开放、共享的发展理念适应经济发展新常态”，“在适度扩大总需求的同时，着力加强供给侧结构性改

① 中国煤炭工业协会.2015 年中国煤炭行业运行报告 [R]. 2016.

革，着力提高供给侧体系质量和效率”。供给侧结构性改革，旨在通过产业优化重组和有效化解过剩产能等手段，降低企业成本，保持企业竞争优势。由此，供给侧结构性改革这一适应和引领经济发展新常态的重大战略决策拉开序幕。①

煤炭行业作为我国主要的能源产业，产能过剩、供需失衡、企业经营困难、安全隐患加剧、环保压力加大等问题和矛盾日益突出，其供给侧结构性改革势在必行，受到政府高度重视。② 2016 年，国家大力推行煤炭行业供给侧结构性改革，围绕“化解过剩产能，做好职工安置”等问题出台了一系列政策。在政策实施、促进和保障下，2016 年共退出 1000 家煤矿，产能过剩、经营困难、污染严重等问题得到了有效缓解，煤炭价格指数达到了 160 点，比 2015 年增长 44.1 点。在推动去产能的同时，国家相关部门又积极出台相关配套政策保障行业的规范化发展。

2016 年 1 月，李克强总理提出要化解钢铁、煤炭行业过剩产能，并召开国务院专题会，提出率先从钢铁、煤炭行业入手，突破解决“化解过剩产能、消除不合理库存、促进企业降本增效”过程中的难点问题，增强企业活力和投资意愿，缩短转型阵痛期，化解各类风险隐患。③

为了进一步贯彻落实并推动煤炭行业结构性改革，化解过剩产能，实现脱困发展，2016 年 2 月，国务院发布了《关于煤炭行业化解过剩产能实现脱困发展的意见》（以下简称《意见》）。《意见》将严格控制新增产能、实行减量置换、加快淘汰落后产能和其他不符合产业政策的产能、有序退出过剩产能、推进企业改革重组、促进行业调整转型、严格治理不安全生产、严格治理违法违规建设、严格限制劣质煤使用等作为主要任务，实施加强奖补支持、做好职工安置、加大金融支持、盘活土地资源、鼓励技术改造等政策措

① 何为结构性改革？该如何推进？［EB/OL］．新华每日电讯，http：//cpc.people.com.cn/n/2015/1111/c64387-27803380.html，2015-11-11.

② 牛犁．供给侧结构性改革正在破解煤炭领域深层次矛盾［N］．中国经济时报，2017-07-07（008）.

③ 李平．煤炭行业“去产能”今年能否破局？［N］．中国矿业报，2016-01-28（006）.

施，以实现“用3~5年再退出产能5亿吨左右、减量重组5亿吨左右，较大幅度压缩煤炭产能，适度减少煤矿数量，煤炭行业过剩产能得到有效化解，市场供需基本平衡，产业结构得到优化，转型升级取得实质性进展”的工作目标。

在《意见》的指导下，围绕其主要任务、工作目标、政策措施等，我国各部门陆续制定了一系列煤炭行业去产能配套政策措施，以保证煤炭行业供给侧结构性改革可以得到有效推进并取得实质性进展（见表2-1）。

表2-1　2016年我国煤炭行业供给侧结构性改革政策汇总

发布时间	发布单位	文件名称	核心内容
2016.2.5	国务院	《关于煤炭行业化解过剩产能实现脱困发展的意见》	3~5年内实现煤炭产能再退出5亿吨左右，减量重组5亿吨左右，按照不超过276个工作日重新确定煤矿产能；3年内停止核准新建煤矿项目、技改、扩能项目
2016.2.14	中国人民银行	《关于金融支持工业稳增长调结构增效益的若干意见》	对钢铁、煤炭行业等产能过剩产业落实差别化工业借贷政策，优质企业给予借贷支持，对“僵尸企业”压缩贷款规模；以“不良资产证券化”等手段支持“去产能”政策
2016.3.21	国家发展改革委、人社部、国家能源局、国家煤矿安监局	《关于进一步规范和改善煤炭生产经营秩序的通知》	按照国务院7号文的要求，明确276个工作日产能核定标准
2016.4.7	人社部、国家发展改革委等	《关于在化解钢铁煤炭行业过剩产能实现脱困发展过程中做好职工安置工作的意见》	针对去产能提出四种人员安置办法：支持企业内部分流；促进转岗就业创业；符合条件人员可实现内部退养；运用公益性岗位托底帮扶
2016.5.10	财政部	《工业企业结构调整专项奖补资金管理办法》	中央财政设立工业企业结构调整专项奖补资金，对钢铁、煤炭行业化解过剩产能给予奖补，奖金合计规模为1000亿元，其中80%的基础奖补资金，结合退出产能任务量、需安置职工人数、困难程度等按因素法分配；剩余20%与中央企业化解过剩产能任务完成情况挂钩

续表

发布时间	发布单位	文件名称	核心内容
2016. 9. 29	国家发展改革委、国家能源局、国家煤矿安监局	《关于适度增加部分先进产能投放、保障今冬明春煤炭供应稳定的通知》	在冬季取暖用煤高峰期，政策推进适度释放部分安全高效产能，以改善煤炭供需状况
2016. 10. 1	中国煤炭工业协会	《煤炭工业“十三五”相关领域发展指导意见》	积极适应能源生产和利用方式变革的新趋势，推进煤炭行业供给侧结构性改革，对煤炭行业结构进行深度调整
2016. 12. 1	国家发展改革委	《关于加强市场监管和公共服务保障煤炭中长期合同履行的意见》	明确了签订中长期合同的双方如何进一步推动煤炭产业去产能及保障供需的战略发展
2016. 12. 16	中国银监会、国家发展改革委、工业和信息化部	《关于钢铁煤炭行业化解过剩产能金融债权债务问题的若干意见》	提出了支持钢铁煤炭企业合理资金需求，加大对兼并重组钢铁煤炭企业的金融支持力度，严控违规新增钢铁煤炭产能的信贷投放等
2016. 12. 30	国家发展改革委、国家能源局	《关于印发〈煤炭工业发展“十三五”规划〉的通知》	强调化解淘汰过剩落后产能 8 亿吨/年左右，通过减量置换和优化布局增加先进产能 5 亿吨/年左右，到 2020 年，煤炭产量 39 亿吨

2017 年，作为供给侧结构性改革的深化之年，煤炭行业长期积累的深层矛盾正在逐步得到破解，呈现出改革复兴的态势。我国要继续紧紧抓住供给侧结构性改革这一主线，坚定不移地推进煤炭行业去产能一系列工作，同步推进落后产能淘汰和优势产能释放，打好政策“组合拳”（见表 2-2）。在国家各大部委出台了一系列煤炭行业产能调整政策的基础上，各省市也纷纷出台煤炭产能的调整政策（见表 2-3）。这些政策将核心问题归置于有效化解煤炭过剩产能，并重点围绕煤炭安全高效生产、煤炭企业改革、煤炭职工分流安置、金融保障支持等方面制定具体实施方案。

表 2-2　2016 年后我国煤炭行业供给侧结构性改革政策汇总

发布时间	发布单位	文件名称	核心内容
2017.1.17	国家能源局	《关于印发能源发展“十三五”规划的通知》	强调能源消耗总量控制在 50 亿吨标准煤以内，煤炭消费总量控制在 41 亿吨以内。全社会用电量预期为 6.8 万亿~7.2 万亿千瓦时
2017.4.21	国家发展改革委	《关于进一步加快建设煤矿产能置换工作的通知》	要求在建煤矿项目应严格执行减量置换政策或化解过剩产能的任务
2017.5.12	国家发展改革委	《关于做好 2017 年钢铁煤炭行业化解过剩产能实现脱困发展工作的意见》	强调 2017 年退出煤炭产能 1.5 亿吨以上，实现煤炭总量、区域、品种和需求基本平衡
2017.6.29	国家发展改革委	《关于完善煤矿产能登记公告制度开展建设煤矿产能公告工作的通知》	严格煤矿新增产能审批管理、规范建设煤矿开工管理、实施建设煤矿产能公告、做好生产煤矿产能公告衔接、加快产能登记公告信息系统建设、强化煤矿建设生产事项中事后监管等多方面内容
2017.6.30	国家发展改革委	《关于做好 2017 年迎峰度夏期间煤电油气运保障工作的通知》	为确保 2017 年迎峰度夏形势平稳，煤炭方面应加快推进煤炭优质产能释放，保障重点时段重点地区电煤稳定供应，尽量减少生产煤矿退出，杜绝多关快关影响供应
2017.12.7	国家发展改革委	《关于建立健全煤炭最低库存和最高库存制度的指导意见（试行）》 《煤炭最低库存和最高库存制度考核办法（试行）》	针对煤炭企业设立煤炭最低库存和最高库存标准，保障现阶段国家发展的煤炭需求
2017.6.15	国家发展改革委、国家煤矿安监局、国家能源局第 4 部委	《关于做好符合条件的优质产能煤矿生产能力核定工作的通知》	允许部分先进产能煤矿按照减量置换的原则核定生产能力
2017.7.26	国家发展改革委、国家能源局等 16 部委	《关于推进供给侧结构性改革化解煤电产能过剩风险的意见》	“十三五”全国停建和缓建煤电产能 1.5 亿千瓦，淘汰落后产能 0.2 亿千瓦以上
2018.1.5	国家发展改革委、财政部、人社部等 12 部委	《关于进一步推进煤炭企业兼并重组转型升级的意见》	到 2020 年底，争取在全国形成若干个具有较强国际竞争力的亿吨级特大型煤炭企业集团，发展和培育一批现代化煤炭企业集团

续表

发布时间	发布单位	文件名称	核心内容
2019. 5. 9	国家发展改革委、工业和信息化部、国家能源局	《关于做好 2019 年重点领域化解过剩产能工作的通知》	坚持上大压小、增优减劣。对灾害严重煤矿，30 万吨/年以下煤矿，与自然保护区、风景名胜区、饮用水水源保护区重叠煤矿加快分类处置，坚决退出达不到安全环保要求的煤矿，持续破除无效低效供给。加快重点领域"僵尸企业"出清。认真落实煤炭行业处置"僵尸企业"工作方案要求，加快分类处置"僵尸企业"，确保 2020 年底前完成全部处置工作

表 2-3　2017 年我国各省、自治区、直辖市煤炭行业供给侧结构性改革政策汇总

发布时间	省级行政区	文件名称	核心内容
2017. 5. 9	山西省	《山西省 2017 年煤炭行业化解过剩产能公示》	确保完成 2017 年关闭 18 座煤矿、退出产能 1740 万吨的目标任务
2017. 5. 19		《山西省"十三五"煤炭工业发展规划》	"十三五"期间，山西省在确保煤矿总产能净减少 1 亿吨以上的基础上，还将停建搁置延缓煤矿产能 1. 2 亿吨
2017. 3. 2	河北省	《河北省 2017 年煤炭行业化解过剩产能公示》	退出煤矿 13 处、产能 941 万吨/年
2017. 6. 8		《河北省煤炭产能置换指标转让公告》	—
2017. 6. 25		—	对 2017 年关闭（产能退出）煤矿公示名单进行调整，原公示关闭退出煤矿 13 处、产能 941 万吨/年，调整为关闭退出煤矿 27 处、产能 1187 万吨（含续退）
2017. 4. 11	内蒙古自治区	《2017 年内蒙古自治区关闭退出煤矿名单》	关闭 16 处煤矿
2017. 5. 31		《内蒙古自治区煤炭工业转型发展行动计划（2017—2020 年）》	到 2020 年，内蒙古煤矿数量控制在 550 处以内、产能 13 亿吨左右，安全高效产能占比达到 90%
2017. 6. 26	河南省	《河南省化解过剩产能攻坚方案》	2017 年化解煤炭过剩产能 2000 万吨

续表

发布时间	省级行政区	文件名称	核心内容
2017.3.29	重庆市	《重庆市“十三五”能源发展规划》	到2020年，煤炭产能调减至2000万吨左右
2017.6.26	重庆市	《关于做好2017年钢铁煤炭行业化解过剩产能实现脱困发展工作意见的通知》	2017年关闭退出10个煤矿、去产能264万吨/年
2017.5.23	广东省	《广东省2017年度推动落后产能退出工作方案》	以钢铁、水泥、电解铝、平板玻璃等行业为重点，通过完善综合标准体系，严格常态化执法和强制性标准实施，淘汰一批落后产能
2017.1.19	甘肃省	《甘肃省“十三五”安全生产规划》	到“十三五”末，全省煤矿数量控制在120处之内
2017.3.12	甘肃省	—	2017年计划关闭退出煤矿10处，退出产能240万吨
2017.5.4	贵州省	《2017年度化解过剩产能关闭退出煤矿名单》	计划关闭退出煤矿112处，退出产能1614万吨
2017.5.12	贵州省	《贵州省人民政府关于煤炭工业淘汰落后产能加快转型升级的意见》	2017年全部淘汰退出9万吨/年煤矿，2019年底前全部淘汰退出15万吨/年煤矿和21万吨/年煤矿，预计“十三五”期间淘汰7000万吨落后产能
2017.2.19	江苏省	《关于江苏省2016年国民经济和社会发展计划执行情况与2017年国民经济和社会发展计划草案的报告》	2017年计划压减煤炭产能18万吨
2017.4.28	江苏省	《江苏省“十三五”能源发展规划》	2020年，江苏省能源消费总量确保控制在3.4亿吨标准煤以下
2017.5.12	湖南省	—	到2018年底，将全省煤矿总数控制在200处左右
2017.1.15	湖北省	—	将在两年内关闭全部煤炭生产企业
2017.5.9	湖北省	《湖北省2017年能源工作指导意见》	2017年全省能源消费总量控制在17340万吨标准煤左右，增长约2.9%
2017.1.6	福建省	—	2017年计划全部关闭9万吨以下煤矿

续表

发布时间	省级行政区	文件名称	核心内容
2017.5.22	四川省	—	2017年将关闭退出煤矿100处，化解煤炭产能约1300万吨
2017.7.7		《关于2017年深化经济体制改革重点工作的意见》	化解煤炭产能1300万吨，重点引导属于落后产能的小煤矿、生产能力小于9万吨/年的煤矿、不能实现机械化开采的煤矿等10类小煤矿关闭退出
2017.6.19	江西省	《江西省2017年化解煤炭过剩产能计划关闭退出煤矿名单公示》	2017年关闭退出煤矿52处、退出产能279万吨
2017.6.12	山东省	《关于2017年山东省去产能关闭退出煤矿名单的公示》	2017年关闭5处煤矿，退出产能351万吨
2017.6.21	安徽省	《关于做好2017年安徽省煤炭行业化解过剩产能实现脱困发展工作的实施意见》	2017年计划关闭4对矿井、退出产能705万吨
2017.2.21	黑龙江省	《关于深化供给侧结构性改革促进钢铁煤炭水泥等行业转型升级的意见》	“十三五”期间，完成去610万吨炼钢产能和2522万吨煤炭产能的任务
2017.7.3		《黑龙江省2017年化解煤炭过剩产能年度目标任务公示》	2017年，淘汰退出煤矿4处，去产能292万吨；另外，计划外新增鸡西市海林煤矿退出产能4万吨/年
2017.1.21	天津市	—	2017年将削减煤炭生产220万吨
2017.6.7	辽宁省	《辽宁省关于2017年煤炭行业化解过剩产能目标任务分解公告》	2017年关闭退出煤矿185处，化解煤炭产能1019万吨
2017.6.30	云南省	《云南省淘汰落后产能工作领导小组办公室关于印发利用综合标准依法依规推动落后产能退出实施方案的通知》	要以钢铁、煤炭、水泥、电解铝、平板玻璃等行业为重点，通过完善综合标准体系，严格常态化执法和强制性标准实施，淘汰一批落后产能
2017.3.13	新疆维吾尔自治区	—	2017年淘汰退出30万吨以下小煤矿109处，合计产能937万吨
2017.3.16		—	2017年，新疆生产建设兵团5处煤矿完成去产能，退出产能50万吨
2017.1.15	吉林省	—	2017年关停15万吨以下煤矿，压减产能314万吨

（三）煤炭供给侧结构性改革取得的成效

2016年以来，随着供给侧结构性改革、去产能、企业兼并重组等措施的实施和大力推进，煤炭行业的产业结构不断优化，长期积累的深层矛盾得到了逐步改善，主要体现在以下四个方面：

1. 去产能效果显著，产能过剩问题逐步缓解

2016年我国煤炭产能退出量达到2.9亿吨以上，2017年达到1.5亿吨以上，2018年达到1.5亿吨，均超额完成提出的去产能目标任务。2016—2018年，累计完成煤炭去产能5.9亿吨以上，完成“十三五”8亿吨目标任务的73.75%左右。另外，江苏、山西、河南、重庆、甘肃等省市煤炭行业去产能工作均取得一定成效，完成或超额完成2017年去产能目标任务。① 另外，在完成去产能目标任务的同时，煤炭总产能也保持了一定的富裕，以应对夏季用电高峰、冬季取暖高峰、部分时段煤炭需求剧增等特殊情况。总体上，2016年以来，煤炭行业的去产能效果显著，产能过剩问题正在逐步得到缓解，为其健康有序、可持续发展打下了一定的基础。

2. 产业结构优化升级

2016年以来，煤炭行业以供给侧结构性改革为切入点和主线，淘汰落后产能、退出过剩产能并控制新增产能，大力推进企业兼并重组、转型升级，逐步化解企业规模小、产量低、效益差、事故多发等问题，行业运行质量不断提高，产业结构和产业布局得到进一步优化，转型升级取得新的进展。

2016年，我国淘汰资源枯竭、长期亏损、安全基础差的煤矿2000处以上，退出30万吨以下煤矿1500处，煤矿数量下降到8000处以下；年产120

---

① 国家发展改革委、国家安监局、国家煤矿安监局、国家能源局．关于做好符合条件的优质产能煤矿生产能力核定工作的通知［EB/OL］. http：//www.chinacoal-safety.gov.cn/xw/zt/2018zt/mkscnlgl/zcwj/201803/t20180323_ 203804.shtml；国家发展改革委．扎实推进煤炭去产能工作再上新台阶［EB/OL］. http：//www.mlr.gov.cn/xwdt/bmdt/201708/t20170811_ 1562873.htm；行业效益增加，结构调整加快大型现代化煤矿成煤炭生产主体［N/OL］. 人民日报，http：//www.gov.cn/xinwen/2018-03/28/content_ 5277940.htm，2018-03-28.

万吨及以上大型现代化煤矿产量占全国煤矿总产量的75%以上，其中，建成年产千万吨级的特大型现代化煤矿59处，总产能达到了8亿吨以上。①

2017年，我国煤矿数量从2015年的10800处减少到7000处左右，减少了3800处。据相关数据，截至2017年6月我国煤矿数量已经减少到6794处，总产能为53.09亿吨/年，其中有效产能为47.83亿吨/年，占总产能的90.09%，无效产能为5.26亿吨/年，占比仅为9.91%。产能利用率不断提高，2017年达到68.2%，比2016年提高了8.7个百分点。其中井工矿产能利用率最高，露天矿产能利用率次之，分别为98.7%和86.2%。产能利用率也存在明显的地域差异，西北地区最高，华北、华中、华东等地区达到90%以上，东北地区为66.2%，西南地区相对较低，仅为62.2%。②

3. 煤炭生产能力稳定可靠

近年来，伴随着国民经济的快速发展，我国煤炭生产集中度大幅提高，产量快速上升，供应能力增强。煤炭产量从2000年的13.84亿吨达到2013年39.74亿吨的历史高点后，受经济增速放缓、非化石能源产量快速上升的多重影响，为适应供给侧改革需求，实现调节下降，2018年降为36.8亿吨。据不完全统计，目前全国煤炭企业总数不足7000家，正常生产煤矿4000多处；建成年产120万吨级以上的大型现代化煤矿1200处左右，产量占全国的80%以上；建成千万吨级生产煤矿37处，产能6.4亿吨/年，在建和改扩建千万吨级煤矿37处，产能4.71亿吨/年。其中煤炭年产量超亿吨的企业6家，产量12.2亿吨/年，占全国的34.7%；年产量超5000万吨的企业17家，产量20.3亿吨/年，占全国的57.6%；年产量超1000万吨的企业36家，产量24.6亿吨/年，占全国的69.8%。除产煤大省外的产煤省区，煤炭企业整合为2~3家大型企业。大企业多数占有优势资源，增产潜力较大，煤炭供应能力大幅提升。

---

① 牛犁．供给侧结构性改革正在破解煤炭领域深层次矛盾［N］．中国经济时报，2017-07-07.

② 中国煤炭工业协会．2017煤炭行业发展年度报告［R］．北京，2018.

4. 企业经营状况好转，盈利能力提升

煤炭行业供给侧结构性改革的开展和推进，使其供需严重失衡问题得到改善，煤炭价格出现反弹和回升，企业经营状况明显好转，盈利能力提升。2016 年以来，规模以上煤炭开采和洗选业实现的利润不断增加，2016 年达到 1090. 9 亿元，比 2015 年增加了 223. 6%；2017 年为 2959. 3 亿元，比 2016 年增加了 290. 5%。① 同时，随着经营状况好转和利润的增加，在一定程度上缓解了煤炭企业资金流转紧张、安全资金投入不足等问题。

2019 年，规模以上工业企业实现营业收入 105. 78 万亿元，比上年增长 3. 8%。采矿业主营业务收入 46162. 2 亿元，同比增长 2. 9%。其中，煤炭开采和洗选业实现主营业务收入 24789 亿元，同比增长 3. 2%；煤炭开采和洗选业营业成本 17961 亿元，同比增长 5. 6%。2019 年全国煤炭开采和洗选业实现利润 2830. 3 亿元，同比下降 2. 4%。

5. 安全事故明显减少

我国煤矿发展存在严重不平衡现象，水平参差不齐，达到世界先进水平的现代化大煤矿和条件较差的中小型煤矿并存。其中，小型煤矿由于技术水平不足、开采方式落后等问题，存在资源浪费严重、伤亡事故多发等现象。随着煤炭行业供给侧结构性改革的推进以及围绕煤矿规范化、安全化生产的整顿调整，安全生产形势好转，安全事故次数明显减少。据统计，2016 年我国煤矿事故发生 249 起、死亡 538 人，分别比 2015 年下降了 29. 3%、10%。其中，较大事故 22 起、死亡 95 人，分别下降了 37. 1%、39. 5%。煤矿百万吨死亡率为 0. 156，比 2015 年下降了 3. 7%。② 2017 年，全国煤矿共发生事故 219 起、死亡 375 人，同比减少 30 起、151 人，同比分别下降 12%和 28. 7%，煤矿安全生产形势持续稳定。2018 年全国共发生煤矿事故 175 起，死亡 333 人。2019 年 1—11 月共发生煤矿事故 116 起，死亡 196 人，同比减少 76 起、

---

① 中国煤炭工业协会．2016 煤炭行业发展年度报告［R］．北京，2017；中国煤炭工业协会．2017 煤炭行业发展年度报告［R］．北京，2018.

② 牛犁．供给侧结构性改革正在破解煤炭领域深层次矛盾［N］．中国经济时报，2017-07-07.

31 人。

二、节能减排和低碳发展

节能减排、低碳发展是应对全球气候变化的必然选择，是我国实现经济绿色、低碳、可持续发展的重要举措。煤炭行业发展对我国生态环境造成了严重的破坏，节能减排、低碳发展尤为重要。《煤炭工业节能减排工作意见》《关于煤炭工业“十三五”节能环保与资源综合利用的指导意见》等一系列政策的出台，使煤炭行业节能减排技术快速发展，资源综合利用水平不断提高。

（一）节能减排需重点关注

目前，中国节能减排压力巨大，煤炭作为我国的主体能源，在促进经济发展的同时也带来一定的负面效应，煤炭开采、利用、运输等过程中产生的污染和温室气体排放对生态环境造成了严重影响和破坏。

煤炭在生产和消费过程中，会向环境中释放 SO_2、NO_x、悬浮颗粒物等大气污染物和 CO_2等温室气体。研究表明，燃煤利用过程中排放的 SO_2、NO_x和颗粒物分别占排放总量的 94%、60% 和 70% 左右，是大气污染的主要来源。另外，煤炭利用过程中产生的 CO_2等温室气体是导致全球气候变暖的主要原因。这些都在一定程度上破坏着生态环境，威胁着人类的生存发展。①

目前，我国已提出优化能源消费结构、降低煤炭等占比、大力发展新能源和清洁能源等，从而降低煤炭生产消费过程对环境的影响，但由于清洁能源受到发展技术、经济、安全等因素的限制，其供应能力存在很大的不确定性。因此，未来煤炭的主体能源地位将继续保持，煤炭仍将对我国社会经济的发展以及能源的安全等发挥至关重要的作用。综合来看，仍须重点关注和积极推进煤炭行业的节能减排工作。

① 贺佑国，叶旭东，王震．煤炭工业发展形势及“十三五”展望［N］．中国能源报，2015-02-02.

（二）节能低碳政策措施

“节能减排”出自我国“十一五”规划纲要，就是节约资源、降低能源消耗、减少污染物排放。要深入贯彻落实《中华人民共和国节约能源法》《国务院关于加强节能工作的决定》和《国务院关于印发节能减排综合性工作方案的通知》等政策，转变发展观念、创新发展模式、提高发展质量，从而实现“十一五”规划纲要制定的节能减排目标，促进煤炭行业节约、清洁、安全和可持续发展。2007 年 7 月，国家发展改革委制定了《煤炭工业节能减排工作意见》，提出了我国“十一五”期间的节能减排目标，并分别对煤矿设计、煤炭生产、煤炭洗选加工、资源保护和综合利用方面提出了节能减排要求。

为进一步提高煤炭行业的节能减排能力，“十二五”期间制定的节能减排、污染防治等政策和规划针对煤炭行业又提出了进一步的要求。2012 年 8 月 6 日，国务院印发的《节能减排“十二五”规划》对煤炭行业提出节能要求，规定“推广年产 400 万吨选煤系统成套技术与装备，预计到 2015 年原煤入洗率达到 60%以上，鼓励高硫、高灰动力煤入洗，要求灰分大于 25%的商品煤就近销售；积极发展动力配煤，合理选择具有区位和市场优势的矿区、港口等煤炭集散地建设煤炭储配基地；发展煤炭脱硫、水煤浆、型煤等洁净煤技术；实施煤矿节能技术改造；加强煤矸石综合利用等”。2013 年 9 月出台的《大气污染防治行动计划》要求到 2017 年原煤入选率达到 70%，并通过强制措施，迫使发电企业使用洗选煤，通过内部调整和政策补贴消化较高的原料成本，强力推进节能减排工作，减少煤炭生产和消费产生的生态环境污染，提高煤炭综合利用率。2014 年 9 月，国家发展改革委、环境保护部、国家能源局联合发布了《煤电节能减排升级与改造行动计划（2014—2020 年）》，主要目的是从消费末端倒逼供应链前端变化，并对煤电行业全面落实“节约、清洁、安全”的能源战略方针、加快升级与改造、提升高效清洁发展水平等工作做出了具体部署。2015 年 3 月，国家能源局下发《关于促进煤炭工业科学发展的指导意见》，从开发布局、产业结构、绿色开采、清洁利用等方面对煤炭行业发展提出具体要求。以上与节能减排相关的政策，从思想、目标、原则、内容到实施，对煤炭行业节能减排发展进行了指引。

在“十三五”期间，煤炭行业全方位提出节能减排和低碳发展。煤炭行业“十三五”相关领域发展指导意见（煤炭洗选加工和煤化工发展）指出：“努力实施节能降耗，创新节能减排发展模式，大力开展生产过程清洁化及节能技术研究，降低装置单耗，减少污染物排放。加强对煤化工全流程生产工艺和装置进行节能环保改造，大力鼓励开展煤炭分级分质利用和共伴生资源循环利用，充分利用煤矿矿井水、煤层气等伴生资源和煤矸石低热值煤电厂配套能力，实现节水降耗和节能减排，探索煤矿与煤化工的一体化耦合发展模式，推动煤炭生产企业全流程、产品全生命周期绿色循环低碳发展。”为促进煤炭行业绿色发展、循环发展、低碳发展，2016 年 11 月我国制定和公布了《关于煤炭工业“十三五”节能环保与资源综合利用的指导意见》，提出“坚持绿色发展、循环发展、低碳发展，依靠科技创新，推进矿区生态文明建设，拓展煤矿生态环保治理修复再造方式，推动资源综合利用产业化，以减损、减沉、减排和及时修复治理、及时综合利用为抓手，创新绿色低碳发展机制，实现生产发展与生态环境保护和资源节约并重，形成煤炭行业绿色低碳发展格局”。进一步推广绿色开采技术，实施煤炭生产全过程清洁化、高效化，加强矿区生态环境治理与修复，强化低碳减排，积极推动矿区低碳发展，加大煤矸石（含洗矸、煤泥）固废资源综合利用产业化和多重功能化发展，推动矿井水产业化，提高矿井水利用率，加快煤矿其他共伴生资源综合利用产业化发展。力争到 2020 年，基本建立起煤炭行业绿色低碳发展体系，矿区生态文明建设取得阶段性成果，资源综合利用产业化初具规模，低碳发展水平显著提升，普遍建成开采方式科学化、矿山环境生态化、生产工艺清洁化、资源利用高效化、企业管理规范化的现代化煤矿，原煤生产综合能耗比“十二五”末下降 8%以上。煤矸石、煤泥、粉煤灰、生活垃圾安全处置率实现 100%，废水排放达标率实现 100%，煤矿稳定沉陷土地治理率实现 80%以上，土地复垦率实现 60%以上，煤矿抽排瓦斯利用和销毁率实现 80%以上。煤矸石综合利用率达到75%，矿井水综合利用率达到80%，共伴生资源利用率达到60%，力争新增煤矿矸石煤泥综合利用发电装机2000万千瓦。[①]

2017年底，全国统一碳市场启动，先行纳入火电企业。对火电企业来说，温室气体排放受到配额限制，企业要把二氧化碳排放作为资产来管理，进行减少温室气体排放的行动，由此生产成本增加。我国电价受政府管控，对于新增成本，一部分通过工艺技术改造、加强管理等措施内部消化；另一部分会转嫁至上游煤炭企业，实现共同承担。这样也倒逼煤炭企业提供更高品质的煤炭产品。2018年全国国内生产总值二氧化碳排放比2005年下降了45.8%，超过了我国提出的2020年碳排放下降目标的上限，超额完成任务，初步扭转了过去一段时期碳排放快速增长的局面。

（三）煤炭节能减排取得的成效

“十二五”期间，煤炭行业节能减排技术快速发展。大型选煤技术和装备、综采成套设备、大型露天矿成套设备等国产化取得新进展，智能工作面技术达到了国际先进水平。百万吨级煤制油和60万吨级煤制烯烃等煤炭深加工示范项目实现商业化运行。低透气性煤层瓦斯抽采等技术取得突破，形成采煤采气一体化开发新模式。煤矸石、矿井水、煤层气等资源综合利用水平不断提高。原煤入选率由2010年的51%增加到2018年的71.8%。2018年，矿井水综合利用率达到72.8%，同比提高0.8个百分点，煤矸石综合利用处置率达到70%，同比提高2.7个百分点。土地复垦率达到49.5%。国家统计局发布数据显示，2018年，全国规模以上工业企业生产煤层气72.6亿立方米，同比增长5.8%，绝对值增量在2.4亿立方米。

国家能源局、环境保护部、工业和信息化部发布《促进煤炭安全绿色开发和清洁高效利用的意见》，提出到2020年，煤矸石综合利用率不低于75%；在水资源短缺矿区、一般水资源矿区、水资源丰富矿区，矿井水或露天矿矿坑

① 关于煤炭工业“十三五”节能环保与资源综合利用的指导意见［EB/OL］. 北极星环保网，http：//huanbao. bjx. com. cn/news/20161103/785928. shtml.

水利用率分别不低于95%、80%、75%；煤矿稳定塌陷土地治理率达到80%以上，排矸场和露天矿排土场复垦率达到90%以上。到2020年，新增煤层气探明储量1万亿立方米，煤层气（煤矿瓦斯）产量400亿立方米，其中：地面开发200亿立方米，基本全部利用；井下抽采200亿立方米，利用率达到60%以上。到2020年，原煤入选率达到80%以上，实现应选尽选。

三、生态环境保护

煤炭行业中，煤炭开采等活动对生态环境造成严重破坏，例如地下水破坏、煤矸石自燃、地表塌陷等现象十分严重，加强环境保护、生态补偿等迫在眉睫，陆续出台的相关政策为其提供了制度保障及操作实务，环保督察提高了政府监管能力，强有力地促进了生态环保工作的开展。

（一）环境保护

2015年1月1日，新《环境保护法》开始实施。新《环境保护法》中新增了两处生态环保方面的内容：一是国家在重点生态功能区、生态环境敏感区和脆弱区等区域划定生态保护红线，实行严格保护；另一处是国家建立、健全生态保护补偿制度。这在一定程度上对矿区的总体规划和位置选择施加了一定压力。2015年4月25日，国务院发布《中共中央国务院关于加快推进生态文明建设的意见》，明确了生态文明建设的总体要求和目标愿景，对煤炭行业的发展提出了要求。要求发展绿色矿业，加快推进绿色矿山建设，促进矿产资源高效利用，提高资源开采回采率、选矿回收率和综合利用率。2016年3月，国家发展改革委发布的《国民经济和社会发展第十三个五年规划纲要》将环境保护作为“十三五”时期国家建设发展的重要关注领域，发展资源节约循环利用关键技术和生态治理修复成套技术，加快节能环保产业发展。[①]《中华人民共和国环境保护税法》（中华人民共和国主席令第61号）规

---

① 前沿产业研究院.2018年国家环保产业最新政策汇总及解读［EB/OL］. http://www.h2o-china.com/news/view?id=272598&page=2.

定，环境保护税于2018年1月1日开征，成为绿色税制的重要一环。该税法将火电、钢铁、水泥、电解铝、煤炭、采矿等行业作为重点监控（排污）纳税人。

（二）环保督察

在环境保护措施制定的同时，我国采取了环保督察措施，对各省的生态环保情况进行督察、审核，并对其存在的问题进行反馈。2016年以来，中央环境保护督察组先后对湖北省、陕西省、山西省、河北省、云南省等省份开展了环境保护督察工作和反馈工作。各省均高度重视中央环境保护督察工作，坚持把督察反馈意见整改落实作为重大政治任务、重大民生工程和重大发展问题来抓，以整改的实际成效推动各项工作落实。通过督察整改，各省各级各部门加强生态环境保护、推动绿色发展的意识明显增强，部分省份将中央环保督察整改纳入年度目标责任考核、季度点评和省内环保督察的重要内容。具体到煤炭产业，均集中于严控煤炭产能和煤炭污染治理等重点工作方面。

（三）生态补偿

生态补偿工作也逐渐开展，党中央、全国人大、国务院都高度重视生态补偿机制建设。2005年以来，全国人大连续三年将建立生态补偿机制作为重点建议；国务院将生态补偿机制建设列为每年的工作要点，并将研究制定生态补偿条例列入立法计划；环保局配合国务院研究制定了煤炭开采的生态环境补偿政策，并开展了“生态补偿机制与政策研究”，提出了建立生态补偿机制框架的建议。

2005年，《关于制定国民经济和社会发展第十一个五年规划的建议》首次提出“按照谁开发谁保护、谁受益谁补偿的原则，加快建立生态补偿机制”。2007年，环境保护部发布的《关于开展生态补偿试点工作的指导意见》提出了将在四个领域开展生态补偿试点，“矿产资源开发的生态补偿”为其中之一。推动建立生态补偿长效机制、矿山生态补偿基金和环境治理与生态恢复保证金制度，解决区域性环境污染、生态破坏的补偿以及环境健康损害的赔偿问题，加大矿山环境整治力度，“多还旧账”并“不欠新账”。2011年，《“十二五”规划纲要》对“建立生态补偿机制”问题进行了专门阐述，提出“设立国家生态补偿专项资金，推行资源型企业可持续发展准备金制度，加快制定实施生态补偿条例”等要求。2012年，党的十八大报告明确提出“建立资源有偿使用制度和生态补偿制度”的要求。

在各地区各部门大力实施生态保护建设工程、积极探索和合理推进生态补偿机制建设、加大生态补偿资金投入力度、积极开展生态补偿试点等努力下，生态补偿机制建设迈出了重要一步，初步形成了生态补偿制度框架，并在重点领域取得积极进展和成效。目前，在矿产资源开发方面，已有30个省（市、区）建立了矿山环境恢复治理保证金制度。

国务院、各有关部委扎实推进生态补偿政策落地，于2016年4月28日发布《关于健全生态保护补偿机制的意见》，2016年12月20日发布《关于加快建立流域上下游横向生态保护补偿机制的指导意见》，2018年2月13日发布《关于建立健全长江经济带生态补偿与保护长效机制的指导意见》，2018年12月28日发布《建立市场化、多元化生态保护补偿机制行动计划》，2019年11月20日发布《生态综合补偿试点方案》等重要政策文件。各地严格落实国家生态补偿政策，根据本省实际积极探索创新生态补偿实践模式，具有中国特色的生态补偿制度格局日益清晰。

2019年10月31日中国共产党第十九届中央委员会第四次全体会议通过《中共中央关于坚持和完善中国特色社会主义制度、推进国家治理体系和治理能力现代化若干重大问题的决定》，提出“坚持和完善生态文明制度体系，促进人与自然和谐共生”。要求“严明生态环境保护责任制度”，落实生态补偿和生态环境损害赔偿制度，实行生态环境损害责任终身追究制。

第三章　煤炭清洁生产

我国富煤、贫油、少气的化石能源储量结构特点决定了从能源安全和生产成本来讲，煤炭在未来一个时期作为主体能源的重要地位将保持不变。面对煤炭开发利用所产生的生态环境破坏、环境污染以及应对气候变化等问题，在国家大力开展生态文明建设背景下，从绿色低碳循环出发，推进煤炭清洁生产是煤炭行业绿色发展的有效途径。①

一、煤炭清洁生产概述

伴随国家节能减排、应对气候变化的逐步深入，煤炭清洁生产也分阶段分步骤得到推广应用，煤炭清洁生产整体水平得到显著提升。

煤炭清洁生产主要始于“十一五”，在国家将节能减排等绿色发展指标纳入约束性指标背景下，煤炭行业大力发展以煤炭为主要原料的循环经济，推广应用煤炭绿色开采技术，提高原煤入洗（选）率，提升煤与共伴生资源综合利用率，提升水资源利用率，推进煤炭加工转化，延伸煤炭产业链，推动以煤炭行业为主导产业的循环经济工业园区建设。在“十二五”国家又将控制温室气体排放指标纳入约束性指标，为推动煤炭行业煤炭清洁生产，相继修改或出台《中华人民共和国煤炭法》《中华人民共和国清洁生产促进法》等相关政策，煤炭清洁生产水平得到全面提升。在“十三五”国家为推进煤炭行业清洁生产，提出要牢固树立绿色发展理念，推行煤炭绿色开采，发展煤炭洗选加工，发展矿区循环经济，加强矿区生态环境治理，又制定了煤炭清洁生产相关行业标准，煤炭清洁生产将会进一步深化。

---

① 贺佑国 . 2017 中国煤炭发展报告［M］. 北京：煤炭工业出版社，2017.

但是，目前仍然存在煤炭开采引发土地沉陷、水资源破坏、瓦斯排放、煤矸石堆存，以及破坏矿区生态环境、恢复矿区生态环境治理工作滞后等问题。煤炭清洁生产仍需着力于绿色开采、煤炭洗选加工、煤炭绿色物流、矿区循环经济、矿区生态环境治理等方面，大力推广煤炭清洁生产技术。

二、煤炭清洁生产制度政策

目前，我国在促进煤炭清洁生产方面制定了一系列制度政策，《煤炭产业政策》《中华人民共和国煤炭法》《中华人民共和国清洁生产促进法》等法规条例以及《煤炭采选业清洁生产评价指标体系（试行）》《生产煤矿回采率管理暂行规定》等部门规章中均对煤炭清洁生产提出了一定的要求。同时，针对中国煤炭行业阶段性需求，进一步推动煤炭行业标准化体系建设和标准制修订。

（一）法规条例

1.《煤炭产业政策》

2007 年 11 月，国家发展改革委为实现合理有序开发煤炭资源，提高煤炭资源利用率，提升行业生产力水平，从而促进煤炭行业健康发展，发布了《煤炭产业政策》。政策中与煤炭资源清洁生产利用密切相关的有两个方面：技术方面，鼓励煤炭行业采用高新技术和先进适用技术，建设高产高效矿井，发展提高资源回收率的采煤技术；资源利用方面，加快资源综合利用，减少加工利用过程中的能源消耗，提高回采率和利用率，按照“减量化、再利用、资源化”的原则，综合开发利用与煤共伴生资源。

2.《中华人民共和国煤炭法》

2011 年 7 月，我国开始施行《中华人民共和国煤炭法》，其中对于煤炭清洁生产的规定主要有：①依法保护煤炭资源，禁止任何乱采滥挖破坏行为；②鼓励并支持煤炭资源开发利用采用先进技术；③煤炭资源的开发利用要遵守环境保护的法律法规，防治污染，保护生态环境；④复垦和恢复因开采煤炭压占的土地或者造成的地表土地塌陷、挖损等；⑤提倡和支持企业进行煤炭的深加工和精加工。

3.《中华人民共和国清洁生产促进法》

为了促进清洁生产，提高资源利用效率，减少和避免污染物的产生，保护和改善环境，保障人体健康，促进经济与社会可持续发展，2012 年我国修订并实施了《中华人民共和国清洁生产促进法》。此次修改是贯彻落实中央关于转变发展方式的决定的具体体现，对从源头预防污染、进行产业升级换代、淘汰落后产能、发展新产业等起到有力的推动作用，对推广应用先进生产技术、推进产品升级和产业结构优化、推动实现节能减排目标、转变经济发展方式等具有重要意义。

这次法律修改的重点内容之一是强化和完善了企业清洁生产审核制度。包括扩大对企业实施强制性清洁生产审核范围，将高耗能的企业列入强制性审核范围；充分发挥社会的监督作用，强化政府有关部门的监督责任；规范强制性审核的同时，鼓励企业自愿实施清洁生产。同时，加强政府推进清洁生产的职能。强化政府编制和组织实施清洁生产推行规划的责任，加强对清洁生产工作的资金投入，支持规划确定的重点领域、重点行业、重点工程实施清洁生产及其技术推广工作，以及生态脆弱地区实施清洁生产的项目。

2019 年 9 月 19 日，国家发展改革委、生态环境部、工业和信息化部三部委联合发布《关于发布煤炭采选业等 5 个行业清洁生产评价指标体系的公告》。煤炭采选业清洁生产评价指标体系依据综合评价所得分值将清洁生产等级划分为三级，Ⅰ级为国际清洁生产领先水平，Ⅱ级为国内清洁生产先进水平，Ⅲ级为国内清洁生产一般水平。该评价指标体系将清洁生产指标分为五类，即生产工艺及装备指标、资源能源消耗指标、资源综合利用指标、生态环境指标、清洁生产管理指标。该指标体系适用于煤炭采选企业的清洁生产审核、清洁生产潜力与机会的判断以及清洁生产绩效评定和清洁生产绩效公告制度，也适用于环境影响评价、排污许可证管理、环保领跑者等环境管理制度。

（二）部门规章

1.《煤炭采选业清洁生产评价指标体系（试行）》

为落实《中华人民共和国清洁生产促进法》（2012），进一步规范清洁生产审核程序，更好地指导地方和企业开展清洁生产审核，2016 年 5 月国家发展改革委、环境保护部对《清洁生产审核暂行办法》进行了修订，于 2016 年 7 月 1 日起正式实施。对清洁生产审核范围、清洁生产审核的实施、清洁生产审核的组织和管理、奖励和处罚进行了规定。结合煤炭行业特点，研究提出适度超前的评价指标，并具有针对性、实用性和可操作性。2016 年 10 月，国家发展改革委发布《煤炭采选业清洁生产评价指标体系（试行）》（以下简称《体系》），以进一步推动我国煤炭采选行业清洁生产工作的全面实施和发展，为企业开展清洁生产提供技术支持和导向，使清洁生产工作更加标准化和规范化，促进我国煤炭采选行业环境保护工作向更高目标发展。

《体系》主要从实施清洁生产、提高资源利用率、减少和避免污染物的产生、保护和改善环境出发，以期实现煤炭生产的经济效益、社会效益和环境效益的统一，保证煤炭行业的持续发展。其按照生产方式和数据可获得性，分为井工开采与露天开采、定量指标和定性指标。

2.《生产煤矿回采率管理暂行规定》

2012 年 12 月，国家发展改革委公布了《生产煤矿回采率管理暂行规定》，其对煤矿企业进行煤炭清洁生产做出了以下几点规定：①执行煤炭开采相关规定，遵循合理开采程序，加强煤炭资源管理；②根据地质条件和煤层状况，选择合理采煤方法，不得吃肥丢瘦、浪费煤炭资源；③按照由上而下的顺序进行开采，不得弃采薄煤层；④对采用一次采全高开采的厚煤层，不得丢顶煤、底煤或者用煤皮做假顶；⑤鼓励有条件的矿井采用无煤柱开采、充填开采等开采技术，薄煤层优先采用机械化开采，提高资源回采率。

（三）行业标准

标准是推动煤炭行业发展的重要载体和有效手段，涵盖了煤炭行业方方面面。2016年中国煤炭行业标准化体系建设和标准制修订计划取得了一定成效，转变了煤炭行业发展方式，提升了煤炭产业发展水平。与煤炭清洁生产相关的煤炭行业国家标准、行业标准共有8个，具体见表3-1。

表3-1　与煤炭清洁生产相关的煤炭行业国家标准、行业标准

标准名称	发布单位和时间	实施时间
《煤炭工业矿井采掘设备配备标准》（GB/T 51169—2016）	2016年1月4日中华人民共和国住房和城乡建设部公告（第1022号）	2016. 12. 1
《煤炭工业露天矿疏干排水设计规范》（GB 51173—2016）	2016年4月15日中华人民共和国住房和城乡建设部公告（第1101号）	2016. 12. 1
《煤炭洗选工程设计规范》（GB 50359—2016）	2016年8月18日中华人民共和国住房和城乡建设部公告（第1265号）	2017. 4. 1
《煤炭洗选工程节能设计规范》（GB 51181—2016）	2016年8月18日中华人民共和国住房和城乡建设部公告（第1273号）	2017. 4. 1
《煤炭工业露天矿节能设计规范》（GB 51197—2016）	2016年10月25中华人民共和国住房和城乡建设部公告（第1345号）	2017. 7. 1
《矿井建井排水技术规范》（GB/T 51229—2017）	2017年5月4日中华人民共和国住房和城乡建设部公告（第1544号）	2018. 1. 1
《综合机械化高水材料袋式充填采煤技术要求》（NB/T 51046—2016）	2016年2月5日国家能源局公告（第2号）	2016. 7. 1
《沿空留巷高水材料巷旁填充技术要求》（NB/T 51047—2016）	2016年2月5日国家能源局公告（第2号）	2016. 7. 1

资料来源：《2017中国煤炭发展报告》、国家能源局、住房和城乡建设部。

三、煤炭清洁生产重要环节

煤炭生产对环境的影响主要体现在煤炭开采、洗选加工、物流过程中。其中煤炭开采、煤炭洗选加工、煤炭物流属于煤炭生产重要环节。

（一）煤炭绿色开采

煤炭开采是煤炭生产的第一步，煤炭开采可能造成的瓦斯事故、水害事故、生态破坏、环境污染等环境问题，是摆在煤炭行业绿色发展道路上的首要瓶颈。《煤炭工业发展“十三五”规划》指出，推进煤炭清洁生产的第一步就是要推行煤炭绿色开采。绿色开采无疑是煤炭开采的发展方向，对提高煤炭能源开采效率、保护生态环境和实现煤炭可持续发展都具有十分重要的意义。可从以下三点推进绿色开采：

首先，加强煤炭绿色开采理论和技术的研究与示范。大力开展煤炭绿色安全高效开采的理论与技术研究与示范，关注伴生资源（瓦斯、矸石、水等）同步科学开采的理论和技术研究与示范，推进煤炭开采形成的地表破坏和矿后治理研究、生态修复和循环利用理论与技术的研究与示范，实现煤炭绿色安全高效开采，以防止生态环境破坏和灾害发生。

其次，加大绿色开采技术推广和应用。煤矿设计、建设、生产等过程中，采用先进环保理念和技术装备，严格执行环保标准，降低对生态环境的负面影响。煤炭开采过程中，因地制宜推广和应用充填开采、保水开采、智能化无人开采、煤与瓦斯共采、矸石不升井等绿色开采技术。如图 3-1 所示。

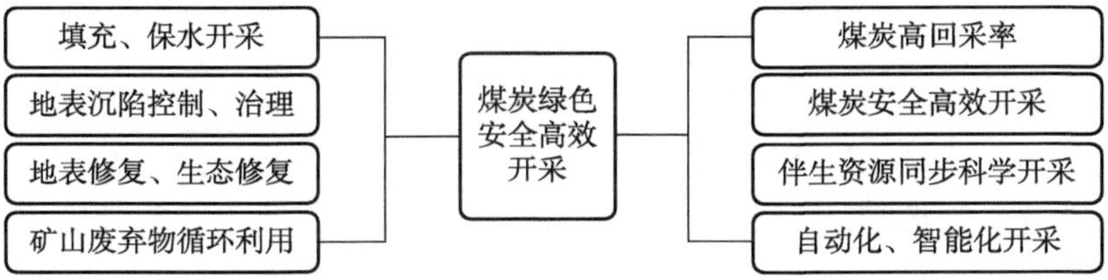

图 3-1　煤炭绿色安全高效开采的系统措施

最后，发挥政府的管理和监督职能。政府应发挥其在管理和监督资源开采中的环境保护职能，支持并扶植与环境相协调的资源开采创新技术的研发工作，及时出台各种节能减排、环境保护等政策，为企业采用绿色开采技术树立重要导向。同时，对于积极开发并采用煤炭资源绿色开采技术的企业，应在财税等政策方面给予减免的经济激励。①

（二）煤炭洗选加工

煤炭洗选一般是指从煤中去除矸石或其他杂质的过程。其原理是采用物

① 张东京，王秀云．浅谈煤炭高效清洁利用［J］．山东煤炭科技，2017（2）：170-171.

理、化学、生物等方法分离煤与杂质从而得到不同用途的煤。从矿井直接开采出的原煤中会含有硫、磷和氟等有害杂质，通过煤炭洗选加工，可以提高质量，减少污染物排放，有效提高资源的利用率，达到节约能源、优化产品结构、降低环境污染等效果。中国煤炭加工利用协会的相关统计数据显示，1亿吨原煤通过洗选加工，能够分别减少灰分、硫分和二氧化硫排放约 1300 万吨、35 万吨和 449 万吨；同时燃煤效率会比未洗选提高 10%～15%，即能够节约 1000 万～1500 万吨煤炭资源。可见，煤炭洗选对煤炭清洁生产、降低环境污染的重要性，其在煤炭行业中处于重要地位。①

2015 年政府工作报告明确指出我国煤炭清洁高效利用要以煤炭洗选为源头。2016 年 12 月，《煤炭工业发展“十三五”规划》再次对煤炭洗选提出了新要求：加快选煤设施升级改造，提高原煤入选比重；推进先进洗选技术装备研发和应用，降低洗选过程中的能耗、介耗和污染物排放；大力发展高精度煤炭洗选加工，实现深度提质和分质分级，从而实现煤炭清洁生产。

目前，我国的选煤技术主要有重介质选煤技术、跳汰选煤技术、浮选选煤技术等。每种选煤技术各有其优势和适用范围。重介质选煤技术分选密度调节范围宽，分选精度高且快，适用性强，经济效益突出；跳汰选煤技术以水为分选介质，按比重分层，选矿回收效率高；浮选选煤技术根据煤和矿物杂质表面润湿性的差别分选细粒煤，可以回收大量优质细粒精煤。在煤炭洗选中，可根据不同选煤方法的优劣势，择优选用，综合高效利用，提高煤炭资源利用率。

（三）煤炭绿色物流

煤炭物流是集煤炭运输、仓储、配送、交易、信息等为一体的服务活动。② 我国煤炭资源储量主要集中在山西、陕西、内蒙古、新疆、宁夏、两淮、山东、贵州等地区。煤炭生产主要集中在山西、内蒙古和陕西等地，而

① 中国矿业报．煤炭洗选尴尬几多？［N/OL］．中国矿业报网，http：//www.zgkyb.com/observation/20150330_15139.htm.

② 国家发展改革委．煤炭物流发展规划［Z］．2013.

环渤海、长三角、珠三角地区为煤炭消费主要客户区域，这就形成了“西煤东运、北煤南运”的晋陕蒙（西）宁为主的调运格局。煤炭仓储、装卸、运输过程会产生由煤尘飞扬、汽柴油燃烧造成的生态环境污染和温室气体释放，以及仓储的土壤污染等。其中，煤炭运输有重要影响，其煤尘飞扬对雾霾天气影响大，而汽柴油燃烧不仅排放氮氧化物、氮氢化物、颗粒物等，还排放二氧化碳等温室气体。

我国煤炭运输方式主要包括铁路、水路和公路，现已经形成了以铁路为主线、水路为支线、公路起集疏作用的运输体系。三种运煤方式各有优有劣。铁路运输主要使用封闭式罐车，以电力为行驶动力，装载量大，交货时间稳定，在煤炭装和卸时会发生少量煤炭散落，不适合距离短、用量少的情况。水路运输主要是用船舶，动力来源于柴油等燃料油燃烧，运输成本低、体量大、时间长，但受水利条件和季节性制约。传统的公路煤炭运输大多使用自卸卡车，行驶靠燃烧汽柴油，会排放大量大气污染物和温室气体，而且运输过程存在安全风险和环境污染风险，也就是说，运输过程中会加大煤炭的损耗，若有掉落路上的煤块会给交通带来不便，甚至会引发交通事故，散落的煤渣会对沿途环境造成一定污染。通过对比三种运输方式，发现煤炭公路运输造成的生态环境破坏最大。为解决当前煤炭运输带来的生态环境压力问题，国务院决定以推进大宗货物运输“公转铁、公转水”为主要方向。2017 年 2 月，环境保护部、国家发展改革委、财政部、国家能源局联合北京市、天津市、河北省、山西省、山东省、河南省等多省市发布了《关于印发〈京津冀及周边地区 2017 年大气污染防治工作方案〉的通知》，提出 7 月底前，天津不再接受柴油货车运输的集港煤炭；9 月底前，天津、河北及环渤海所有集输港煤炭主要由铁路运输，禁止环渤海港口接受柴油货车运输的集疏港煤炭。[①] 2017 年 12 月，中央经济工作会议要求调整运输结构，增加铁路运量；2018 年全国环境保护工作会议也提出调整运输结构，推动大宗物流由公路运输转向铁路运输，即“公转铁”。“公转铁”调整京津冀地区交通运输结构，引导

① 秦芬芬．推进运输结构调整政策的思考［J］．综合运输，2018，40（12）：83-87.

货运由公路走向铁路，减少重型柴油货车使用强度，是改善京津冀地区空气质量的关键举措之一。2018 年 5 月，生态环境部提出，山东、长三角地区沿海港口煤炭集疏港运输于 9 月底前全部改为铁路运输，京津冀及周边、长三角地区沿海港口的矿石、钢铁、焦炭等大宗货物于 2019 年底前全部改由铁路运输。

煤炭绿色物流发展趋势：一是优化煤炭运输方式，构建“公、铁、水”多式联运绿色物流体系。以煤炭铁路运输或铁路—水路联运为主，降低公路运输的比例。对于煤炭公路短途运输的不可替代作用，可以采用集装箱运输来解决煤炭公路短途运输的敞车污染问题，或者使用新能源汽车为装载运输工具。二是优化升级煤炭运输网络，合理布局与规划煤炭运输网点、配送中心，通过缩短运输路线和降低空载率，提高运输效率。三是科学规划仓储、装卸作业，减少和避免因仓储布局不合理导致的煤炭运输次数的增加或迂回运输，并最佳配置装卸设备，提高装卸效率。规范仓储管理，建立封闭贮煤仓，仓下直接装车外运，减少露天煤炭堆放污染。四是加强煤炭物流信息化建设。例如建设煤炭物流信息平台，推进物联网技术应用，建立仓储管理系统、运输信息系统、订单管理系统、成本结算系统等综合物流信息系统。

（四）矿区循环经济

发展矿区循环经济是煤炭清洁生产的重要着力点。按照“减量化、再利用、再循环”原则，充分利用煤炭资源、共伴生矿产资源以及工业“三废”，一方面可以实现资源的综合开发、深度加工和清洁利用，另一方面可以大幅减少工业“三废”对矿区生态环境的恶劣影响。我国煤炭行业矿区循环经济发展大致经历了三个阶段。

第一阶段：20 世纪 80 年代以前，煤炭行业的运行模式和物流模式分别为“资源—生产—流通—消费—丢弃”和“资源—产品—污染物”，呈现出“高开采、低利用、高排放”的特征。煤炭企业的生产经营大都以消耗大量的资源和能源为代价。

第二阶段：20 世纪 80 年代开始，煤炭行业运行模式主要变为“先污染，后治理”，环境污染以末端治理为主。在生产终端或者废弃物排到环境中之前，进行一系列处理，使其达到污染物排放标准，然后排放到环境中，从而降低污染程度。

第三阶段：“十一五”以来，国家高度重视煤炭清洁生产，进一步深化了煤炭行业的循环经济发展，形成了“资源—生产—流通—消费—再生资源”的物流模式和“资源—产品—再生资源”的运行模式。

近年来，煤炭行业循环经济成效显著，逐步实现清洁生产和废弃物的综合利用一体化，以煤炭开采加工为龙头不断延伸产业链，重点发展煤电联营、煤化工、“三废”综合利用、生态修复与治理等，通过物质、资源和能源系统之间产品或废物的相互交换，实现物质的循环利用和资源、能源的梯级利用，把环境污染排放降到最低限度。目前，煤炭行业已形成多元化的矿区循环经济发展模式，并建立起煤炭及共伴生资源高效清洁利用技术体系。矿区循环经济发展重点有煤矸石综合利用、矿井水综合利用和煤层气开发利用等。①

1. 煤矸石综合利用

煤矸石是煤矿在开拓掘进、采煤和煤炭洗选等生产过程中排出的含碳岩石，是煤矿生产过程中的废弃物，约占煤炭产量的10%。② 煤矸石也是可利用的资源，具有双重性。从煤炭开采来看，中国每年生产1亿吨煤，排放矸石1400万吨左右；从煤炭洗选加工来看，每洗选1亿吨炼焦煤，排放矸石2000万吨左右；每洗选1亿吨动力煤，排放矸石1500万吨左右。据统计，2017年中国煤矸石产生量约为7.4亿吨，当年煤矸石利用量4.91亿吨，综合利用率67.3%，比2016年提高3.1个百分点。其中，煤矸石综合利用电厂及低热值煤电厂总规模达到36吉瓦，年利用煤矸石量1.4亿吨。煤矸石井下排矸示范工程、煤矸石井下充填绿色开采技术应用正稳步推进。

① 李保玉．煤炭企业循环经济发展战略及模式研究［J］．煤炭经济研究，2011，31（2）：17-21.

② 国家发展改革委等．煤矸石综合利用管理办法（修订版）［EB/OL］．http：//www.ndrc.gov.cn/zcfb/zcfbl/201501/t20150112_659942.html，2015.

2. 矿井水综合利用

煤矿矿井水主要是指在煤矿矿井中集聚的废水。这些废水中往往含有大量的悬浮物和颗粒，直接排放外界，一方面会对环境造成污染，另一方面会造成大量的水资源浪费。因此，开展矿井水资源节约和综合利用是实现循环经济发展的重要内容之一。

2015 年《水污染防治行动计划》（“水十条”）发布以来，各级煤炭企业加大了对矿井水这一非常规水资源的综合利用力度，矿井水广泛应用于煤炭生产、洗选和煤炭深加工等环节，富余的矿井水资源也成为矿区周边园区工业生产和生活用水来源，矿井水综合利用率逐年提高。据不完全统计，2017 年中国矿井水涌水量约 6.18×10^9 立方米，利用了 4.45×10^9 立方米，矿井水利用率 72%，比 2016 年提高 1.98 个百分点。

3. 煤层气开发利用

“十二五”期间，我国先后出台一系列政策规定，加大煤层气开发利用的财政资金支持力度、税费政策扶持力度和科技创新力度，同时，大力支持“大型油气田及煤层气开发”国家科技重大专项，促使煤矿区煤层气开发基础理论、技术装备和工程示范取得重要进展。“十三五”期间，国家高度重视并大力推进煤层气产业发展，2017 年全年煤层气（煤矿瓦斯）抽采量 1.78×10^{10} 立方米、利用量 8.9×10^9 立方米。其中井下瓦斯抽采量 1.28×10^{10} 立方米、利用量 4.9×10^9 立方米，地面煤层气产量 5.0×10^9 立方米、利用量 4.4×10^9 立方米。

国家能源局发布的《煤层气（煤矿瓦斯）开发利用“十三五”规划》（以下简称《规划》）明确提出了我国“十三五”期间煤层气开发利用的目标：新增 4200 亿立方米煤层气探明地质储量，建成两到三个煤层气产业化基地；煤层气抽采量 2020 年达到 240 亿立方米，其中地面煤层气产量、煤矿瓦斯抽采量分别为 100 亿立方米、140 亿立方米，利用率分别达到 90%以上和 50%以上。

为确保目标的实现，《规划》对煤层气开发利用从勘探、开发、输送、利用、科技创新等方面提出了主要任务。包括推进煤矿区煤层气地面开发、实施煤矿瓦斯抽采示范工程、建设煤矿瓦斯利用示范工程、开展工程技术示范等。

另外，《规划》提出建成沁水盆地和鄂尔多斯盆地东缘两大煤层气产业化基地，实现煤层气产量快速增长，2020 年达到 83 亿立方米；新建贵州毕水兴煤层气产业化基地，到 2020 年煤层气产量达到 11 亿立方米；建设煤层气开发试验区，实施开发利用示范工程。

（五）矿区生态环境治理

煤矿开采主要分为井工开采和露天开采，都会对矿区生态环境产生破坏。尤其是露天开采，对于当地的土壤、植被以及动物栖息地等都造成了较大的破坏，只依靠自然界的自我恢复能力来保护生态环境是不切实际的，需要政府严格执行生态保护红线、环境质量底线、资源利用上线和环境准入负面清单。

《煤炭工业发展“十三五”规划》对矿区生态环境治理提出：按照“不欠新账、快还旧账”原则，全面推进矿区损毁土地复垦；探索利用、推进采煤沉陷区综合治理，探索利用采煤沉陷区、废弃煤矿工业场地及周边区，发展风电、光伏、现代农业、林业等产业；加强统筹规划和资金支持，推进新疆等地区煤田火灾及其防治工作；构建政府主导、政策扶持、社会参与、开发式治理、市场化运作的治理新模式，加大历史遗留矿山地质环境问题治理力度。

矿区生态环境治理主要分为矿山废弃区的土壤修复、矿山废弃区的植被恢复和矿山废弃区的水质恢复等。

1. 矿山废弃区土壤修复

土壤可以说是整个生态环境的基础，无论是动植物还是微生物都需要依靠良好的土壤环境才能够生存繁衍。因此，想要开展矿山废弃区的生态恢复工作，必须对其进行土壤修复。概括来说，矿山废弃区的土壤修复技术主要包括改良土壤、植物修复以及微生物修复这三种。在进行矿物采掘工作时，常常会由于矿物自身因素致使工作范围内的土壤中含有超量的重金属或者是其他有毒物质。不仅如此，在进行开采时经常会将挖掘出的废弃石渣堆积在厂区的地面上，如果堆积量过大，会将原有的土壤层覆盖住。由于石渣上不会生长出植被，腐殖质无法积蓄，故而会造成矿山废弃区范围内不存在地表土壤层。在这种情况下，需要先开展覆土工作，之后才能够进行土壤改良。改良土壤法又称为客土法，即从其他地区选取较为肥沃且不含有重金属以及其他有毒有害物质的土壤与当地土壤相互混合，以提高当地的土壤质量。但是这种方式相对而言工程量较大，如果废弃厂区的面积过大，该方式很难适用。同时，客土法在土壤污染程度较高的地区也无法使用。而植物修复以及微生物修复则是在原有土壤上移植可以吸收重金属的植物或微生物，通过植物或微生物对于土壤中污染物的富集能力减少土壤中相关物质的含量。需要注意的是，无论是植物还是微生物的富集能力都是有限的，在达到富集限度之后，工作人员便需要将该批次的植物或微生物进行收集并妥善处理，如焚烧成灰等，之后再次进行栽种。待到土壤达到预期的标准之后，才可以进行下一步工作。

2. 矿山废弃区的植被恢复

在矿山废弃区的土壤恢复工作结束之后，便可以进行废弃区的植被恢复工作。需要注意的是，虽然当地土壤中含有的重金属以及有毒有害物质的量已经降低到既定标准以下，但是土壤中的营养物质含量仍然较少。因此，在初始状态下所选择的植物种类应当以抗性较好的植物为主，最好是乔木与灌木有机搭配，最大程度上利用当地的土壤与阳光条件。但如果当地的土壤层厚度并不能够支撑乔灌木树种生长，便需要考虑使用一些草本植物作为过渡，如高羊茅、狗牙根以及百喜草等。由于土壤层较薄，在自然降水之后其所能够存留下的水量较少，必要时可以采用液压喷灌的方式。之所以不采用漫灌的浇灌方式，主要是因为大范围的水量覆盖可能会造成严重的水土流失，从而无法达到预期的植被恢复要求。在进行植被种类选择时，尤为重要的一点是不能够选用可能造成外来物种入侵的植物。由于当地的生态系统结构已经非常脆弱，此时若选用一些侵略性较强或者是不能够与当地原有植物选择互生的植物，很有可能会使当地的本土生物失去生存空间。

3. 矿山废弃区的水质恢复

在矿山开采范围内的土壤中常常会含有各类有毒有害物质，而这些物质在降水之后有可能随着雨水汇集到厂区附近的河流、湖泊之中，从而造成水质污染。如果不能够及时进行处理，可能会反馈到已经进行修复的土壤中，造成二次污染。对此也需要采取相应的手段进行水质恢复。首先，可以采用化学方法，通过播撒相应化学物质与水体中的有毒有害物质反应以生成无毒无害物质，达到水质恢复的效果。其次，工作人员也可以按照植被恢复的方法，引入合适的水生植物进行水体内有毒有害物质的富集，可采用金鱼藻、中华萍蓬草、菖蒲等水生植物进行水体净化。

矿区地质环境治理和生态保护必须坚持走“边开发、边治理”的路子，严格按照治理方案逐步推进，使治理工作与矿业开发和生产建设同步进行，不能等矿山关闭后再算“总账”。

四、煤炭清洁生产技术及应用

中国煤炭行业清洁生产技术不断开发，技术体系不断完善，科技成果项目不断推广应用，有力地支撑了煤炭行业清洁生产发展，主要应用在煤炭开采、洗选加工、矿区生态环境保护、智能矿山等领域。

（一）煤炭绿色开采领域

现阶段我国的煤炭开采技术逐渐成熟，绿色安全开采也取得了良好的成绩，煤与瓦斯共采和保水采煤等成熟技术已得到普遍推广，先进技术也在不断研发中。

1. 急倾斜厚煤层走向长壁综放开采关键理论与技术

“急倾斜厚煤层走向长壁综放开采关键理论与技术”项目由中国矿业大学（北京）、冀中能源峰峰集团有限公司、甘肃靖远煤电股份有限公司、湖南科技大学共同完成。项目经过十余年的联合科技攻关，在国家有关部委和企业的支持下，开发了20米以下急倾斜（60°）厚煤层走向长壁综放开采和围岩控制的关键理论与技术，研制了急倾斜厚煤层综放开采的专用支架与采场围岩控制新技术，首创了巷道围岩“蝶形”破坏理论与层次支护技术，创建了急倾斜厚煤层综放开采顶煤放出的BBR理论和工艺技术，解决了中国20米以下急倾斜（60°）厚煤层安全高效开采的技术难题，实现了急倾斜厚煤层走向长壁综放开采年产百万吨的目标。项目成果已在冀中能源集团有限责任公司、甘肃靖远煤电股份有限公司、鹤壁煤业集团有限责任公司等全国20余个矿井进行了推广应用，实现了急倾斜厚厚煤层的安全高效开采，最大限度地提高了煤炭资源回收率，经济与社会效益显著。研究成果对于提高中国急倾斜厚煤层的高效安全开采水平和推动行业科技进步意义重大，具有广阔应用前景，项目成果达到国际领先水平。

2. 煤层瓦斯安全高效抽采关键技术体系及工程应用

“煤层瓦斯安全高效抽采关键技术体系及工程应用”项目由中国矿业大学、河南理工大学联合多家煤炭行业公司共同完成。该项目针对井下瓦斯抽采工程长期以来一直存在的公共难题，从瓦斯流动与致灾机理、钻护封联一体化技术、成套装备及工程示范等方面进行了系统深入研究，并取得了一定创新。创新包括：首次定义了瓦斯抽采效率准则和安全准则；开发出双动力排渣和涡流松透钻进技术；研发出高压注浆密封钻孔近孔漏气裂隙和固相颗粒体密封远孔漏气裂隙技术；建立了瓦斯抽采管网的多目标约束优化模型。

3. 智能煤矿建设关键技术与示范工程

“智能煤矿建设关键技术与示范工程”项目由神华集团有限责任公司、天地科技股份有限公司、神华和利时信息技术有限公司、北京天地玛珂电液控制系统有限公司、神华神东煤炭集团有限责任公司、陕西煤业化工集团有限责任公司、阳泉煤业（集团）有限责任公司共同完成。

项目通过攻克智能矿山关键技术并进行智能矿山示范工程建设，解决了影响智能煤矿建设的核心问题，首创了“智能+远程干预”的采煤新模式，实现了工作面内无人操作（仅 1 人巡视）的智能采煤常态化运行；创新研发了智能矿山生产综合一体化管控平台，首次完成了 20 吨大型智能矿山示范工程建设；首次创建了亿吨级矿区复杂系统全流程协同智能配置平台，建成世界最大的亿吨级智能大型矿井群，实现了矿井群资源的智能配置。项目成果在陕西煤业化工集团有限责任公司红柳林煤矿、黄陵号煤矿、神华陕西国华锦界能源有限责任公司锦界煤矿及神东亿吨级矿井群等完成了示范工程应用，可将综采工作面每班操作人员由平均 15 人减少到 3 人，煤矿井下作业人员减少 20%，全员工效提高 16%；核心技术在神华宁夏煤业集团阳泉煤业（集团）有限责任公司、兖矿集团有限公司、冀中能源集团有限责任公司、新疆能源（集团）有限责任公司和神华乌海能源有限责任公司等全国近 40 个煤矿推广应用。

4. 深部隧（巷）道破碎软弱围岩稳定性监测控制关键技术及应用

“深部隧（巷）道破碎软弱围岩稳定性监测控制关键技术及应用”项目由武汉大学、中国科学院武汉岩土力学研究所、山东大学、中国平煤神马能源化工集团有限责任公司、淮南矿业（集团）有限责任公司、福建省高速公路建设总指挥部、中国矿业大学共同完成。

项目针对超千米深井巷道、深埋大断面多支洞国防洞库隧道和高速公路隧道群建设中巷道稳定控制和监测面临的难题，历经 11 年的研究和工程应用，在理论方法和技术创新方面取得重大突破，提出了深部破碎软弱围岩地应力测试的流变应力恢复法原理及严密解算分析方法、围岩破裂碎胀大变形预测分析的数值与物理模拟系统方法。发明了多向压应力传感器及其推送定位系统、围岩表面—内部变形实时监测预警及掘支放样自动一体化技术系统，研发了深部破碎软弱围岩分步联合控制技术及底臌控制技术。项目大大提高了深部破碎软弱围岩中地应力测试的成功率，在隧（巷）道掘进支护施工自动定位放样技术等方面填补了国内空白，降低了隧（巷）道掘支和维护综合成本。项目成果广泛应用于矿区深部巷道、交通隧道及国防洞库隧道等工程，整体提升了我国深部隧（巷）道破碎软弱围岩稳定性监测控制的技术水平，累计创造经济效益 34. 28 亿元，经济社会效益显著。

5. 综采工作面高效机械化矸石充填技术①

综采工作面高效机械化矸石充填技术适用于井工综采开采的矿井，通过利用煤矸石充填巷道或采空区，使采空区顶底板得到有效控制，有效抑制地面塌陷，从而实现高回收率的煤炭资源开采和煤矸石的综合利用。关键技术主要包括具有自主知识产权的液压支架、自压式矸石充填机、可缩桥式皮带。

该技术已成功应用于翟镇煤矿 7201 和 7204 工作面，为我国煤矿“三下”压煤的规模性开采、井上下矸石的系统化井下处理提供了一条有效技术途径。该技术发展了新的高效机械化开采工艺方式，将煤矿“掘、采”二元开采技术体系提升为“掘、采、处”的三元开采模式，解决了“掘、采”二元开采技术体系忽视采动对环境和资源的影响及损害问题，将矿井矸石的处理、“三下”压煤的开采、保护地表纳入煤矿开采的总体设计，实现煤矿资源与环境的协调发展。

6. 煤矿矿井水超磁分离井下处理技术②

2016 年，我国矿井水利用率为 70.6%。2018 年，我国矿井水综合利用率达到 72.8%。全国矿井水综合利用率仅为 59%，不仅使水中的煤泥资源大量浪费，而且对环境造成污染。我国矿井水处理普遍采用井下沉淀、提升污水上井二次处理工艺技术。矿井水在提升过程中需消耗电能，按照设计要求，吨水百米电耗一般约为 0.5 千瓦时，实际运行常高于此值。由于电耗与所提升矿井水的密度直接相关，因此降低矿井水的密度即可节约能耗。目前该技术可实现节能量 8 万吨标准煤/年，减排约 21 万吨二氧化碳/年。

煤矿矿井水超磁分离井下处理技术适用于煤矿矿井水资源化利用，通过永磁技术实现快速分离。首先将不带磁性的含煤悬浮物赋予磁性，通过超磁分离机进行快速固液分离，净化矿井水；分离出来的煤泥渣，通过磁种回收

---

① 国家发展改革委．国家重点节能低碳技术推广目录（2017 年本，节能部分）技术报告［Z］. 2018.

② 国家发展改革委．国家重点节能低碳技术推广目录（2017 年本，节能部分）技术报告［Z］. 2018.

循环系统产生低含水率煤泥，经压滤系统得到的煤泥饼直接升井。其关键技术主要包括磁种材料选择、混凝系统的工艺参数确定、磁种制备投加回收装置的研制、超磁分离机设计、合理的井下处理成套工艺设计等。

该技术2010年7月通过四川省科技厅组织的成果鉴定，综合技术达到国际先进水平。“超磁分离技术在矿井水井下处理中的应用”于2012年10月通过中国煤炭工业协会成果鉴定，并在山能新汶矿业集团新巨龙能源公司龙固煤矿810米矿井水处理工程、山能新汶矿业集团协庄煤矿300米矿井水处理工程、山能新汶矿业集团赵官煤矿471米矿井水处理工程等中有实际应用。

（二）煤炭洗选加工领域

煤炭洗选加工主要包括煤炭洗选、配煤、水煤浆和型煤等。2010年国内选煤厂规模大于1000万吨/年的有20座，2018年达到80座，增长了3倍多。从2000年到2010年十年间，我国原煤入选能力从5.22亿吨增长到17.8亿吨，增长超过10亿吨。从2010年到2018年，只用了8年时间，原煤入选能力达到28.5亿吨，增长又超过10亿吨，发展速度之快前所未有。2018年，全国投运入选能力超过1000万吨的选煤厂80座，总能力近12亿吨，占全国选煤能力的42%，其中炼焦煤选煤厂12座，入选能力约1.6亿吨，动力煤选煤厂68座，入选能力10.4亿吨。在运行的规模以上动力煤选煤厂达到2300多座，入选能力超过19亿吨，占总入选能力的66.7%；炼焦煤入选能力近9.5亿吨，占总入选能力的33.3%。当年动力煤入选量16.92亿吨，占总入选量的64%；炼焦煤入选量9.5亿吨，占总入选量的36%。2018年全国动力煤入选率约为62%。

1. 全粒级干法选煤节能技术

《国家重点节能低碳技术推广目录》（2017）中的“全粒级干法选煤节能技术”采用X射线智能识别技术对大于等于80毫米的煤炭分选，对小于等于80毫米的煤炭采用复合式干法分选，对煤泥及粉煤采用干粉热压成型工艺，实现无黏结剂情况下压块成型。该技术可实现井口混煤全粒级一次净选，节能效果明显。适用于煤炭行业矿井煤炭分选，需要新建露天选煤厂，占地8000平方米，不需要基建设施，建设规模粒级干法选煤系统，一次性分选量300万吨/年，投资额达到了2430万元，可节能2275吨标准煤/年，可实现CO_2减排5332吨/年。目前该技术推广比例仅为5%，未来5年能达到40%，总投入达到66.56亿元，节能能力达到60万吨标准煤/年，碳减排能力达到137万吨二氧化碳/年。①

2. 型煤加工技术

型煤加工是指通过使用粘结剂和添加剂把粉煤或低品位煤制成有一定强度和一定形状的煤制品。随着煤炭开采机械化程度的提高，粉煤比例增加，占原煤总产量的60%以上，发展型煤加工技术可以提高粉煤、煤泥等的综合利用率，所以型煤的开发及生产技术得到研发、加强和推广。在洁净煤技术中，型煤的能量转化率最高，远远高于其他技术，可达到97.5%。实践表明，燃用锅炉使用型煤可以提高锅炉热效率，提高节煤率，减少烟尘排放量，明显改善环境质量。另外，发展型煤加工技术投资少、见效快。粉煤成型为型煤过程中的黏结剂是关键技术。

目前，我国民用型煤技术已达国际水平，工业型煤也不断发展和提升，已经具有一定的生产规模。我国的型煤技术发展经过三个阶段：第一阶段，粉煤加黏结剂成型替代块煤燃烧，不改变原煤性质；第二阶段，成型过程中单项改变煤质，提高煤的利用性能；第三阶段，多项改变煤质，从而实现清洁、高效燃烧。随着煤炭深加工技术中高新技术的应用，型煤技术已发展到一个新的阶段，即动力优化配煤、洁净煤添加剂与型煤一体化的洁净型煤技术阶段。②

（三）矿区生态环境保护领域

1. 二氧化碳开采器

2016年12月26日，在第十八届中国专利奖颁奖大会上，煤炭科学技术

① 国家发展改革委．国家重点节能低碳技术推广目录（2017年本，节能部分）技术报告［Z］．2018.

② 孙永奎．型煤加工及利用［J］．江苏煤炭，2003（2）：41-42.

研究院有限公司的“二氧化碳开采器”发明专利荣获中国专利优秀奖。该项目发明的二氧化碳开采器可代替矿井开采中常用的雷管和炸药。一方面，避免了明火引起瓦斯爆炸，实现矿井安全生产，还可以在瓦斯抽采过程中使煤体预裂，有效增加煤层透气性，提高煤层瓦斯抽采效率；另一方面，二氧化碳开采器爆破更加绿色环保，减少了炸药爆炸导致的有毒有害气体的产生，能够有效降低传统作业方式对矿区生态环境的破坏及污染。

2. 沉陷区黄河泥沙充填技术①

2016 年 6 月，“十二五”国家科技支撑计划课题“大型煤炭基地沉陷区黄河泥沙充填修复技术及示范”项目通过验收。中国矿业大学研究团队首次将黄河泥沙作为充填复垦材料，通过取沙、输沙、沉沙排水等技术，构建像“五花肉”一样的夹心式土壤结构，复垦采煤沉陷区。该技术将黄河泥沙与采煤沉陷区复垦完美结合起来，一举两得，既能复垦采煤沉陷区，又利于黄河调沙调水、治理黄河淤泥，适宜大力推广应用。

（四）“十三五”推广应用的先进技术

《煤炭工业“十三五”推广应用先进技术》目录中与煤炭清洁生产相关的技术如表 3-2 所示。

表 3-2　煤炭清洁生产技术

领域	序号	科技成果名称
煤炭绿色高效开采	1	特厚煤层大采高综放开采技术与装备
	2	厚煤层一次采全高综采成套技术与装备
	3	薄与极薄煤层综采工作面自动化生产技术与装备
	4	大倾角煤层安全高效综采成套技术与装备
	5	煤矿遗留煤柱与不规则块段安全高效开采技术与装备
	6	大断面煤巷快速掘进与支护技术装备
	7	综采工作面顺槽巷道超前支护技术与装备
	8	煤矿复杂围岩条件巷道高预应力锚杆支护技术

① 王中伟．科技风向：更精准更节约更环保［EB/OL］．中国煤炭网，2017-08-21.

续表

领域	序号	科技成果名称
煤层气开发	9	松软易膨胀岩层巷道变形与底臌控制技术
	10	大断面岩巷掘爆结合快速掘进技术与装备
	11	矿井大功率变频驱动与高效装卸载提升技术与装备
	12	大采高综放工作面快速搬家工艺及设备
	13	无煤柱煤开采技术与配套装备
	14	低透气性煤层群煤与瓦斯共采技术
	15	大采深矿井部分充填开采技术与装备
	16	煤矿井下采选充采集成技术
	17	大型煤矿露天—井工协调开采技术
	18	煤矿区地下水资源保护性开采技术
	19	煤矿开采地表沉陷控制与生态保护技术
	20	煤层气地面高效抽采与商业化利用技术
	21	煤层气抽采地面远距离自动控制钻进技术与装备
	22	低浓度煤层气高效安全燃烧技术与装备
	23	煤矿井下顺煤层长钻孔瓦斯高浓度抽采技术与装备
	24	煤矿保护层开采穿层钻孔瓦斯高效抽采技术与装备
煤炭洗选加工	25	大型模块化重介选煤厂关键技术及装备
	26	高硫煤高效分选技术与工艺
	27	高灰难选煤泥的高效分选技术与工艺
	28	大直径三产品重介质旋流器
	29	低阶煤高效提质技术与工艺
矿区环境保护与污染治理	30	高强度开采矿区环境损伤形成机理及预测技术
	31	生态脆弱区煤炭现代开采地下水和地表生态保护技术
	32	采煤沉陷区复垦环境监测与评价技术
	33	煤矿工矿区废弃土地再利用技术
	34	矿区自燃煤矸石山原位治理与生态修复技术
	35	采煤沉陷区土地复垦与农业生态再塑技术
	36	矿区沉陷区煤矸石充填复垦技术
	37	煤矿废弃物综合利用和无害化处理技术

第四章　煤炭清洁高效利用

2017 年，我国能源消费总量为 44.9 亿吨标准煤。能源结构不断优化，煤炭消费量占能源消费总量的比重下降到 60.4%，清洁能源消费占能源消费总量的比重上升到 20.8%，[①] 但是原油、天然气对外依存度分别达到 68.85%和 38.77%。2019 年全年能源消费总量 48.6 亿吨标准煤，比上年增长 3.3%。其中煤炭消费量增长 1%，原油消费量增长 6.8%，天然气消费量增长 8.6%，电力消费量增长 4.5%。清洁能源消费量占能源消费总量的 23.4%，比上年提高 1.3 个百分点。我国正处于工业化和城镇化进程中，能源消费总量仍然会增长，尤其是电力需求增长加快。虽然煤炭消费在能源消费结构中比重持续下降，但是基于其主体能源地位，消费总量还会增加。国家实施能源消费“双控”及煤炭消费减量替代，将进一步严格控制能源消费总量的增长和煤炭消费总量的增长。“清洁低碳、安全高效”已成为能源发展的总方向，倒逼煤炭行业绿色发展。推动煤炭清洁高效利用成为煤炭行业绿色发展的有效途径。

一、煤炭清洁高效利用概述

煤炭是我国的主体能源和重要工业原料，随着煤炭消费量逐年增加，在国家节能减排、低碳发展的约束下，煤炭消费转向高效化、清洁化、低碳化，这已经成为我国煤炭消费的发展方向。

目前，煤炭利用方式粗放，大量煤炭分散燃烧，污染物排放严重，大气污染问题突出，导致环境污染治理难度加大以及应对气候变化压力增大。究其原因，主要有四点。

---

① 电力规划设计总院．中国能源发展报告 2017 [R]．2018.

一是煤炭利用效率不高。“十一五”我国已将节能指标纳入约束性指标，并开展大量节能工作，取得一定成效，在“十二五”末，我国单位国内生产总值能耗比“十一五”末下降16%。但是，能耗水平仍然维持在高位运行，不仅远高于发达国家，甚至高于很多发展中国家。例如建材、石化等行业平均能效水平仍落后国际先进水平10个百分点以上。过高的能耗水平也反映出煤炭作为主体能源利用效率不高的窘境。2018年万元国内生产总值的能耗同比下降3.1%。我国的单位GDP能耗已从2000年的1.47吨标准煤/万元下降到目前的不足0.6吨标准煤/万元，节能减排工作取得了显著成效。“十二五”期间我国的万元GDP能耗目标是下降16%，实际下降了19.91%。“十三五”期间我国的万元GDP能耗下降目标是15%。截至2018年的万元GDP能耗同比下降约3.1%，完成“十三五”规划目标的79%。

二是低阶煤未充分利用。在我国煤炭已探明储量中，55%以上是煤化程度低的低阶煤，褐煤主要分布在内蒙古、新疆和云南等地，低变质烟煤主要分布在陕西、内蒙古、新疆等地，其中陕北和神东的煤灰分为5%~10%，硫分小于0.7%，是优良的低阶煤。低阶煤具有水含量高、高挥发的特点，其蕴含有丰富的油气资源，直接燃烧或气化利用效率低。据统计，我国每年约消耗20亿吨低阶煤，有90%以上用于发电、工业锅炉和民用散烧，如果改为梯级综合利用，大约可以产出14亿吨的提质煤、1.43亿吨成品油和0.84亿吨天然气。这样，既可以提高煤炭利用效率，又有助于缓解我国油气资源对外依存度过高导致能源安全凸显的难题。① 2015年4月27日，国家能源局印发《煤炭清洁高效利用行动计划（2015—2020年）》，计划中明确提出开展煤炭分质分级梯级利用，提高煤炭资源综合利用效率，鼓励低阶煤提质技术研发和示范，开展单系统年处理原料煤百万吨级中低温干馏制气、制油为主要产品路线的大规模煤炭分质利用示范，促进我国煤炭分质利用和提质技术水平的提高。2017年，低阶煤分级提质关键技术取得突破；2020年，建成一批百万吨级分级提质示范项目。金涌院士认为，煤做燃料唯一可行的路径是做半

① 毛涛．论我国煤炭清洁高效利用的法律政策保障［J］．环境保护，2017，45（12）：35-38.

焦，把煤的有用化学成分，即把焦油、煤气先拿出来生产化工产品，半焦用作燃料是合算的。

三是煤炭消费集中度过低，约50%用于火力发电行业，钢铁行业、建材行业等消耗约30%，约20%为中小工业锅炉、窑炉、取暖炉、炊事用炉等分散用煤。行业企业煤炭消费可以通过制定、执行节能减排标准，监管监测企业生产经营的煤炭消耗及排放来实施。但是对于量大面广、利用方式粗放、大多数未采取环境治理措施的分散用煤，难以开展有效管理，主要原因是行为主体分散化、碎片化，承受环境治理成本能力低。

四是绿色发展体制机制不完善。主要有两点：①现行定价机制不科学，严重低估了煤炭在消费环节所产生的环境及健康成本，一定程度上使得煤炭“物美价廉”从而导致过度使用；②绿色发展激励不足。现阶段绿色市场处于培育期，绿色消费理念处于成长阶段，煤炭产品绿色化所增加的附加值不易被消费者接受，价格仍是消费者支付意愿的重要影响因素。

结合煤炭清洁高效利用实际，需要以《煤炭清洁高效利用行动计划（2015—2020年）》《煤电节能减排升级与改造行动计划（2014—2020年）》等政策为指导，重点在燃煤发电、煤化工、燃煤锅炉、煤炭分级分质利用、民用散煤等领域提高技术水平，提升煤炭能源使用效率，落实煤炭能源相关政策。

二、煤炭清洁高效利用政策

煤炭清洁高效利用政策的重点推进在2014年之后，主要历程如下：

2014年10月，国家能源局印发《煤电节能减排升级与改造行动计划（2014—2020年）》，提出在环保方面，应该提高相关标准，推进火电机组等设备的转型升级，使发电过程中的能耗和污染水平不断下降，进而提高能源的利用效率，并最终实现火电行业煤炭的清洁高效利用。

2014年11月，为了进一步提高能源的利用效率，《能源发展战略行动计划（2014—2020年）》（以下简称《计划》）由国务院办公厅印发，明确提出应该改变煤炭等资源的利用形式，对于现有发电机组，应增加使用清洁能源，逐步提高清洁能源的比例；对于准备加入的机组，应设置一定的准入标准，未达到准入条件的机组一律禁止加入。同时，《计划》中也提到，在当前的煤炭利用中，存在热值较低的煤炭直接放弃使用的现象，针对这一现象，可实施以下两个方案：第一，鼓励利用低热值煤炭进行发电的项目，这样有助于低热值煤炭产品的出售，在一定程度上增加了相关企业的收入。第二，在临近坑口的地方设厂，这样做的优势在于可以节省交通运输成本以及运输过程中可能发生的损耗，在实现煤炭清洁高效利用的同时也提升了企业的盈利水平。

2014 年 12 月 26 日，《关于促进煤炭安全绿色开发和清洁高效利用的意见》由国家能源局、环境保护部、工业和信息化部发布。以建设大型现代化煤矿、改造现有大中型煤矿、淘汰落后产能为重点，按照“安全、科学、经济、绿色”的理念，全面提升生产技术水平和安全保障能力。积极支持企业按照安全绿色开发矿区标准规划、设计、建设和改造煤矿，因地制宜推广使用“充填开采”“保水开采”和“煤与瓦斯共采”等绿色开采技术。

2015 年 5 月，为加快推动能源消费革命、提高煤炭清洁高效利用水平，《煤炭清洁高效利用行动计划（2015—2020 年）》由国家能源局印发，提出：全国新建燃煤发电机组平均供电煤耗低于 300 克标准煤/千瓦时。到 2020 年，原煤入选率达到 80%以上；现役燃煤发电机组改造后平均供电煤耗低于 310 克标准煤/千瓦时，电煤占煤炭消费比重提高到 60%以上；燃煤工业锅炉平均运行效率比 2013 年提高 8 个百分点；建设一批煤炭清洁高效利用示范工程项目。同时，也要求各有关方面积极制定、修改、落实与煤炭清洁高效利用相关的财税优惠政策，激励各类社会资本进入煤炭清洁高效利用相关领域。

2016 年 11 月 7 日，《中华人民共和国煤炭法》（2016 年修正）讨论通过。涉及煤炭高效利用的主要有以下几点内容：第一，煤炭的开采必须要符合既定的规程，确保开采的顺序是合理的，且要达到相应的开采率，该数值在不同的开采条件下会有所变动，具体以国务院煤炭管理部门的规定为准。第二，煤电联产、煤化工等都是国家鼓励和支持发展的行业，这些行业的运作过程应该注意对煤炭资源的深度加工，以提高煤炭的利用效率。另外，国家也鼓励相关企业对煤炭资源进行洗选和加工，充分利用煤层气、煤泥等资源，提高煤炭的使用效率。第三，如若违反本法相关规定，比如煤炭开采率未达到有关部门规定的标准，应责令限期整改，如在规定期限内整改后仍未达到要求，责令停止生产。

2016 年 12 月，《能源生产和消费革命战略（2016—2030）》由国家发展改革委、国家能源局联合印发。文件指出，煤炭是我国主体能源和重要工业原料，支撑了我国经济社会快速发展，还将长期发挥重要作用。推动煤炭清洁高效开发利用、实现煤炭转型发展是我国能源转型发展的立足点和首要任务。要提升综合保障能力，掌握能源安全主动权。在煤炭高效利用方面，应该对现有的燃煤发电设备进行全方位的改造和升级，及时淘汰落后产能，对于不达要求的燃煤机组应该强制性关停。2020 年以前，全部正处于使用状态的电厂需要达到的标准是不得超过 310 克/千瓦时，新建电厂不得超过 300 克/千瓦时。预计到 2030 年，这一数据会进一步下降，全国超过 80%的机组将会实现超低污染排放。为了能够顺利实现该目标，国家制定了科学的政策和合理的方案，多项治理措施正在全面推进。目前，随着相关工作的开展，煤炭清洁利用行动已经取得了良好的成效。

2017 年 2 月，国家能源局正式印发《煤炭深加工产业示范“十三五”规划》。这是第一个从国家层面对煤炭深加工产业进行规划的文件，具有极其重要的意义。该规划提出了预期性规模目标：到 2020 年，要实现煤制天然气产能达 170 亿立方米/年、煤制油产能达 1300 万吨/年的目标。为实现该目标，提出“十三五”期间，要重点开展煤制天然气、煤制化学品、煤制油等模式和相关技术装备的升级示范和转型优化，并明确了其具体的功能定位、重点任务、新建项目、储备项目及示范任务等。

三、煤炭清洁高效利用重点领域

从煤炭产品质量、燃煤发电、煤化工、燃煤锅炉、煤炭分级分质利用、民用散煤等涉及煤炭全生命周期、全产业链领域开展推进煤炭清洁高效利用，以持续推进煤炭利用方式变革。同时，通过示范工程建设和实施重大工程，推动落实各项战略任务。从煤炭作为燃料的角度来看，煤炭清洁高效利用主要涉及燃煤清洁发电、燃煤锅炉、民用散煤三个重点领域；从煤炭作为原料的角度来看，主要涉及煤化工领域，其中煤焦化是重点。

（一）燃煤清洁发电

煤炭直接作为燃料发电会排放二氧化硫、氮氧化物等酸性气体，以及二氧化碳等温室气体，而且会对电站附近环境造成粉煤灰污染。以绿色低碳为方向，燃料清洁发电成为提高煤电发电效率、实现二氧化碳超低排放的重要途径。

为加快推动燃料清洁发电，《煤炭清洁高效利用行动计划（2015—2020年）》要求科学推进鄂尔多斯、锡盟、晋北、晋中、晋东、陕北、宁东、哈密、准东等9个以电力外送为主的大型煤电基地建设。要进一步加快燃煤电站节能减排改造步伐，提升煤电高效清洁利用水平，打造煤电产业升级版。

在技术层面，燃煤电厂超低排放技术已成为火电行业的减排“尖兵”。据测算，燃煤电厂经过超低排放技术改造后，主要大气排放指标烟尘、二氧化硫、氮氧化物等均低于天然气电厂的排放标准。例如神华三河热电厂和国电廊坊热电厂经过超低排放技术改造，主要大气排放指标为：烟尘排放浓度最佳值已经达到每标准立方米0.23毫克，二氧化硫排放稳定低于每标准立方米20毫克，氮氧化物排放在每标准立方米30毫克浮动，比天然气发电排放标准还要低得多。且新增成本仅为每千瓦时电1~2分钱。目前全国已经完成改造5.8亿千瓦，预计到2020年，全国将全部完成燃煤电厂超低排放改造，实现清洁发电。

典型案例

国内首台“近零排放”燃煤机组在神华国华舟山电厂投产①

2014年，神华国华舟山电厂4号35万千瓦国产超临界燃煤发电机组顺利

① 人民网．煤炭清洁高效利用之路——国内首台“近零排放”燃煤机组在神华国华舟山电厂投产［EB/OL］. http：//energy. people. com. cn/n/2014/0925/c387883-25732387. html，2014-09-25.

完成168小时试运，正式移交生产，标志着国内首台“近零排放”燃煤发电机组顺利投入商业运行。机组168小时试运行期间，通过在线连续监测，大气污染物排放浓度平均值为：粉尘2毫克/标准立方米、二氧化硫2毫克/标准立方米、氮氧化物25毫克/标准立方米，均不到天然气发电大气污染物排放标准的1/2。

习近平总书记在2014年6月13日中央财经领导小组会议上强调“大力推进煤炭清洁高效利用”，李克强总理在国务院常务会议上提出“同呼吸、共奋斗”，消除人民群众“心肺之患”。神华国华电力积极响应党和国家的号召，着手建立了清洁高效的“近零排放”工程，并在“近零排放”工程中首次应用了相关高新技术，确立了打造国内首台“近零排放”机组，实现燃煤发电优于天然气发电大气污染物排放标准的目标。这样的思想方法和认识，是神华国华电力站在保障国家能源安全、促进经济发展的高度上，立足于我国煤炭的资源优势和成本优势，走煤炭清洁高效利用之路而做出的一项重要的战略抉择。

我国燃煤发电技术总体已经处于世界领先水平，引领世界燃煤发电发展方向。2018年全国火电机组平均供电煤耗达到307.6克/千瓦时，优于美国平均水平和世界平均水平，先进的百万千瓦二次再热机组供电煤耗已经低于270克/千瓦时。国家《能源发展“十三五”规划》提出，煤电清洁高效发展目标是2020年煤电机组平均供电煤耗控制在每千瓦时310克以下，其中新建机组控制在300克以下，二氧化硫、氮氧化物和烟尘排放浓度分别不高于每立方米35毫克、50毫克和10毫克。

李克强总理在2014年6月10日中国科学院、中国工程院院士大会上指出，“实现经济提质增效升级，关键要靠创新驱动”。神华国华电力勇做科技创新的引领者，在国华舟山电厂4号机组“近零排放”工程的设计之初就提出“低碳环保、技术领先，世界一流数字化电站”的先进观念，不断优化产品设计，以全新的工艺、设备和材料进行生产。在节能方面，增加0号高加、实施APS项目、设置1台100%汽动给水泵等，并且用到了一些可以提能降耗的先进技术。针对现存的环保方面的问题，配合使用高效脱硝、脱硫以及除尘设备等，同时还将配套建设海水淡化设施，这些都为“近零排放”的实现提供了良好的技术支撑。

“效益领先”“环保领跑”是坚定追求。神华集团是综合性能源企业，一直以来非常重视环境保护工作，神华国华电力作为神华集团以火力发电为主营业务的企业，严格落实国务院《火电厂大气污染物排放标准》《大气污染防治行动计划》及实施细则等，在生产过程中始终坚持环保优先，在环保方面投入很多，取到良好成效，开创了国内环保减排的多个第一，发挥了很好的示范作用。同时在资产保值增值、生产经营绩效上，取得了成立十五年来累计发电超过 1 万亿千瓦时、累计利润总额超过 750 亿元的业绩，即使在 2013 年全面市场煤的情况下，仍实现净利润 134 亿元，与国内主要发电集团对标，盈利能力继续排在第一位。

神华国华电力积极响应党和国家的号召，庄严履行国有企业的责任和使命，走出了一条“效益领先、环保领跑”的创新发展之路。该公司各项国华舟山电厂 4 号机组“近零排放”工程的顺利投产，是神华集团、国华电力认真落实党中央、国务院的要求，“主动环保”“环保领跑”的具体实践，标志着“煤炭清洁高效利用”之路顺利打通。

（二）燃煤锅炉

《煤炭清洁高效利用行动计划（2015—2020 年）》提出，按照燃煤锅炉供热水平对新上项目和已有项目提出要求，见表 4-1。

表 4-1　燃煤锅炉新上项目和已有项目的要求

时间	区域	新上项目		已有项目	
		供热水平（蒸吨/小时）	要求	供热水平（蒸吨/小时）	要求
至 2017 年	地级及以上城市建成区	≥20	安装高效脱硫和高效除尘设施，并安装在线检测装置，同时与当地环保部门联网	≤10	基本淘汰
	其他区域			≤10	改造至全面达标排放
	天津市、河北省地级及以上城市建成区	>35		≤35	基本淘汰

续表

时间	区域	新上项目		已有项目	
		供热水平（蒸吨/小时）	要求	供热水平（蒸吨/小时）	要求
至2020年	全国			淘汰落后燃煤锅炉 60 万蒸吨，现役低效、排放不达标锅炉基本淘汰或升级改造，高效锅炉达到50%以上	
	京津冀、长三角、珠三角等重点区域	基本完成天然气、热电联供、洁净优质煤炭产品等替代			

相对而言，燃煤锅炉比天然气锅炉成本低很多，尤其是采用优质煤和先进锅炉技术的经济性更强。以煤粉锅炉替代 10 蒸吨/小时普通链条炉为例，运行效率可达 90%以上，节能率为 27.78%，每年可以节煤 1195 吨标准煤，节约成本 20 万元，减少烟尘排放量 27 吨，减排二氧化硫 78 吨，减排二氧化碳 3067 吨。天然气锅炉节能减排效果略优于煤粉锅炉，但是每年增加成本 200 万元以上。[①] 而且经国家相关机构检测，高效煤粉锅炉的热效率以及各项排放指标都与天然气锅炉相当，在高效煤粉充分燃烧条件下，效果比天然气锅炉更环保，技术经济性更突出，高效煤粉锅炉单位热值的燃料采购成本约为天然气锅炉的 1/3。

典型案例

东方锅炉首创技术让大型燃煤机组更高效清洁[②]

国电蚌埠电厂二期 4 号机组于近期一次性通过 168 小时试运行，顺利投入商业使用。4 号机组所采用的具有“尾部三烟道挡板调温技术”的 660 兆瓦高效超临界二次再热锅炉，同已运营 3 号机组一样，各项运行参数稳定，与脱硫、脱硝、除尘等环保设施同步，达到国家“超净排放”的标准。以此为标志，我国高效清洁燃煤发电装备技术达到世界领先水平。

增加二次再热是大型燃煤机组提高效率、降低煤耗的有效途径。东方锅

① 林火灿．煤炭清洁高效利用步伐加快［N］．经济日报，2018-01-25.

② 杨迪．东方锅炉首创技术让大型燃煤机组更高效清洁［N］．经济参考报，2018-06-21.

炉经过近4年研发，国际上首次把“尾部三烟道挡板调温”应用于高效超临界二次再热锅炉。通过把尾部烟道用隔墙分开，应用设置在出口处的可调烟气挡板实现调节再热汽温，解决了再热汽温稳定可靠调节的难题。这项技术调温方式简单可靠，锅炉运行参数完全达到设计水平，运行过程没有额外的设备投入与能耗，经济性、环保性优势突出。

（三）民用散煤

散煤在燃烧过程中会释放出大量二氧化硫、一氧化碳、烟尘、放射性飘尘、氮氧化物、二氧化碳等，燃烧效率低、没有烟气净化装置、超低空排放等，对大气造成一定的污染。散煤使用在我国呈现的量大面广、摸排不清、难以监控的特点，决定了散煤治理知易行难。各地需要根据气候特点、资源禀赋、经济水平、消费习惯等诸多因素，坚持宜煤则煤、宜气则气、宜电则电、宜新则新的策略，科学施策，分步实施，坚持多能互补、能效最大、排污最小的原则，制定相应的散煤治理模式，持之以恒，一抓到底。同时，建立散煤治理评价体系，及时进行治理效果评估，增强政策的针对性和有效性。实现煤炭集中使用，多种途径推动优质能源替代民用散煤，大力推进煤改气、煤改电等项目。制定更严格的煤炭产品质量标准，逐步减少直至完全禁止直接使用并燃烧劣质散煤，大力推进工业锅炉等的改造和治理，降低能源消费终端煤炭使用比例，以促进煤炭的有效使用和集中管理。《中国散煤治理调研报告 2017》指出，我国散煤消费主要集中于工业和民用两大领域。工业领域散烧煤总计约 3. 91 亿吨，约占散煤总量的 52%。民用散煤总量约 2. 34 亿吨，占散煤总量的 31%，是散煤的第二个主要消费领域。民用散煤主要分布于广大的农村地区，农村散煤占民用散煤总量的 94%。超九成民用生活散煤用于北方冬季农村取暖。淘汰落后产能是工业小窑炉散煤治理的重要内容，推进北方地区清洁取暖是民用散煤治理的重要抓手。民用散煤治理主要方向是：针对冬季采暖期的散烧煤，以推进清洁供暖为主要抓手；针对炊事散烧煤，继续提高液化石油气和电的使用比率；针对民用热水的散烧煤，在具备资源条件的地区推进太阳能的利用。

在集中供暖和气代煤、电代煤工程暂时覆盖不到的区域，实施清洁煤炭替代燃烧劣质散煤取暖工作，采用先进炉具燃用优质动力煤，最大程度减少冬季燃煤取暖污染物排放和煤炭能源消耗，实现较好的节能减排效果，全力打好大气污染防治攻坚战。以北方取暖为例，每户采用先进炉具燃用优质动力煤，每年可节约525元，而且燃煤适用性强，应优先以先进炉具燃用优质煤采暖替代普通取暖炉；对于其他供暖方式，需要根据当地实际状况，在天然气利用较为便利、经济条件较好的地区采用天然气取暖替代燃煤取暖，在太阳能资源条件好、地热资源丰富的地区采用太阳能供暖和地源热泵供暖方式。[①]

典型案例

潍坊开展散煤清洁治理3年行动，用清洁型煤补贴[②]

目标任务：2017—2019年，潍坊市分区域、分步骤逐年通过禁止散煤和推广清洁型煤等，推进散煤清洁化治理和煤炭清洁高效利用，具体为：

2017年底在城市建成区、城乡接合部全部完成散煤清洁替代。

2018年底在镇（街）驻地及农村集中居住区禁止销售、使用散煤。

2019年底在农村地区全部推广使用清洁型煤、兰炭，高效环保炉具推广普及率达到90%以上。

措施实施：

通过建立供应配送体系、确定供应配送主体、构建供应配送网络等，取缔零散煤炭经销网点等措施，建设型煤加工和环保节能炉具配送体系。

加强对煤炭市场监督管理，实行煤炭经营业户备案制度，建立健全市级抽检、县级全检、企业自检的三级煤炭质量检测检验体系，严格落实商品煤、民用型煤等质量检测，确保进入市场销售的商品煤、民用型煤等符合质量标

① 樊金璐. 煤炭清洁高效利用方式发展方向研究［J］. 中国能源，2016，38（9）：20-22.

② 潍坊开展散煤清洁治理3年行动，用清洁型煤补贴［EB/OL］. 大众网，http：//www. ccoalnews. com/201705/31/c14516. html，2017-05-31.

准要求。

出台奖补政策，奖补农村居民使用清洁型煤、兰炭，以及节能环保炉具，预计全市农村居民将补贴近百万台（套）炉具，另外加大对农村煤改电、煤改气、型煤加工和储备配送体系建设，加大高效煤粉锅炉、高效冷凝式天然气锅炉推广以及对拆除改造等进行奖补。

（四）煤化工

煤炭是化工行业的重要原料，早期的煤化工主要以炼焦为主，伴以煤焦油等副产品的加工，而现代煤化工则以大型高温气化技术为标志，[①] 通过煤气化，将煤中可燃的碳、氢元素进行部分氧化，生成可以进一步加工利用的气体一氧化碳和氢气。与煤直接燃烧相比，现代煤化工具有高效、清洁的优点。因此，煤化工是推动中国煤炭清洁高效转化利用的主要途径。

在煤电产能过剩的背景下，现代煤化工发展是大势所趋，在能源转型升级过程中发挥了重要作用。现代煤化工主要包含煤制油、煤制气、煤制烯烃、煤制乙二醇、煤制甲醇二甲醚等，生产具有高投入、规模大和技术含量高等特点，产品具有高附加值、高利润的特点。目前，国内的一些乙二醇在建项目和筹建项目中，主要将煤制乙二醇作为原料，煤制乙二醇消耗了大量的煤炭资源，需要的成本较高，综合效益比较低。

通过对多方面的数据进行对比，煤化工比煤炭有明显成本优势。[②]《现代煤化工产业创新发展布局方案》提出，2016—2020 年中国煤化工产业将进入升级示范阶段，煤制油、煤制甲醇/烯烃、煤制天然气、煤制大规模合成氨、煤制乙二醇和煤制氢等领域有很多项目会建成投产。从能源安全战略角度出发，石油、天然气、烯烃、乙二醇的对外依存度分别不得超过 60%、30%、30%、40%的标准。预计到 2020 年，现代煤化工的规模将有一个很大程度的提升，煤化工用煤规模在 13.9 亿吨左右，其中约 2 亿吨用于煤制燃料和化

---

① 王辅臣，代正华．煤气化——煤炭高效清洁利用的核心技术［J］．化学世界，2015，56（1）：51-55.

② 刘江．煤化工是实现煤炭清洁利用的能源革命［N］．经济参考报，2017-11-13.

学品。①

"十三五"以来，我国现代煤化工产业一批关键技术装备打破了国际垄断，达到或接近世界先进水平；相继攻克了大型先进煤气化、合成气变换、大型煤制甲醇、煤制油、煤制烯烃、煤制乙二醇、煤制乙醇等一大批世界级技术难题，并实现了关键技术装备的产业化，走在了世界煤化工产业创新发展的最前列。2018 年底，煤制油、煤制烯烃、煤制气、煤制乙二醇产能分别达到 1138 万吨/年、1112 万吨/年、51 亿立方米/年、363 万吨/年。截至 2019 年上半年，我国现代煤化工行业生产总体平稳，产能利用率处于合理水平，转化煤炭约 5570 万吨，为保障能源安全和化工原料多元化做出了突出贡献。张立宽认为，作为我国特色化工产业的现代煤化工是煤炭工业转型升级发展的必由之路，是清洁能源和石油化工的重要补充，同时也是煤炭清洁高效利用的重要途径。

典型案例

神华集团煤炭的清洁转化②

神华集团作为中国规模最大、现代化程度最高的煤炭企业和世界上最大的煤炭供应商，多年来一直在探索如何实现煤炭的清洁高效利用。

在煤化工领域，2002 年神华集团开始研发煤制油（煤直接液化）技术，如今已经成为全球最大的煤化工集团，其煤制油产业技术已达到国际领先水平。现在建成并投产鄂尔多斯煤直接液化项目、包头煤制烯烃项目、神宁煤业集团煤基烯烃项目及煤制油项目 4 个大型煤制油、煤化工项目，使中国成为目前世界上唯一掌握百万吨级煤直接液化关键技术和首先掌握煤制烯烃工业化生产技术的国家。

（五）煤焦化

焦炭在现代工业中的运用十分广泛，例如，高炉炼铁、铜铅等有色金属

① 鄢丽娜．能源革命中，煤炭该做什么？［EB/OL］．中国煤炭网，2017-06-30.

② 郭水文．神华集团煤炭清洁高效利用的实践与途径［J］．煤炭经济研究，2017，37（12）：34-37.

冶炼、合金制造和铸造，同时还充当化学工艺当中的催化剂、还原剂和载体等。作为一种重要的资源，明确煤炭焦化清洁生产的特点和途径，发现当前煤炭焦化生产布局、规模和工艺的缺陷，提出科技创新、加强监管等措施来保证煤炭焦化清洁生产，提高能源利用率，具有重要的现实意义。

目前，我国焦化行业清洁生产及回收尚存在一些问题亟待解决。第一，煤炭企业涉及的环境污染严重。焦炭企业的焦化生产是通过将炼焦精煤干馏而得到焦炭，在焦炭的生产过程中涉及的环境污染十分严重。在备煤过程中，主要是原料煤的运输、破碎和运输过程中的放射性、粉尘、噪声等污染。在炼焦和熄焦过程中，焦炉、炉门容易有废气逸散，干熄焦和湿熄焦中的废弃物会产生二氧化硫、一氧化碳等有毒气体。第二，煤炭企业分布分散、布局不合理。焦炭产品最大的用途是钢铁冶炼，然而目前我国钢铁生产用焦大部分是通过独立焦炭企业生产后运输到钢铁生产企业来使用，将炼焦和冶炼分开，让很多中间产物没有得到合理的利用，中间热能逐渐逸散。第三，焦炭行业的资源浪费。由于炼焦企业的规模较小，没有配套回收利用装置，这些一级副产品没有得到很好的利用，还产生了环境污染。第四，深加工能力弱。目前，中国的焦炭企业普遍存在的问题是生产规模小、分布较分散、深加工能力不足、产业链条短等。

要破解我国焦化行业清洁生产及回收存在的问题，有以下几个途径可供参考。第一，坚决淘汰落后的生产设施。落后的工艺和装置是制约当前焦炭行业清洁生产的主要原因，淘汰落后生产设施与工艺是首先需要解决的问题。国家发展改革委发布的《产业结构调整指导目录（2019 年本）》中明确提出下一步要淘汰炭化室高度小于 4.3 米的小焦炉，为行业工艺装备的调整提供了法规依据。炼焦企业也要充分认识到自身的缺陷和不足，通过引进新技术和新工艺来降低能耗和减少环境污染，提高企业的可持续发展能力。第二，提高焦化产业回收比率。焦化企业生产中副产物众多，荒煤气、粗苯和煤焦油都是具有较大利用价值的资源，通过设施设备改造、工艺技术革新等提高副产物回收利用率，可有效实现资源综合利用。第三，推行焦化行业清洁生产新技术。我国焦化企业中节能、环保和资源综合利用的投资比例与发达国家的差距很大，技改任务重。应大力推行焦化行业清洁生产，鼓励符合国家产业政策要求的焦化企业进行煤气脱硫脱氢、煤气综合利用的重大节能环保项目建设。从环保治理和焦化企业的经济效益考虑，焦化产品回收和焦炉煤气回收综合利用都应得到重视。第四，加快国家规范和行业标准建立。焦炭行业污染物排放量较大，严格控制焦炭生产总量，焦炭企业集约化生产，才能有效减少污染物排放，实现焦炭行业持续发展。地方环境监测部门应加强焦炭企业污染监测水平，实现对焦炭企业无组织排放污染物的有效监控，以保证执法的证据效力。

典型案例

平煤神马煤焦化绿色发展迈入新里程①

目前我国年产焦炭超4亿吨，是世界第一炼焦大国。但是，我国炼焦企业普遍存在简单生产、技术含量低、废弃物排放量大等问题，呈现产量大、能耗高、污染重、产品附加值低等特点，亟待开展高效清洁炼焦技术的基础研究、技术研发及应用。2014年10月，平煤神马集团正式建成国家能源高效清洁炼焦重点实验室，对推动我国炼焦产业规范化、规模化和绿色化发展具有重要意义。

平煤神马集团年产焦炭近2000万吨。面对生态环保压力，在持续提高焦炭产量和品质的同时，大力发展循环经济，加大对焦炉煤气、煤焦油等传统煤焦化副产品的回收和利用，通过延伸煤焦化产业链，发展出针状焦、甲醇、二甲醚等32种新兴焦化副产品，依托自身特点，大力拓展产品结构及深加工，探索出一条适宜自身发展的绿色之路。

四、煤炭清洁高效利用技术及应用

煤炭清洁高效利用技术是煤炭清洁高效利用的重要支撑。2016年4月，

① 杨沛洁，王育红．平煤神马煤焦化绿色发展迈入新里程［N］．平顶山日报，2014-10-20.

中央正式批准启动“科技创新——2030重大项目”，“煤炭清洁高效利用”作为其中的重大项目，共安排了22个示范工程，总经费1640亿元，其中国家拨款375.5亿元，以保障煤炭清洁高效利用技术研究的开展。

2018年1月，国家发展改革委印发的《国家重点节能低碳技术推广目录》(2017年本，节能部分)提出了若干项与煤炭清洁高效利用相关的技术及应用。另外，一些专家学者也分别提出了可操作性强，并且具有实践意义的技术方案。以下按照煤炭利用方式，即清洁利用（新型高效煤粉锅炉系统技术、水煤浆技术）与高效转化（制氧技术）展开分类和介绍。

（一）新型高效煤粉锅炉系统技术

我国的燃煤工业锅炉中85%以上为层燃锅炉。燃煤工业锅炉的平均热效率仅为60%~65%，比国际先进水平低20%~25%，且排放大量的SO_2、NO_X、CO_2等，需要投入大量污染处理费用。而且，层燃锅炉运行中容易产生结焦、腐蚀等问题，导致设备运营维护工作量大、成本高。如果应用新型高效煤粉锅炉系统技术，既可节能量，又可减排。

新型高效煤粉工业锅炉系统技术适用于工业和民用燃煤锅炉供暖或生产用蒸汽、民用供暖，采用煤粉集中制备、精密供粉、空气分级燃烧、炉内脱硫、锅壳（或水管）式锅炉换热、高效布袋除尘、烟气脱硫脱硝和全过程自动控制等先进技术，充分燃烧煤粉，提高了燃煤锅炉的效率并实现洁净排放。

（二）水煤浆技术

水煤浆技术是为了解决20世纪70年代石油危机而产生的一种煤炭清洁利用技术，通常是将高挥发分的煤粉与水以一定比例进行混合，并添加一定的化学制剂，经过一定加工工艺制成煤基流体燃料，主要用于燃烧放热和气化合成煤化工原料。水煤浆技术实现了煤炭由固态向固液混合态的转变，具有一定的流动性和稳定性，提高了燃烧效率，减少了污染排放。水煤浆制备技术目前处于第三代制浆技术阶段，即粒控级配浆工艺，解决了煤化工行业需要大幅提高煤浆浓度的问题，为煤化工企业在煤气化工路线选择上拓展了新途径。截至 2016 年底，我国燃料水煤浆用量已突破 3000 万吨/年，主要用于工业锅炉的代煤、代油、代气燃烧；煤化工领域，水煤浆气化炉达 300 余套，气化水煤浆的用量达到 1.2 亿吨以上,[①] 而且随着煤制油、煤制烯烃等大型煤化工产业的快速发展，气化煤浆用量保持高速增长态势，预计 2020 年前气化用水煤浆用量将突破 2 亿吨。

（三）制氧技术[②]

煤炭高效利用的核心问题是煤气化技术，而制氧技术是煤气化技术的基础。因此，煤炭高效清洁利用对高效低成本的制氧技术有非常大的依赖。制氧技术的目的是获得氧气，从经济成本考虑，目前以从空气中获取氧气为主，但是空气中存在大量氮气，对产品品质的提高造成很大障碍。

现在大规模工业化使用的制氧技术主要有三类：一是深冷制氧技术，最为成熟，应用最多，可以同时制取纯氧和纯氮；二是变压吸附制氧技术，发展迅速，发展潜力大，但是受限于不适合制取纯氧；三是膜制氧技术，尚处于研发阶段，大规模应用尚需时日。

① 2020 年前气化用水煤浆用量预计将突破 2 亿吨［N/OL］. 中国能源报，http://www.sxcoal.com/news/4565484/info.

② 管西龙，朱艳艳，刘殊丽．煤炭的高效清洁利用技术进展［J］. 氮肥技术，2015，36（4）.

专题篇

第五章　绿色开采技术体系

煤炭开采是煤炭生产的基础环节。传统煤矿开采方式会在生产经营活动中造成严重的环境污染与生态破坏问题，如对土地资源的破坏和占用、对水资源的破坏和污染、对大气环境的污染等。在绿色发展背景下，以科技突破、技术创新推动煤炭绿色开采是煤炭行业绿色发展的开端。

国家发展改革委、国家能源局 2016 年印发的《能源技术革命创新行动计划（2016—2030 年）》中对煤炭行业技术创新的重点领域进行了划定，属于煤炭生产环节的无害化开采技术创新就是煤炭行业的重点任务之一。建立煤矿绿色开采技术体系就是无害化开采技术创新的最佳实践，为实现煤炭的高效开采、资源节约提供重要支撑。

一、技术体系

技术体系指各种技术之间相互作用、相互联系，按一定目的、一定结构方式组成的技术整体。技术体系会受到自然规律、社会因素的制约，煤炭开采技术体系是开采技术与煤炭资源及其周边其他资源、与社会经济效益之间相互联系、相互影响的系统。因此，煤炭开采技术体系的构建需要考虑资源因素、环境因素、经济因素、产业结构因素等。传统的煤炭开采技术条件下，开采方式比较粗放、单一、无节制，只一味追求经济效益，忽略了开采过程中的环境和安全问题，造成地表及植被破坏、水资源污染、大气污染、瓦斯爆炸、矿井渗水、地下坍塌和地表裂缝等一系列危害。同时，粗放的开采导致煤炭开采率很低，极大地浪费了煤炭资源，一度形成“高开采、低利用、高排放”的局面。先进的开采技术在提高资源利用率的同时，能够有效减少或避免对自然生态环境的破坏与污染。例如，传统开采对瓦斯的处理就是简单地通过通风将瓦斯排到大气中，而现在则通过瓦斯抽采与利用技术的应用对瓦斯进行抽采，然后利用瓦斯进行发电等，既消除了瓦斯排放造成的温室效应又实现了资源再利用。

随着绿色开采理念的提出及运用，煤炭绿色开采技术相应而生。2003 年中国矿业大学钱鸣高院士首次阐述了煤炭绿色开采的定义，认为煤炭绿色开采是防止或尽可能减轻煤炭开采活动对生态环境和其他自然资源的不良影响，从而取得最佳经济效益、环境效益和社会效益的活动。① 煤炭绿色开采技术就是指能够实现煤炭开采、环境问题以及经济效益之间和谐发展的技术。通过对煤炭及煤炭开采中相关的瓦斯、水以及土地等资源重新认识，以全新绿色的视角分析煤炭开采环节，改变和升级采煤流程、煤炭处理及岩层控制、采煤塌陷区治理与生态恢复等相关的技术，实现煤炭行业环保、安全、高效开采，从而解决生态环境破坏和产煤率低的问题，最终实现煤炭开采的绿色发展。

煤炭绿色开采是一项系统工程，其技术体系的构建应全面考虑煤炭资源开采的整个过程，包括开采规划设计、开采方式选择、开采要素布置、开采效率提高、煤炭综合开采、煤炭开采与环境协调、绿色开采评价、管理机制、生态恢复等。② 首先，从总体规划设计上，根据开采地区的特点，合理进行规划，科学选择开采方式。其次，在煤炭开采实施过程中，大力推行和采用保水开采、煤与瓦斯共采、减沉开采技术、矸石减排技术和生态恢复技术等绿色、环保、节能的开采技术，提高开采效率，实现多种资源同时开采，废弃物再利用，减少其生产和排放对生态环境的污染与破坏。最后，制定煤炭绿色开采标准、管理规范，建立绿色开采技术评价指标体系，对煤炭开采过程进行评价。同时，建立绿色开采信息系统等，对绿色开采技术的实施起到支

---

① 许家林，钱鸣高．绿色开采的理念与技术框架［J］．科技导报，2007（7）：61-65.

② 陈华．关于煤炭绿色开采技术实现途径的探讨［J］．科技创新与应用，2012（13）：70.

撑和保障作用。[①] 如图 5-1 所示。

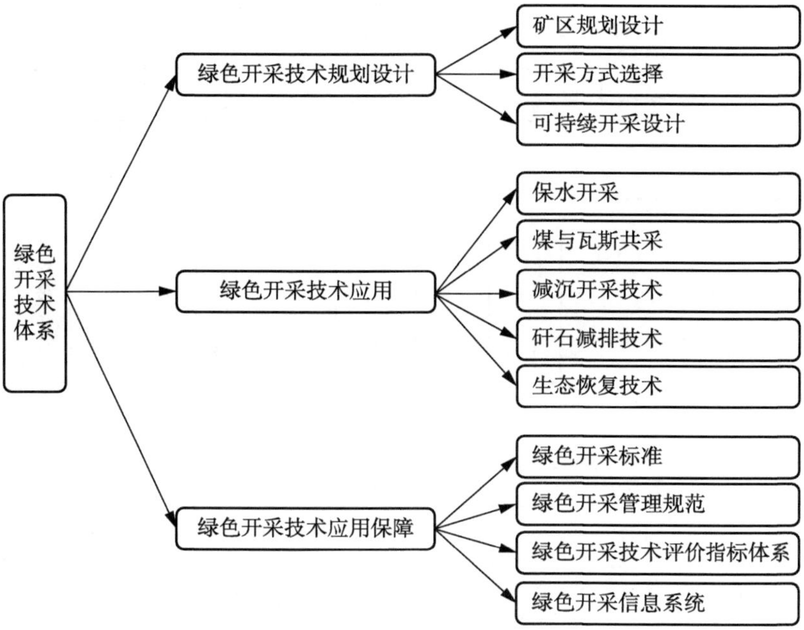

图 5-1　煤炭绿色开采技术体系

二、关键技术

煤炭绿色开采的关键技术主要包括保水开采技术、煤与瓦斯共采技术、减沉开采技术、矸石减排技术和生态恢复技术等，这些技术主要解决煤炭开采过程中岩层移动、矸石排放等造成的水资源流失、瓦斯排放、地表塌陷、占用土地、污染环境、生态修复等问题，构成了以绿色开采理念为主的煤炭开采关键技术框架，如图 5-2 所示。

① 张国桥，李钢．煤炭绿色开采技术及其应用［J］．中国煤炭，2008（8）：112-113+120.

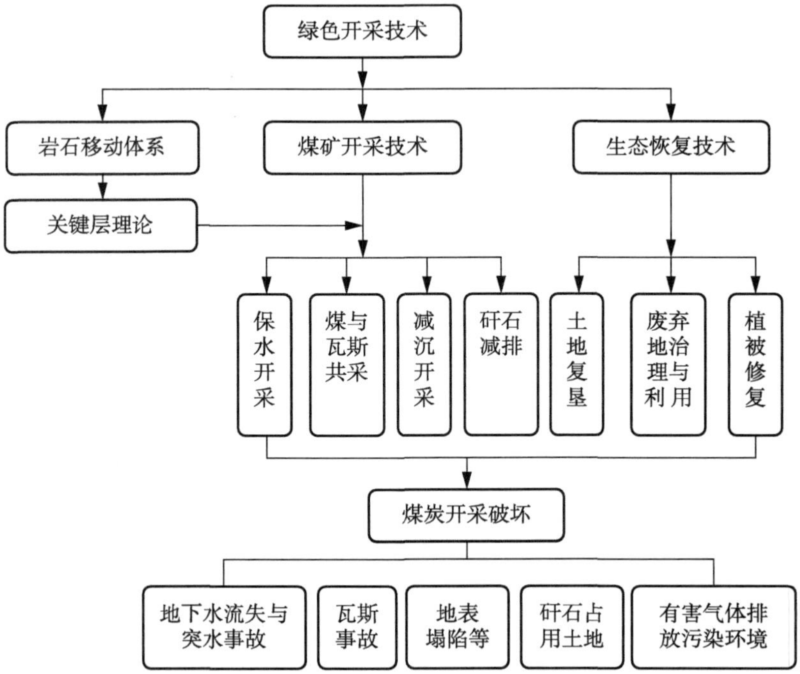

图 5-2　煤炭绿色开采关键技术框架

（一）保水开采

传统开采技术无法同时实现煤炭开采和水资源保护。煤炭开采会破坏开采区域的地质地貌，造成地下岩石层发生位置改变或者产生间隙，从而引起地下水资源分布和导向发生变化，造成水资源流失、突水事故等，水危害、水浪费、水枯竭现象不断发生。保水开采基于煤矿开采基本工艺的地面注浆工艺，能够实现地表与地下水资源在开采过程中不受作业的影响。保水开采在采煤活动中对水资源保护、对矿井水进行资源化利用具有重要作用，特别是在陕西、甘肃、内蒙古以及山西等缺水地区，应将保水开采技术作为绿色开采的重点。

范立民 1992 年最早提出保水开采技术路线，并在 2005 年、2015 年对此进行多次研究，取得重大突破。2013 年国务院印发的《能源发展“十二五”

规划》明确，要积极推广保水开采技术。党的十六大以来，煤炭行业保水开采技术得到普遍推广和使用，已逐步建立较完善的矿井水利用法律法规体系、宏观管理和技术支撑体系，实现矿井水利用产业化。目前矿井水主要用于西部地区发展煤化工和煤矿建设的电厂。“十二五”期间，我国矿井水利用率从2010年的59%提高到2015年的68%，提高了9个百分点；2016年为70.6%，2017年为72%，提高1.4个百分点。① 2018年全国矿井水综合利用率达到72.8%，同比提高0.8个百分点。

（二）煤与瓦斯共采

瓦斯作为煤的伴生物，既是温室气体也是洁净能源，更是导致煤矿重大安全事故的根源。随着煤炭开采深度的增加，瓦斯含量将显著增加，应使其资源化，变害为宝。我国煤层气资源丰富，储量居世界第三位，仅次于俄罗斯和加拿大。据勘查，埋深小于2000米的煤层气总储量约为37万亿立方米，相当于陆上常规天然气资源量，可采储量超12万亿立方米。我国48%的煤炭资源为高瓦斯煤层，蕴含的瓦斯约31万亿立方米，② 并且大部分煤层透气性较低，比美国低2~3个数量级，抽采难度大。实现煤与瓦斯共采，已成为实现瓦斯有效利用的重要部分，是深部煤炭资源开采的必然途径。该技术的核心是要协调瓦斯与煤层开采的赋存与空间顺序，以及相应的开采时机，充分利用采煤过程中岩层的移动以及破坏提高瓦斯的抽采率，在煤层开采时形成采煤和抽采瓦斯两个完整的开采系统。煤与瓦斯共采，从煤和瓦斯两种资源开采顺序上主要有先采瓦斯后采煤、煤与瓦斯同采、先采煤后采瓦斯三种方式。

近年来，适用于不同开采条件的煤与瓦斯共采技术在全国广泛推广应用，环境与安全效益显著。“十二五”期间，煤矿瓦斯抽采利用规模成倍增加。全国大中型高瓦斯和煤与瓦斯突出矿井均建立了瓦斯抽采系统，建成了30个年抽采量达到亿立方米级的煤矿瓦斯抽采矿区，分区域建设了80个煤矿瓦斯治

---

① 国家发展改革委，国家能源局．煤炭工业发展“十三五”规划［Z］．2016.

② 王家臣．煤与瓦斯共采需解决的关键理论与研究现状［J］煤炭工程，2011（1）：1-3.

理示范矿井，山西、贵州、安徽、河南、重庆等5省市煤矿瓦斯年抽采量超过5亿立方米。

1. 煤矿瓦斯抽采利用量逐年大幅度上升

2015年，煤矿瓦斯抽采量为136亿立方米、利用量为48亿立方米，分别比2010年增长78.9%、100%，煤矿瓦斯利用率为35.3%，比2010年提高了3.7个百分点。2016年煤矿瓦斯抽采量为173亿立方米、利用量为90亿立方米，利用率达到52.02%。其中井下瓦斯抽采量为128亿立方米、利用量为48亿立方米，地面煤层气产量为45亿立方米、利用量为42亿立方米。2017年井下瓦斯抽采利用量达到48.9亿立方米，同比略有增加。2018年，我国煤层气表内初步统计，地面狭义煤层气产量54.63亿立方米，煤矿井下瓦斯抽采量129亿立方米，煤层气总产量183.6亿立方米，煤层气利用量101亿立方米；包含煤层气矿业权内的煤层气、致密气、页岩气三气共采的广义地面煤层气产量72.6亿立方米，煤层气总产量可达201.6亿立方米，煤层气总利用量119亿立方米。

2. 安全效益显著提高

2015年，全国煤矿发生瓦斯事故45起，比2010年下降69%，死亡171人，比2010年减少72.6%；重大瓦斯事故下降66.7%、死亡人数减少68.9%；煤炭百万吨死亡率下降78.4%。实现了“三个大幅下降、两个大幅减少”。2016年，全国煤矿共发生瓦斯事故23起，比2015年减少22起，下降48.9%；死亡183人，比2015年略有反弹。2018年全国煤矿共发生瓦斯事故8起，死亡人数43人。

3. 科技创新进展显著

通过组织实施煤层气开发国家科技重大专项，开展研究项目、建设示范工程、攻克关键技术、研发重大装备，推广形成了三种典型地质条件下煤层气开发模式。① 其中的典型代表晋煤集团“煤与煤层气共采国家重点实验室”

① 方君实．煤层气“十三五”规划解读［J］．化工管理，2017（1）：51-52.

围绕煤与煤层气共采的重大科学技术问题，在研究煤与煤层气共采应用基础和前瞻性关键技术、建立煤与煤层气高效共采技术体系方面取得了一定成就。

（三）减沉开采

煤炭开采过程中，煤体和煤矸石被开采移出，地下形成空洞或空腔，容易造成地面沉降或地表塌陷，破坏生态环境。减沉开采技术就是为保护土地及地面附着建筑物，减少开采引起的地面沉降或地表塌陷。其为矿区绿色开采的重点，主要包括条带开采与充填开采。该技术的主要目的就是利用有限的充填材料，在不增加充填成本的前提下，采取相应措施控制好煤炭开采沉陷的问题。目前条带充填技术、注浆减沉等绿色开采技术能在降低开采成本的同时有效减少地面沉降。

近年来，减沉开采技术已被许多煤矿推广和采用。例如，淮北矿业集团公司亳州煤业股份有限公司由于开采地面处于扬子营、侯楼两村庄之下，形成村庄压煤。通过采用地面钻孔注浆减沉不迁村绿色环保开采方案，减少对地面村庄的破坏，实现安全出煤 42 万吨，同时处理了电厂 67339.89 吨粉煤灰，共实现利润 1.26 亿元。注浆减沉开采方案的成功实施，不但解决了不迁村绿色环保采煤问题，而且促使土地保护和煤炭开采和谐发展。①

（四）矸石减排

煤炭开采中会排出大量的固体废弃物矸石，不仅会污染地表环境，而且还会出现自燃，污染大气环境。目前，全国每年矸石排出量为 7 亿～8 亿吨，随着原煤产量和入洗原煤量增加，结合煤矸石的综合利用，需要无害化处置的新增矸石量 2 亿多吨。当前，环保政策要求煤矸石均要进行无害化处理，不得设置永久性矸石山。因此，减少矸石排放量具有重要现实意义。我国所有煤矿都应重视矸石减排技术研究，以减少煤矿矸石排放量、消除矸石堆积。一方面，采用煤巷高效支护技术，以煤巷取代岩巷，达到少出或不出矸石的目的；另一方面，可通过矿井下矸石处理作业模式，建立矸石转运、储存与

---

① 浦其建. 注浆减沉开采技术应用实践［J］. 科技创业家，2014（8）：119-120.

充填系统，将矸石转运充填到采空区，或进行巷旁与废弃巷道充填及矸石充填置换井下煤柱等，实现矸石不出矿井处理。针对地面堆放的矸石，可作为减沉充填或复垦充填材料用于减沉充填，或者用于矸石制砖、矸石发电等。

（五）煤矿生态恢复技术

生态恢复技术是在人为改造和自然演替的作用下，使矿区土地、植被、水源等各生态要素向原生态发展，以实现煤炭资源开发与环境承载力相适应。该技术一般通过复垦废弃土地、资源化利用煤矸石、综合治理矿区污染以及对矿区进行环境规划等手段，恢复矿区的生态系统，保持其稳定性和完整性，从而实现煤炭开采和生态环境的协调发展。①

三、典型示范

随着煤矿绿色开采理念持续推进，绿色开采技术不断发展并提升优化，许多煤炭开采地区进行了大量的实践探索。淮南矿区、兖州矿业集团公司、新汶矿业集团、神华宁东循环经济园区等不断研发和应用煤与瓦斯共采技术、减沉充填技术、矸石减排技术、保水开采技术等绿色开采技术，在全国具有较强的示范作用。

（一）淮南矿区（煤与瓦斯共采技术）

淮南矿区位于安徽省北部的淮河两岸，为中国高瓦斯矿区的典型代表，勘探表明，煤炭储量500亿吨，瓦斯资源量5928亿立方米，深度1000米以浅瓦斯保有储量123亿吨，深度1500米以浅瓦斯已探明储量285亿吨，瓦斯资源丰富，具有丰富的煤层气资源。但之前瓦斯治理技术没有突破，淮南矿区的瓦斯抽采率很低，百万吨死亡率居高不下。

1998年以来，淮南矿区研究应用了掘进面“先抽后掘、边抽边掘”方法、采煤面顶板走向钻孔和高抽巷抽放方法、顺层长钻孔抽放、穿层钻孔抽放、采空区埋管抽放、开采保护层抽放卸压瓦斯等综合抽放技术，并推广应

① 吴历勇．煤矿区生态恢复理论与技术研究进展［J］．矿产保护与利用，2012（4）：54-58.

用于高瓦斯矿井，有效地降低了与瓦斯相关的安全事故，获得了显著的经济效益和社会效益。目前，淮南各煤矿都建有井下瓦斯抽放设施，有条件的煤矿还采用地面垂直井抽取采空区的瓦斯。淮南矿区通过建立有效地质保障系统，对煤、瓦斯及其分布进行准确预测，为煤与瓦斯共采提供可靠依据。① 依据模拟软件 COSFLOW 和 CFD 模拟结果，在已发生卸压且瓦斯丰富的区域布置钻孔，通过地面钻孔抽采采动区和采空区卸压的方式抽放瓦斯，以获取大量瓦斯，实现煤与瓦斯共采。

（二）冀中能源集团（充填开采技术）

冀中能源集团从 1998 年开始就在充填采煤方面进行全方位研究探索，实施矸石、膏体、粉煤灰、超高水材料等井下充填技术工艺取得良好绩效，以充填技术来建设生态文明，从煤炭开采源头来建设生态矿山，已成为冀中能源绿色生态矿山建设的一大特色。具体包括：①实现了国内首创的矸石井下充填采煤新工艺，最大限度地开采利用煤炭资源，实现了矸石不升井、地面不建矸石山，消除了矸石对土地和环境的影响；②推广应用井下矸石充填技术工艺，用地面的矸石、粉煤灰等充填支撑采空区的采面，为我国煤矿“三下”压煤的大规模开采开辟了一条新途径；③研发出用高水材料推行“沿空留巷”技术。

目前，冀中能源集团拥有占地 12 万平方米的充填材料研究示范基地和制造装备基地，并联合高校和其他能源集团成立国家能源充填采煤技术重点实验室，是充填开采技术领域设立的唯一一个综合性研发平台。

（三）新汶矿区（矸石利用技术）

新汶矿区是国家第一批循环经济试点单位，是全国生态示范区建设试点单位、全国煤炭行业节能示范企业试点单位、全国矿产资源合理开发利用先进矿山企业和山东省资源综合利用示范企业。

新汶集团的矸石排放量一直很高，堆存的煤矸石达 3500 多万吨，每年又会新增加 250 万吨左右。通过采用以矸换煤绿色开采，每年的矸石排放减少

---

① 袁亮．淮南矿区现代采矿关键技术［J］．煤炭学报，2007（1）：8-12.

200多万吨。同时，利用似膏体充填技术并配合煤矸石发电、制砖、筑路等措施消化地面矸石山，减少地表破坏，恢复和还原矿区原有的生态环境。另外，新汶矿区提高矸石充填采煤工艺的生产能力以及普采、综采矸石充填工作面生产能力，实现矸石充填技术系列化，解决煤矸分离、矸石输送、高效充填等关键技术难题，实现高效开采“三下一上”压煤。其中，综采充填方式可以将松散矸石充至采空区的70%，原生矸石充填工艺可以将松散矸石充至采空区的90%，似膏体充填工艺能充至采空区的98%以上。

通过以矸换煤绿色开采示范工程，2010年新汶矿区11座矸石山取消了运矸系统，实现了“矿井生产矸石不上井、地面矸石不上山、原存矸石入井充填”的目标。

（四）神华宁东循环经济园区（保水开采、充填技术）

宁夏宁东能源化工基地是国家规划的13个亿吨级大型煤炭基地之一、国家级的煤化工产业基地、“西电东送”火电基地和循环经济示范园区。针对水资源浪费比较严重的问题，神华集团对采矿过程产生的矿井水进行回收、净化和再利用，将井下开采完的采空区改建成地下水库，存储工业、生活用水，以避免干旱地区水资源大量蒸发。这一方法为我国煤炭企业综合、高效利用水资源树立了很好的样板。

另外，在煤炭开采过程中，尽量减少煤矸石的采出，既保证煤炭质量，又降低生产成本，洗选出的矸石全部按环保规定处理，回填造地或发电利用；对高瓦斯矿井进行瓦斯预抽采，抽出瓦斯用于发电，既保证了煤矿安全生产，又减少了瓦斯对环境的污染。针对露天煤矿开采过程中破坏地表的问题，开发了新型的回填技术。先把地表腐殖土剥离，堆放在一边，再加入各种微生物培养，采完煤后回填采坑，再把培养好的地表腐殖土盖上，用生物技术和农业技术恢复植被，植被覆盖率由原来的3%提高到70%以上。①

① 刘瑾．为煤炭开采披上“绿衣服”［N］．经济日报，2018-01-24.

四、存在问题

煤炭绿色开采的核心是安全高效绿色开采，最大限度地提高资源回收率和利用率，降低对环境及其他资源的破坏。目前，我国以煤炭保水开采、充填开采、矸石减排为主的绿色开采技术得到普遍推广和使用，绿色开采技术体系不断完善。2017 年矿井水利用率达到 72%，煤矸石综合利用处置率达到 67. 3%，井下瓦斯抽采利用量达到 48. 9 亿立方米。2018 年矿井水利用率达到 72. 8%，土地复垦率达到 49. 5%，煤矸石综合利用率提高到 70%。淮南矿区、兖州矿业集团公司、新汶矿区、神华宁东循环经济园区等不断研发和应用绿色开采技术，起到了较强的示范作用。近年来，煤炭绿色开采取得了一定成果，但仍存在以下问题：

（一）研发创新能力和技术水平有待进一步提高

人们对环境的要求越来越高，且我国开采条件的多样性和复杂性导致了绿色开采技术的复杂性，需要不断创新。一方面，我国的煤炭绿色开采技术目前还处于不断探索和完善阶段，需要不断研发创新，进一步提高技术水平。一些已经成功开发并达到应用条件的技术由于缺乏相应的推广和产业化机制，未能得到全面推广与应用，造成煤炭绿色开采技术的浪费。另一方面，虽然一些大型的煤炭企业在积极推广和使用绿色开采技术，但众多的中小型煤炭企业仍然仅仅关注直接的经济利益，忽视社会利益，主观上对采用煤炭绿色技术态度消极，缺乏积极性；客观上缺乏绿色技术和环境保护研究，技术开发投资少，科技力量薄弱，人才匮乏。

（二）企业技术研发和管理人才匮乏

煤炭绿色开采技术的创新和应用，不仅需要大量研发资金，更需要大量技术研发人员和管理人才。目前我国大部分绿色开采技术都是借鉴发达国家，自主研发能力不足。中小型煤炭企业技术研发和管理人才匮乏，这在一定程度上阻碍了绿色开采技术的推广和应用。

（三）法律法规和管理制度仍不完善

绿色开采需要建立完善的社会制度监管支撑系统，其中完善的立法、行政规章和管制制度体系是整个支撑系统的基础。虽然我国已制定了多部煤炭绿色技术的法律法规，但是可操作性不强。一是部分部门执法不力，削弱了法律的权威性，而且对违规企业的处罚力度不够；二是煤炭绿色技术市场不规范、不健全，激励机制不完备，导致煤炭企业缺乏技术创新的动力；三是缺乏绿色开采评价和监管机制，监管部门工作效率不高、渠道不透明、绩效评估缺失。

五、对策建议

针对上文提到的问题，提出以下几条对策建议：

（一）坚持科技创新，加大科技成果推广力度，推动智能绿色化开采

坚持以煤炭绿色化开采为主攻方向，健全和完善煤炭科技创新和研发平台，优化技术创新资源的配置，推进技术创新与产业横向联合，促进产学研用深度合作，系统提升煤炭开采行业的综合、持续创新能力。加强绿色开采与灾害防治、环境保护、资源高效利用之间基础理论的研究，为煤炭资源绿色开采和清洁高效利用提供基础支撑。加快煤炭绿色开采关键技术攻关，加大企业对技术创新和研发的投资，扎实推进企业技术升级。建设煤炭安全绿色开采、煤层气开发利用等示范工程，推广煤矿绿色开采、煤田高精度勘探、煤矿巷道全断面掘进、井下高效清洁辅助运输等先进适用技术，提升煤炭开采和生产水平。推动智能化在煤炭开采中的应用，加快煤矿巷道高效快速掘进与支护技术及装备、千万吨级煤炭综采成套装备研发，提高煤机装备数字化控制、自动化生产和远程操作能力，提升我国煤炭智能化开采水平。

（二）推动“知识型+技能型+创新型”人才队伍建设，培育现代化煤炭开采新动力

为适应煤炭开采绿色化、企业管理高效化的需要，应加快培养一批高层

次科技研发人才、国际化管理人才，培养一批面向煤炭开采行业需求的煤机装备制造业、煤炭深加工等工程技术类人才，建设知识型、技能型、创新型人才队伍，形成推动现代化煤炭开采技术体系建设的新动力。

（三）加强政府监管，完善法律法规，建设煤炭绿色开采监管体系

完善相关法律法规体系，加强监管执法力度。实行分级监管政策，设立专门的监管机构，提高对煤炭企业的监督与管理能力。采取多种处罚方式，解决处罚方式单一化的问题，多部门共同配合处罚机制的运行。加强政府监管部门与高等院校和科研机构之间的有效合作，为监管工作提供技术方面的支持。增强对煤炭产区政府的环境绩效考核。政府监管部门还需将监管渠道透明化，实现新闻舆论、非政府组织等组织和主体的监管渠道和方式零阻碍，问责制度落实方面要严加监管，严格规范监管部门的负责人及工作人员，防止懒政怠责情况发生。

第六章　煤化工行业绿色发展

由于煤化工产品能够替代石油生产石化产品，在我国石油和天然气相对短缺、对外依存度持续提高的背景下，大力发展煤化工行业成为国家及企业的重要战略选择。煤化工行业获得了快速发展机遇，同时由此引发的生态和环境问题也日益突出。因此，国家发展改革委、国家能源局、生态环境部、工业和信息化部等相关部门先后制定出台系列政策，以促进煤化工行业的绿色发展。近年来，煤焦化、煤气化、煤液化等行业通过依托科技创新以及借鉴国外的成功经验，已经在行业绿色发展方面取得了极大进展。

一、政策措施

国家高度重视煤化工产业的绿色发展，相继出台了煤化工行业绿色发展的重要政策措施（见表6-1），强调通过系列示范工程的建设、相关技术的研究与推广，推进现代煤化工产业发展。

表6-1　煤化工行业绿色发展的重要政策措施

发布时间	发布部门	文件名称	内容要点
2010.6	国家发展改革委	《国家发展和改革委员会关于规范煤制天然气产业发展有关事项的通知》	（1）煤制天然气及配套项目由国家发改委统一核准 （2）各级地方政府应加强项目管理 （3）鼓励采用自主知识产权技术和国产化设备项目 （4）鼓励节能节水降耗新工艺、新技术的应用 （5）发展煤、电、气、化多联产，最大限度地提高能效

续表

发布时间	发布部门	文件名称	内容要点
2011. 8	国家发展改革委	《关于规范煤化工产业有序发展的通知》	禁止建设： （1）年产 50 万吨及以下煤经甲醇制烯烃项目 （2）年产 100 万吨及以下煤制甲醇项目 （3）年产 100 万吨及以下煤制二甲醚项目 （4）年产 100 万吨及以下煤制油项目 （5）年产 20 亿立方米及以下煤制天然气项目 （6）年产 20 万吨及以下煤制乙二醇项目 上述标准以上的大型煤炭加工转化项目，须报经国家发展改革委核准
2012. 5	国家发展改革委	《关于支持新疆产业健康发展的若干意见》	“十二五”期间将充分利用新疆煤炭资源优势，在水资源和生态环境容量允许范围内，重点开展以煤制天然气为主的煤化工示范
2012	国家发展改革委、国家能源局	《煤炭深加工示范项目规划》、煤化工产业政策	“十二五”期间，将在煤炭液化、煤制天然气、煤制烯烃、煤制合成氨——尿素、煤制乙二醇、低阶煤提质、煤制芳烃 7 大板块安排重大示范项目，以掌握关键技术，具备项目设计建设和关键装备制造能力
2013. 9	国务院	《大气污染防治行动计划》	制定煤制天然气发展规划，在满足最严格的环保要求和保障水资源供应的前提下，加快煤制天然气产业化和规模化步伐
2014. 1	国家能源局	《2014 年能源工作指导意见》	积极稳妥推进煤制气、煤制油产业化示范，鼓励煤炭分质利用，促进自主技术研发应用和装备国产化
2014. 3	国家发展改革委、国家能源局、环境保护部	《关于印发能源行业加强大气污染防治工作方案的通知》	（1）稳步推进煤化工产业发展升级示范 （2）推进煤制气示范工程建设，重点建设鄂尔多斯盆地煤制清洁燃料基地、蒙东褐煤加工转化基地以及新疆煤制气基地
2014. 7	国家能源局	《关于规范煤制油、煤制天然气产业科学有序发展的通知》	（1）禁止建设年产 20 亿立方米及以下规模的煤制天然气项目 （2）禁止建设年产 100 万吨及以下规模的煤制油项目 （3）加强煤制油（气）生产要素资源配置 （4）发展煤制油（气）严禁过度利用水资源及超出环境容量 （5）加强对示范项目立项、实施、中期评估到后评价等全过程的管理

续表

发布时间	发布部门	文件名称	内容要点
2014.12	工业和信息化部、科技部、环境保护部	《关于发布〈国家鼓励发展的重大环保技术装备目录（2014年版）〉的通告》	重大煤化工领域的环保技术装备包括： （1）高效催化氧化强化废水预处理成套装备，能耗指标：处理成本<7元/吨废水，其中电耗<5元/吨废水 （2）低浓度难降解有机废水深度臭氧催化氧化成套设备，出水水质：COD平均去除率>50%；苯并芘平均去除率达到90%~99%；多环芳烃平均去除率达到90%~99%
2014.12	国家能源局、环境保护部、工业和信息化部	《关于促进煤炭安全绿色开发和清洁高效利用的意见》	（1）推进煤炭焦化、气化、煤炭液化（含煤油共炼）、煤制天然气、煤制烯烃等关键技术攻关和示范 （2）鼓励低阶煤提质技术研发和示范 （3）大力推广可资源化的烟气脱硫、脱氮技术，开展细颗粒物（PM2.5）、重金属等多种污染物协同控制技术研究及应用 （4）研究煤化工转化废弃物治理技术
2015.2	工业和信息化部、财政部	《工业领域煤炭清洁高效利用行动计划》	鼓励企业根据市场需求，加大煤炭资源加工转化深度，提高产品精细化率，大力发展清洁能源、新材料等新型煤化工
2015.3	国家能源局	《煤炭深加工示范工程标定管理办法（试行）》	规定了煤化工示范项目标定内容、标定管理、标定前准备工作、现场标定工作、标定后工作等
2015.4	国家能源局	《煤炭清洁高效利用行动计划（2015—2020年）》	（1）布局现代煤化工示范项目条件：煤炭资源富集、水资源有保障、生态环境许可、运输便捷的地区 （2）禁止触碰生态红线 （3）条件允许地区推进煤化工与发电、油气化工、钢铁、建材等产业间的耦合发展
2015.5	国家发展改革委	《关于做好〈石化产业规划布局方案〉贯彻落实工作的通知》	要求单系列甲醇制烯烃装置年生产能力在50万吨及以上，整体能效高于44%，吨烯烃耗标准煤低于4吨，吨标准煤转化耗新鲜水低于3吨，废水实现近零排放，固体废弃物实现资源化利用

续表

发布时间	发布部门	文件名称	内容要点
2015.12	环境保护部	《现代煤化工建设项目环境准入条件（试行）》	现代煤化工建设项目开展环境影响评价工作的依据： （1）现代煤化工项目应符合环境保护规划 （2）无环境容量的地区应先腾出环境容量 （3）京津冀、长三角、珠三角和缺水地区严格控制新建现代煤化工项目
2017.1	国家能源局	《能源技术创新“十三五”规划》	煤化工领域技术：单系列百万吨/年及以上低阶煤热解示范工程、新一代先进煤气化示范装置、煤制化学品新技术工业示范、制油制气制化学品催化剂材料示范推广等
2017.2	国家能源局	《煤炭深加工产业示范“十三五”规划》	重点开展煤制油、煤制天然气、低阶煤分质利用、煤制化学品、煤炭和石油综合利用等5类模式以及通用技术装备的升级示范，持续做好投运项目的工程标定和后评价工作，不断总结经验教训，推动煤炭深加工产业向更高水平发展
2017.3	国家发展改革委、工业和信息化部	《现代煤化工产业创新发展布局方案》	（1）原则：坚持创新引领，促进升级示范；坚持产业融合，促进高效发展；坚持科学布局，促进集约发展；坚持综合治理，促进绿色发展 （2）重点任务：开展产业技术升级示范、发展关联产业融合、挖潜改造优势企业、组织实施资源城市转型工程、推进产业国际合作、提升技术装备成套能力和探索二氧化碳减排途径等

二、发展现状

“十二五”期间，中国现代煤化工行业得到快速发展，现代煤化工技术创新和产业化均走在世界前列，煤制烃、煤制油、煤制天然气等示范工程取得重大成效，产业初具规模，基地化格局基本形成。中国石化联合会公布的数据显示，2018 年煤制油总产能不变，仍为 953 万吨/年。各类产品总产量 617.5 万吨，较上年度增加 294.8 万吨，增幅 91.4%；产能利用率由 2017 年的 40%大幅提高至 64.8%。2018 年新增煤制烯烃产能 60 万吨/年，煤（甲醇）制烯烃总产能达到 1302 万吨/年，同比增加 4.8%；全年产量 1085 万吨，较上年度增加 91.4 万吨，增幅 9.2%；产能利用率 83.3%，同比增加 3.3 个百分点。2018 年煤制气总产能不变，仍为 51.05 亿立方米/年，产量 30.1 亿立方米，较上年度增加 3.8 亿立方米，增幅 14.4%；产能利用率 59.0%，较上年度增加 7.5 个百分点。

现代煤化工行业生产过程中产生的大量废水、废气、固体废弃物对环境的污染问题也日益突出。2014 年 11 月，国务院发布《能源发展战略行动计划（2014—2020 年）》，明确指出要按“清洁高效、量水而行、科学布局、突出示范、自主创新的原则，稳妥推进煤制油、煤制气技术研发和产业化升级示范工程，掌握核心技术，严格控制能耗、水耗和污染物排放”。就此，环评成为阻碍煤化工项目开工的最大障碍。但在 2016 年，煤化工项目环评重新放开，为煤化工发展又打开了大门，使现代煤化工行业得到快速发展。

（一）煤焦化

全球焦炭产量是 3.9 亿吨，中国焦炭产量达到 1.78 亿吨，我国的焦炭产量约占全球总产量的 50%，① 是世界最大的焦炭生产与消费国。煤炭焦化是非常成熟的技术，煤炭焦化所产出的产品以高附加值化工产品为主。因此，与其相关联产业的发展也非常重要。煤焦化领域的科学技术快速发展，相继研发出选择性粉碎技术、煤调湿技术、捣固炼焦技术等多种炼焦新工艺，极大地降低了煤炭焦化技术的成本，带动了环保工作的开展，推动了煤焦化产业的绿色发展。煤焦化是技术密集型产业，以先进、适用、可靠的工艺技术和工程技术为基础，需大量专业技术人才，然而，目前该类人才非常缺乏，在一定程度上制约了企业的进一步发展。

（二）煤液化

受我国特殊的能源资源结构、能源消费结构及日益强化的节能减排政策的影响，煤炭液化不仅具有重大的环保意义，而且具有保障能源安全的战略意义。煤炭液化技术成为新型煤化工产业的重要发展方向之一。

---

① 罗欣．新型煤化工技术的应用必要及发展趋势［J］．化工管理，2013（22）．

煤炭液化技术主要包括直接液化与间接液化两种技术。直接液化是指在特定的压力、温度等情况下，利用相应的催化剂促进加氢裂化的完成，进而将煤炭资源转变为液体燃料的一种技术。间接液化是指在一定的条件下，首先将煤炭转换为合成气体，随后再利用催化剂，将气体充分合成为液体燃料。目前，煤液化技术向高效化和高端化发展，煤制烯烃、芳烃技术实现多项新的突破。例如：中科合成油公司研发了煤炭分级液化工艺；“纳米限域催化”创造性地构建了硅化物晶格限域的单铁中心催化剂，是一项“即将改变世界”的新技术。

20 世纪 50 年代，我国一些煤化工企业通过与国外煤炭企业合作，促进间接液化技术进一步自主研发，实现了这一技术的商业运营及管理。经过几十年的持续发展，我国煤液化规模与技术已经迈入国际先进行列。

我国煤液化企业主要发展历程如下：

2005 年起，中国自主知识产权煤间接液化技术已经应用于伊泰合成油示范厂、潞安合成油示范厂、神华合成油示范厂等项目中，中国煤制油行业大规模产业化项目逐步开展。除此之外，与煤炭直接液化技术存在一定关联的产业与领域也取得了显著的进步与发展，并通过自主研发的形式，设计出了煤炭直接液化专用催化剂等新型的产品及科技。

2016 年 12 月，神华宁夏煤业集团 4 吨/年煤炭间接液化示范项目建成投产，12 月 2 日产品装车发运，标志着煤制油项目取得阶段性成果。神华宁夏煤业集团煤间接液化项目生产的合成油品，具有超低硫、低芳烃、高十六烷值、低灰分的特点。这些指标均优于国Ⅴ和欧Ⅴ标准，有利于降低二氧化硫、氮氧化物、碳氢化合物和颗粒物等污染物的排放，可有效降低城市空气污染。

2016 年 12 月，陕西东鑫垣化工有限公司 0.5 吨/年煤焦油轻质化项目开车成功，并产出合格的油品，标志着该项目工艺流程全面打开，也标志着“陕煤—榆林版煤制油”再获突破。2016 年，潞安集团实现了煤制油技术由 1.0 向 2.0 的迈进，煤制油技术创新和产业发展取得了重大突破。潞安高硫煤清洁利用油化电热一体化示范项目（简称 180 项目）通过全球日投煤量最大的粉煤气化炉，将高硫、高灰熔点的劣质煤转化成粗合成气，再通过净化装置脱除含硫气体和二氧化碳，净合成气在费托合成反应器中与催化剂反应生成中间油品，中间油品通过潞安自主技术集成的油品加工装置，进行分子结构稳定与各种形式的化学合成，生产出多样性的精细化学产品。潞安集团产出了全球第一种以煤为基础通过专有技术合成的特种润滑油基础油——Ⅳ高黏度润滑油基础油（PAO）。

目前，中国已有两项煤制油联产发电示范项目，包括兖矿集团陕北 100 万吨合成油联产发电示范、潞安矿业集团 16 万吨合成油联产发电示范。三项 IGCC 发电示范项目，包括华能天津、华电浙江、广东顺德。①

（三）煤气化

在环保政策和产业升级的双重驱动下，煤气化相关政策措施相继出台，促进了煤气化技术向大型化、操作简单化、运行高效化和长周期方向发展。目前中国在建、拟建的煤制气项目已经超过 80 个，绝大部分位于煤炭资源富集的中西部地区。

1. 出台政策措施

2013 年至今，国家多部门单独或者联合出台多项政策措施（见表 6–2），分别从天然气价格、天然气存量、非居民用量（存量）、保证民生用气责任、规范煤制气天然气产业均衡有序发展等多方面考虑，推进煤制气产业健康发展。

表 6–2　煤制气天然气相关政策措施一览表

发布时间	发布部门	文件名称	内容要点
2014. 5	国家发展改革委、能源局、环境保护部	《关于印发能源行业加强大气污染防治工作方案的通知》	在完全执行国家环保标准和考虑水资源供应安全的前提下，推进煤制气示范项目建设
2016. 10	国家发展改革委	《天然气管道运输价格管理办法（试行）》和《天然气管道运输定价成本监审办法（试行）》	伴随着天然气管道定价机制的改革，向第三方开放程度将会加大，可以吸引更多的管道投资

① 王军，杨绍飞．国内外煤炭液化的技术现状［J］．环球市场信息导报，2013（39）：122–124.

续表

发布时间	发布部门	文件名称	内容要点
2016. 10	国家发展改革委	《国家发展改革委关于明确储气设施相关价格政策的通知》	明确了储气服务价格、储气设施天然气购销价格的市场化改革举措，储气价格等天然气市场化改革的推动
2017. 5	国务院	《关于深化石油天然气体制改革的若干意见》	要求完善油气储备体系建设，提升油气战略安全保障供应能力
2017. 6	国家发展改革委	《天然气发展“十三五”规划》	推进煤制气产业示范，推动已建成的煤制天然气示范工程系统优化完善，在高负荷条件下实现连续、稳定和清洁生产，建设地下储气库、煤层气、页岩气、煤制气配套外输管道，加快储气设施建设，提高调峰储备能力，规划到 2020 年，地下储气库形成有效工作气量 148 亿立方米
2017. 6	国家发展改革委	《关于印发〈加快推进天然气利用的意见〉的通知》	规划到 2020 年，地下储气库形成有效工作气量 148 亿立方米，到 2030 年，地下储气库形成有效工作气量 350 亿立方米以上，到 2020 年天然气销售企业拥有不低于其年合同销售量 10%的储备工作气量，县级以上地方人民政府要推进 LNG、CNG 等储气调峰设施建设，采取综合措施至少形成不低于保障本行政区域平均 3 天需求量的应急储气能力
2017. 9	国家发展改革委	《关于做好煤电油气运保障工作的通知》	加快推进管网建设和互联互通，促进资源优化配置，有效发挥储气设施调峰作用，确保重点地区、重点用户天然气需求
2017. 9	国家发展改革委、国家能源局	《关于全面开展天然气储气调峰设施建设运营情况自查和整改的通知》	督促有关城市按照储气调峰设施建设规划或专项计划加快在建项目建设
2017. 9	国家发展改革委	《关于进一步落实天然气储气调峰责任的通知》	天然气销售企业到 2020 年应拥有不低于天然气年合同销售量 10%的储气能力

续表

发布时间	发布部门	文件名称	内容要点
2018. 2	国家能源局	《2018 年能源工作指导意见》	建立天然气储备制度，落实县级以上地方人民政府、供气企业、城燃企业和不可中断大用户的储气调峰责任和义务，提升储气调峰能力，加快已建储气库扩容达容，加快文 23 储气库、新疆油田克 75 井区储气库建设，2018 年底前具备注气条件，将出台《关于加快储气设施建设和完善储气调峰辅助服务市场机制的意见》，形成通过市场解决储气调峰问题的长效机制
2018. 4	国家能源局、国家发展改革委	《关于加快储气设施建设和完善储气调峰辅助服务市场机制的意见》	到 2020 年供气企业应当拥有不低于其年合同销售量 10%的储气能力；城镇燃气企业形成不低于其年用气量 5%的储气能力，鼓励大用户自建自备储气能力和配套其他应急措施；县级以上地方人民政府指定的部门至少形成不低于保障本行政区域日均 3 天需求量的储气能力

2. 煤炭气化技术发展

李春雷认为，煤气化技术可分为三代。第一代气化技术为固定床、移动床气化技术，多以块煤和小颗粒煤为原料制取合成气，装置规模、原料、能耗及环保的局限性较大；第二代气化技术是现阶段最具有代表性的改进型流化床和气流床技术，其特征是连续进料及高温液态排渣；第三代气化技术尚处于小试或中试阶段，如煤的催化气化、煤的加氢气化、煤的地下气化、煤的等离子体气化、煤的太阳能气化和煤的核能余热加氢气化等。

煤炭气化技术作为煤化工产业发展的一项重要技术支持，经过多年研发积累，已经能够初步满足高效、大规模生产和生态环保的需要。国际上，大牌企业已经有 500 多台大型的气化炉投入商业化生产运营，德士古、鲁奇以及壳牌等使用的气化炉类型主要包括加压气流床干煤粉（GSP）、加压气流床水煤浆以及常压固定床等。国内煤炭气化技术水平与国际相比，差距明显。

国内众多大型的煤炭国有企业非常重视这一技术，加大了自主研发新型气化设备与技术的力度，先后开发出一批先进煤气化技术，诸如“多喷嘴对置式水煤浆气化”“航天粉煤加压气化”“清华水冷壁水煤浆气化”“SE 粉煤气化”“两段式干煤粉加压气化”等。而且针对我国煤种多的情况，按照不同的煤种特点，开发对应的新型煤气化技术，为深入开展现代煤化工示范提供了实用的技术支撑。

3. 煤气化项目

2016 年，全国煤制气产量为 17 亿立方米。2017 年，全国煤制气产能为 31 亿立方米、产量为 26.3 亿立方米。截至 2018 年 9 月，我国煤制天然气项目已投产 4 项，产能合计 51.1 亿立方米/年；在建 4 项，产能合计 124.7 亿立方米/年；拟建 5 项，产能合计 182 亿立方米/年。具体情况如表 6-3 所示。

表 6-3　我国煤制气项目建设情况

项目现状	企业	地点	投产时间	产能（亿立方米/年）
在营项目	大唐集团	内蒙古赤峰	一期，2013 年	13.35
	庆华集团	新疆伊犁	一期，2013 年	13.75
	汇能集团	内蒙古鄂尔多斯	一期，2014 年	4.0
	新疆新天	新疆伊犁	2017 年	20
	小计			51.1
在建项目	大唐集团	内蒙古赤峰	二期、三期	27.7
	庆华集团	新疆伊犁	二年、三期	41
	汇能集团	内蒙古鄂尔多斯	二期	16.0
	大唐集团	辽宁阜新		40
	小计			124.7
拟建项目	中海油	山西大同		40
	三峡集团	湖北荆州		40
	苏新能源	新疆塔城		40
	北控	内蒙古鄂尔多斯		40
	安徽能源	安徽淮南		22
	小计			182

三、挑战与机遇

煤化工行业发展的内外部环境对煤化工企业形成了一些挑战，与此同时，煤化工行业也面临着难得的发展机遇。

（一）煤化工行业面临的挑战

1. 煤化工企业外部环境

制度和监管存在障碍。自“十一五”以来，国家高度重视生态保护，提倡绿色低碳发展，在实施节能减排方面做了很多工作，并取得了积极成果。但是不可否认的是，相关制度仍不完善，煤化工产业三废排放、废弃物治理和综合利用等管理办法需要进一步细化。用水总量控制方案尚未出台，用水结构仍不合理，工业项目用水问题亟待解决。煤制化学产品下游产业发展的优惠政策有待进一步落实。

技术和人才依然不足。现代新型煤化工是技术密集型行业，需要各层次技术研发工程师和高素质的技术工人。面对起步阶段的中国现代新型煤化工，技术和人才的需求尤为迫切。现阶段，煤化工生产经营和研发人员主要来源于煤炭行业和石化行业，缺乏高素质的专业技术人才以及熟练的技术工人，容易在煤化工项目的生产运营中出现问题，更有甚者会出现严重的安全事故。

更高水平的技术示范短缺。只有满足低能耗、低污染和低排放，才能称之为现代新型煤化工。技术是主要支撑，是绕不开的话题，加快技术研发投入、示范推广新技术成为必然。但是，许多高端技术在生产运营中仍然存在不足。例如，对于煤炭地下气化技术，理论上是可行的，但是事实上存在气化过程很难掌控、地下水带入气化区等难题尚未成熟解决。

水资源短板效应突出。现代煤化工行业为高耗水行业，主要在气化和空分装置消耗大量水，相应的蒸汽和循环水用量都大于传统的石油化工行业。针对我国水资源存储量分布极度不平衡现状，国家制定的相关政策限制在煤炭调入地区发展煤化工产业，但是煤炭富集区域往往处于水资源匮乏地区，突出了水资源与煤化工发展的矛盾，“水十条”又收紧了用水政策，使得用水问题凸显。

节能减排压力加大。我国煤化工项目大多集中布局在煤炭储量富集地区，主要在生态环境脆弱的西部地区，环境容量有限。煤化工项目会产生废水、废渣等，处理不当会产生恶劣后果。一是西部地区缺少纳污水体，不具备废水外排条件，项目只能废水“零排放”，增加高昂成本，如果出现偷排废水，将有污染地下水、地表水的风险。二是大量产生的灰渣、含催化剂的液化残渣、活性污泥等的废渣，储入堆灰场，不仅污染农田，还污染水源和大气。三是高浓盐水处理回收技术不成熟，结晶出来的杂盐被划定为危废，处置不当可能随着淋雨渗出，进而造成二次污染。

适用的节水标准缺乏。我国现代煤化工产业虽然取得了很大进展，但是煤化工在发展中仍然受到单位产品水耗高的严重制约。由于我国的产煤地区通常处于缺水或即使有水源也缺乏纳污能力的地区，高水耗的煤化工产业无疑会对当地的水资源利用形成巨大负荷，由于缺乏适用的节水标准的约束，现代煤化工产业示范项目发展受到约束。

2. 煤化工企业内部环境

提高技术水平。煤炭清洁高效利用技术是煤炭企业发展煤化工的核心，对于提高效率、降低成本、大规模生产具有重要作用。技术水平的提高能够切实推动现代煤化工发展。现阶段，国内诸多煤炭企业积极参与煤化工项目技术开发，并且取得一定成效。例如：神华集团煤制油化工有限公司参与开发“千吨级合成气制低碳混合醇工业侧线装置”，潞安集团参与开发“5 万吨/年钴基固定床费托合成技术工业示范”及“全球第一个 10000~50000 立方米/小时的二氧化碳甲烷重整装置”。

提升产品质量。煤炭企业向“高端供给”迈进，不能继续依赖以往的“低端供给”局面。未来市场将更凸显差异化、特色化、高端化的产品需求，通过消除落后、并购、设备进入、技术改造和模式创新，高端差异化产品的开发将有利于构建产业平台，提高技术的竞争水平，促进行业地位的提升。

建立健全节能环保能力。在当前严峻的节能环保形势下，煤化工企业保持对节能环保的充分认识，加强新上项目和已有项目的节能减排管理，在技术创新的基础上，通过管理系统的升级以及系统工程优化，降低能耗、物耗等指标；引入新一代信息技术，提高公司信息化、数字化水平，从而提高管理水平和生产运营效率，以促进节能减排。

有效解决碳排放。煤化工生产过程中的二氧化碳比较集中、纯度高，便于捕集。煤化工企业应参与 CCS 和 CCUS 技术研究与创新应用，以有效解决碳排放问题。

（二）煤化工行业面临的机遇

政策导向。煤炭行业整体向集约、安全、高效和绿色方向发展，国家出台的相关政策为这一方向提供了保障。在煤炭作为原料持续增加的现实下，煤化工行业迎来发展机遇。针对煤化工生产产生的高耗水等生态环境压力的问题，我国也将出台对应政策，以便健康有序发展煤化工行业。

能源安全。我国化石能源结构为煤炭储量多、石油和天然气储量少。为降低石油和天然气的对外依存度，我国结合自身的实际情况，积极发展新型煤化工行业，形成煤炭资源能够有效替代石油和天然气资源的局面，是保证能源安全的最佳途径。这为煤化工企业的发展创造了战略保障。

生态环保。在生态环境要求愈来愈高的背景下，生态环保理念日渐深入人心，相关举措被大力推行，对煤炭行业发展形成巨大制约，产业优化升级势在必行。同煤炭燃烧相比，煤炭作为原料进行利用可有效降低对环境造成的污染排放，现代煤化工行业亟待发展。

技术创新及应用。现代煤化工企业为争夺市场竞争优势，纷纷展开新型煤化工技术研发，极大地促进了新型煤化工技术创新及应用，进一步促进了煤炭转化效率的提升，降低了单位生产成本，提高了经济效益。

四、国际经验

从全球发展趋势来看，绿色发展成为煤化工行业发展的重点。早在 20 世纪 80 年代，美国、日本等国家已经开始意识到环境保护问题，在项目选址、生产经营、生态环保等方面都积累了丰富的经验和教训，可以为我国的煤化工行业绿色发展起到良好的借鉴作用。

（一）美国煤化工行业

20 世纪 80 年代，美国煤化工发展势头良好。1984 年，煤炭消耗 717.7 吨，其中 5.5%用于炼焦，炼焦副产的苯占苯总产量的 9%，并且建成褐煤气化的公司，进行煤气化和液化的新工艺研发试验。美国在煤化工的发展方面积累了很多经验值得借鉴，大平原公司具有典型代表性。大平原公司始于大平原煤制气项目，生产运营超过 30 年，在项目建设、生产运营等方面有很多经验教训值得国内煤化工企业借鉴。美国“大平原”是全球唯一的煤制气商业化生产项目，二氧化碳、化肥等副产品占总销售收入的比重由 1988 年的 5%提高到 2008 年的 44%，帮助公司实现盈利并成功运营了 20 多年，近年来随着油价的攀升，公司效益越发可观。本书主要从布局设计、经济效益和生态环保等方面对其展开分析。另外，20 世纪 90 年代，美国伊士曼公司以先进洁净煤气化技术为龙头生产甲醇及其衍生品，是美国目前仍在运行且表现最好的煤化工企业。2010 年，伊士曼的煤制化学品总量达到 51 万吨，占其总产量的 25%。

1. 布局设计

美国大平原公司是在工业园区建设的由煤化工企业、煤矿、电厂共建的联合体。布局设计为：煤矿向煤化工企业供应原料，煤化工企业生产销售化工产品，电厂用煤化工企业不适用的煤发电，三者之间共享公共工程设施等。对于煤化工企业和电厂的排碳问题，成立 CO_2 捕集项目，并用于能源利用，形成良性的循环发展。

现阶段，国内煤制天然气项目从规划就考虑工业园区建设，基本上所有的煤制天然气项目都有配套热电联产。例如中电投集团和新汶矿业集团在新疆伊犁地区投资建设的煤电化一体化示范经济园区，两个煤制天然气项目依托当地丰富的煤炭资源，共用取水工程、输气管线、废弃物综合利用处置等，能够有效降低投资成本，对资源实现最大化利用。

2. 经济效益

煤制天然气项目经济效益主要由天然气销售价格和原材料成本决定。1984年，美国度过了能源危机，天然气销售价格仅为煤制天然气的1/3，大平原公司生产的天然气在市场上缺乏竞争力，经过政府、股东和天然气公司等多方协调沟通，大平原公司天然气才有了销路。而后公司通过技术研发、加强管理降低了成本，开发出副产品，优化了产品结构，使公司稳定发展至今。

目前，国内能源结构持续优化调整，天然气市场有良好的发展前景，但是天然气管网和终端市场销售主要被中国石油天然气集团有限公司掌控，使得煤制天然气的定价权不在市场，抑制了该行业的发展。例如：在新疆地区一些煤制天然气公司与中石油签订的购销协议中，煤制天然气价格被限制在1.6元/立方米，导致煤制天然气企业利润空间非常小。在此状况下，煤制天然气副产品销售价格和煤炭价格成为影响煤制天然气经济效益的主要因素。以新疆或内蒙古东部地区为例，采用碎煤固定床加压气化工艺建设煤制天然气项目，天然气生产规模为40亿立方米/年，原料煤、燃料煤均为褐煤，市场销售价格为170元/吨（含税价），测算天然气单位生产成本为1.059元/立方米（扣除副产品收入0.468元/立方米）。

3. 生态环保

大平原公司非常重视生态环保，在实现水资源循环利用、气化渣填埋等基础上，开展CO_2捕集项目，并用于油田采油。该项目1999年启动，约投资1.1亿美元，利润约1500万美元/年。现阶段，国内煤制天然气项目建设在生态环保方面主要涉及废水零排放、硫回收工艺、热电站大气污染物排放以及废渣的综合利用。其中，废渣可以作为建材生产原料；废水，尤其是高浓度盐水，其处理工艺还在探索试验中，零排放难度比较大。

（二）日本煤化工行业

日本虽然国土面积狭小、资源贫乏，但仍具备一定的煤炭储量。相对美国、澳大利亚等富煤国，日本地质条件复杂，大部分煤炭资源都位于较深的地层。日本知名的驯路煤矿推测储量达到20亿吨以上。日本曾经是世界上最大的煤炭进口国，2011年进口总量达1亿7520万吨。2011年“3·11”大地震之后，日本国内对于核能的发展普遍持反对态度，迫使政府扩大煤炭火力发电。日本的煤炭火力发电效率被公认为是世界最高水平。

日本煤化工产业起步较早，早在20世纪40年代，日本的合成油厂就已经能够生产出合成油。当时日本煤化工的两个主要领域是合成氨系列化学产品和焦油系列化学产品。以气化技术为基础的合成氨系列化学产品链，主要以合成硫胺、尿素等合成氨氮肥为中心发展。随着化学纤维、其他工业用合成氨系列化学产品的急速发展，到了1970年，氮肥以外产品所用合成氨的消费量已经达到和氮肥相当。以煤炭干馏技术为基础的焦油系列化学产品链，除了焦炭、煤焦油、焦炉轻油、焦炉气外，还有煤焦油下游精细化学品，精制后不仅可以作为合成树脂、合成纤维原料，还可以应用于染料、医药、农药等领域。

日本的煤化工产业政策也经过了几多变迁。1990年开始，针对地球环境问题，日本调整了煤炭利用政策，实施国内煤炭1000万吨体制；2001年以后，面对世界煤炭需求的增长以及环境问题的恶化，日本制定了“洁净煤技术的普及”和“海外煤炭供应的确保”两大煤化工产业政策。2012年6月，日本经济产业省资源能源厅发布了《日本洁净煤技术海外普及促进政策》，确立了通过技术输出与世界主要产煤国建立多需求、多层次的合作关系，以确保日本国内煤炭的稳定供应。

在日本煤化工技术发展过程中，煤炭液化和气化技术颇具代表性。1974年，经济产业省下属的工业技术院制定了“阳光计划”，主要内容是以解决新能源及其可能带来的环境问题为目标进行的产业技术革新开发，开发日本自有的煤炭液化技术就是其中的重要内容。这一计划得到政府大力资助，截至

1992年，政府累计投资4400亿日元用于技术研发。其中沥青炭液化技术就先后开发了溶剂分解法、溶剂萃取法和直接加氢法，并在1980年开始开发褐炭液化技术。

日本煤炭气化技术也是阳光计划的一部分。煤炭制氢技术通过使用廉价煤炭生产来供应便宜的清洁燃料——氢气。1986年开始完成了20吨/天中试装置的设计、建设，1991—1993年进行试验运行，1995年完成研发过程。从1996年开始的5年中，日本完成了煤炭加氢气化炉的开发、气化炉周边技术的开发、支援研究和经济性分析等内容。另外，由煤炭生产燃料电池用气体技术也在1998—2006年进行了产业化研究。2003年，日本投资近9.2亿日元，在150吨/天煤炭处理量的气化中试装置进行试验运行。此技术通过煤炭气化、精制产生可供给燃料电池使用的燃料气体，利用燃料电池/气体涡轮机/蒸汽涡轮机的多重循环发电系统，和已有的微分炭火力发电技术相比，可以大幅提升发电效率，以及实现30%以上的二氧化碳减排效果。目前，全球煤化工技术正值需求旺盛期，日本业内人士认为资源和技术的有机结合将会创造一次产业革命。

日本的煤化工企业也从上游到下游进行了细化发展。日本专业从事煤化工的企业已经分流到下游精细化发展，数量达到几百家。截至2011年底，在一般财团法人煤炭能源协会（JCOAL）登记的会员已达到116家。新日铁、JFE、IHI、神户制钢、电源开发等公司都是知名的煤化工企业。其中，新日铁的煤炭加氢热分解气化技术（ECOPRO）以及电源开发公司的多目的煤炭燃气生产技术（EAGLE）、低品质炭焦化生产技术（SCOPE21）、煤矿保安技术等都已经很成熟，引导着日本煤化产业的技术进步。

五、对策建议

针对当前现代煤化工产业发展状况，为进一步促进煤化工产业绿色发展，我国煤化工产业应关注四个方面。

（一）健全绿色发展管理体制，强化对煤化工企业的绿色发展监督

绿色发展管理体制是绿色发展目标实现的重要保障。从企业来讲，需要树立绿色发展理念，以节能减排为抓手，切实推动绿色发展。从政府来讲，政府应对煤化工企业下达明确的绿色发展目标，对目标进行量化，加强科学考核、严格评估，对未达标企业进行严厉处罚，并对主要责任人追责，形成全过程监管。

规范行业绿色发展秩序，营造业内良好的绿色发展氛围。严厉打击重点、典型的违规案件，可采取直接吊销营业执照、挂牌查封等手段，直至企业完成整改工作，生产运营符合相关生态环保标准。政府及时向社会披露环境保护信息，警示企业合规生产经营，可将违规严重企业划入黑名单，并给予严格惩罚。

（二）强化专业技术人才的引进和培养

煤化工企业走向绿色发展，需要绿色发展领域专业技术人才的支撑。煤化工企业应当采取切实有效的人才政策措施，以公平、公开、公正为原则，以待遇为吸引，公开招聘专业的优秀人才，并进行培养和储备。建立健全人才绩效考核机制，激励人才积极钻研、提高自身技能，淘汰不掌握企业岗位技能的员工。政府应营造全社会绿色发展的氛围，加强绿色发展理念宣传，引导绿色发展领域专家学者科普绿色知识，并且走进企业进行咨询指导，助力煤化工企业实现绿色发展目标。

（三）淘汰落后工艺，引进清洁生产技术

对煤化工企业清洁生产模式而言，技术是核心，只有拥有了清洁生产技术，才能够推动清洁生产模式的构建。具体来说：应当引进先进的流化床节能技术，淘汰落后的流化床工艺；对设施设备，如大型设备电控系统进行升级改造或者引进先进的设施设备，保证实现节能目标；对技术和工艺进行升级改造，提升生产流程工艺中的节能减排效果；积极响应国家节能减排政策，进行煤化工领域清洁生产关键技术的引进、消化、吸收。

（四）严格执行现代煤化工建设项目环境准入条件

严格审核现代煤化工项目的准入，按照国家和地方的产业政策要求对项目的工艺技术、建设规模进行核验。重点在于：工艺技术先进、污染物排放低的优先考虑；强调节水，倡导优先对矿井水资源进行综合利用，减少新鲜水用量，禁止使用地下水作为生产用水；废物（固、液等）处理处置方案的技术经济可行；以园区为依托，建设供水、供电、供气等公用设施；加强环境监测，建立健全环境风险防范措施。

第七章　绿色矿山

绿色矿山是指在矿产的开采、开发过程中，通过科学合理的技术、管理等，将对矿区周边自然环境和人居环境的影响控制在可控范围，做到绿色低碳、节能环保、有序开发。绿色矿山建设并不是完全消除因矿产开采、开发过程所引发的污染、地质灾害以及生态破坏等，而是最大限度地减少其影响，并运用科学手段，最大限度地进行生态恢复治理，实现绿色发展。2010 年国土资源部发布了《国土资源部关于贯彻落实全国矿产资源规划发展绿色矿业建设绿色矿山工作的指导意见》（以下简称《绿色矿山工作指导意见》），首次以官方文件的形式提出了建设“绿色矿山”的要求，在此文件指导下，绿色矿山建设政策文件陆续出台，煤炭行业则是绿色矿山建设中的重点行业。

自 2013 年以来，在国家相关政策指引下，我国煤炭企业绿色矿山建设主要取得三大成就：一是矿山绿色循环低碳发展理念深入人心，矿区环境治理日益完善，矿山发展和自然环境保护实现双赢；二是在绿色矿山建设中涌现出许多新技术、新材料、新工艺，生产作业的机械化、自动化、智能化水平持续提升，煤炭资源回采率逐年提高；三是沿空留巷、充填开采、保水开采以及水源热泵技术得到普及，大力推广了煤炭洗选加工和煤炭清洁高效利用技术，技术应用水平显著提升。2016 年 12 月，《煤炭工业发展“十三五”规划》中明确强调了要从煤炭绿色开采、绿色煤炭洗选加工、发展矿区循环经济、加强矿区生态环境治理等方面推进清洁生产，对绿色矿山建设起到极大的推动作用。2018 年 6 月 22 日，自然资源部发布《煤炭行业绿色矿山建设规范》，2018 年 10 月 1 日实施。

一、政策措施

在《绿色矿山工作指导意见》的指导下，我国共分 4 批设立了 668 个绿色矿山试点，试点建设取得了良好的成效，积累了宝贵的经验。2017 年，《关于加快绿色矿山的实施意见》发布，标志着我国绿色矿山建设实现了从试点探索到全面推进的飞跃，此后，一系列配套的标准和指南相继发布，各省级政府也相应推出绿色矿山建设方案，2017 年也成为我国绿色矿山建设政策与标准集中发布的一年。

（一）国家政策

2017 年 5 月 11 日，国土资源部、财政部、环境保护部、国家质检总局、银监会、证监会六部门联合印发《关于加快建设绿色矿山的实施意见》（以下简称《意见》），明确了煤炭、石油、有色、黄金、冶金、化工、非金属等 7 个行业绿色矿山建设要求和 1 个绿色矿业发展示范区建设要求。[①]《意见》对每个采矿细分行业分别提出绿色矿山建设要求，其中，煤炭行业绿色矿山建设要求是煤炭行业要做到矿区环境规范建设，实现花园式发展，矿产开发利用方式集约高效，环境友好，煤炭及共伴生资源集约化利用，现代数字化矿山建设要创新引领，以社会责任改善矿山企业形象。详见图 7-1。

2017 年底，绿色矿山政策规范建设进入冲刺阶段，一系列关于绿色矿山建设的会议密集举行。煤炭、有色等 9 个行业的绿色矿山建设规范在系列会议中通过了技术审查。我国首个绿色矿山建设全国标准——《固体矿产绿色矿山建设指南（试行）》（T/CMAS，以下简称《指南》）也在 2017 年 12 月 21 日举行的“绿色矿业发展战略联盟成立大会”上正式发布。《指南》由中国矿业联合会、中国国土资源经济研究院起草，属于团体标准，并非国家政府部门发文，但《指南》是“绿色矿业”概念自 2007 年中国国际矿业大会提出以来，首次制定的具体建设标准。《指南》从矿山规划、开采、选矿、固废

① 丁全利．六部门联合印发《关于加快建设绿色矿山的实施意见》[N]．中国国土资源报，2017-05-11.

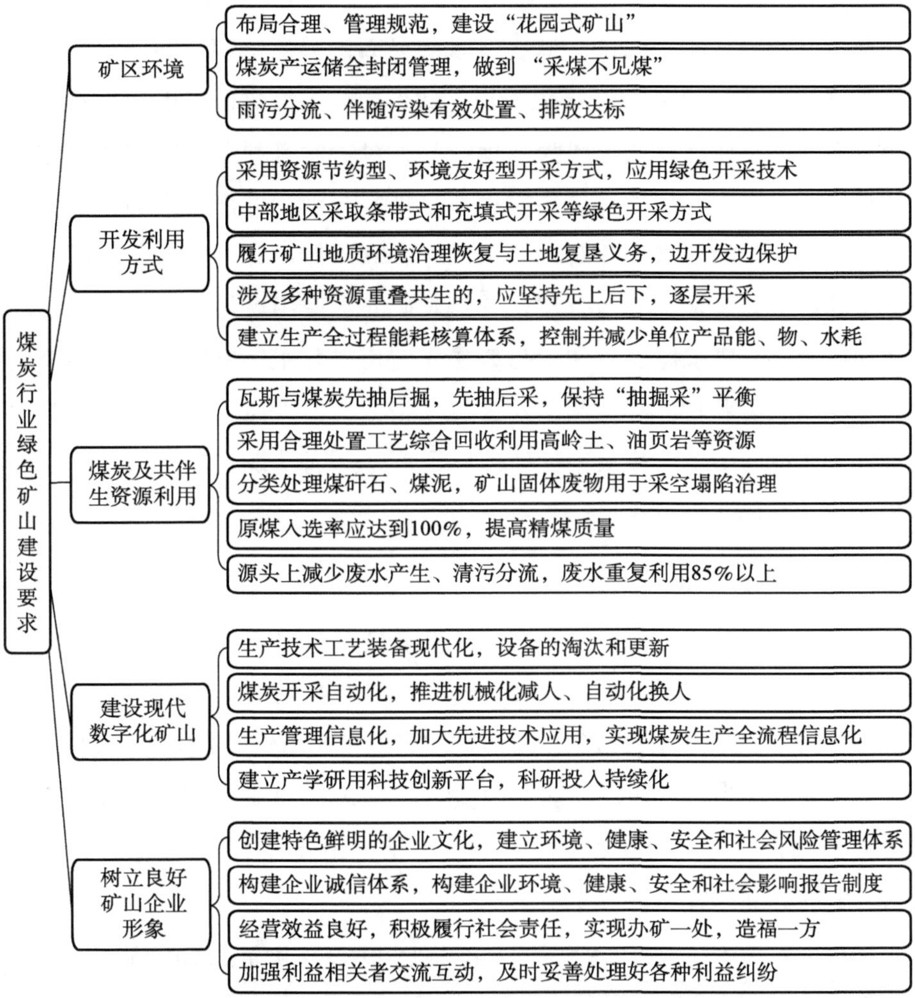

图 7-1　煤炭行业绿色矿山建设要求梳理

处置及其综合利用、矿山环境恢复与治理、数字化矿山建设和矿区和谐等多个方面规定了包括煤炭矿山在内的所有固体矿产、绿色矿山建设标准。

在煤炭绿色矿山建设方面，特别提出了煤炭开采阶段要求矿山的生产、运输、存储、地面实行全封闭管理，并对煤矿瓦斯、高岭土、页岩油等伴生资源的开采和利用提出了要求，特别是强调了煤矿瓦斯要做到先抽后采。在选矿阶段，鼓励煤矿原煤应选尽选，提高精煤质量。在固废处理上，对煤矸石的防自燃处理和环境友好处理做出了要求，要求煤矸石不可简单堆积弃置，要用灌注石灰浆或黏土浆的方式，实现煤矸石的分层隔离，防止自燃，并对堆放煤矸石附近的地表做好绿化工作。此外，为提高煤矸石的综合利用，可利用矸石发电，或将其加工成为其他产品，对于没有利用价值或利用成本较大的煤矸石，可用于回填等。在矿山环境恢复与治理方面，增加了矿区废气及噪声排放控制的要求，并对矿井水的综合利用做出详细规定，一是控制矿井废水的产生，二是要清污分流，三是对矿井水使用途径和综合利用标准给出了明确规定，要求煤炭生产项目要优先使用矿井水，保证矿井水综合利用率大于70%，并将矿井综合利用作为一项指标，纳入使用其他地表水和地下水的许可认证当中，矿井水经过处理后，需要达到《煤炭工业污染物排放标准》的排放标准，方可排出。

（二）地方政策

自《意见》出台之后，各级政府积极响应，在《意见》的指导下，根据各自省（市、自治区、县、区）实际情况，制定了各级绿色矿山建设方案。

2017年，共有9个省级行政单位制定了绿色矿山建设方案，分别是河北、山东、安徽、湖南、广西、福建、内蒙古、黑龙江和湖北，其中，广西早在2015年就出台了《广西壮族自治区绿色和谐矿山建设实施方案》。各省级行政区方案的详细内容如表7-1所示。

表7-1　2017年及之前公布绿色矿山建设方案省级行政单位政策措施对比

省级行政区	目标	主要任务或主要措施
河北省	（1）3年内，以绿色矿山试点为突破口 （2）标准体系和管理制度建设 （3）激励政策体系建设 （4）8~10年，初步构建起全省绿色矿山格局	（1）加大财政专项资金的支持力度：大型矿山600万元、中型矿山400万元、小型矿山200万元，给予一次性补贴 （2）对在资源开发和综合利用中成效突出的绿色矿山，减缴矿产资源补偿费 （3）绿色矿山企业可优先以有偿方式取得矿山深部及周边不宜另设矿权的零星资源

续表

省级行政区	目标	主要任务或主要措施
山东省	(1) 制定绿色矿业建设标准：绿色勘查技术规范、严格采矿权准入条件、完成绿色矿山评估工作指南 (2) 加快绿色矿山建设步伐：到2020年底全省大、中、小型绿色矿山建成率分别为90%、80%、50%左右 (3) 加快推广实施绿色勘查 (4) 积极推动绿色矿业发展示范区建设	(1) 开采指标和矿业权优先向绿色矿山倾斜 (2) 保障绿色矿山建设用地，规划计划保障、减轻用地成本、支持绿色矿山企业及时复垦盘活存量工矿用地等 (3) 矿山生态环境治理等专项资金支持、高新技术企业税率优惠等 (4) 出台绿色金融支持政策，建立绿色信贷、绿色基金等
安徽省	(1) 到2020年，绿色矿山达标率20%左右，到2025年，达到40% (2) 形成绿色矿业发展新模式	(1) 实行矿产资源支持政策，实行总量调控矿种的开采指标、矿业权投放优先安排 (2) 保障绿色矿山建设用地 (3) 加大资金支持力度 (4) 创新绿色金融扶持政策
湖南省	(1) 到2020年，绿色矿业发展新模式基本形成 (2) 到2030年，基本建成多元、绿色、高效的资源安全保障体系	(1) 实行矿产资源支持政策 (2) 绿色矿山用地政策：保障绿色矿山建设项目用地、制定绿色矿山采矿用地的出让政策、制定绿色矿山用地的增减挂钩政策、实行矿山用地动态管理制度 (3) 探索更有力的财税政策支持，发挥绿色金融支撑作用
广西壮族自治区	到2020年，基本建成绿色矿山、和谐矿山，以及全省域采矿业可持续发展的良性循环轨道	(1) 做好绿色矿山建设的规划文件编制工作 (2) 全面组织实施绿色和谐矿山建设 (3) 做好绿色和谐矿山创建的培训和指导 (4) 加强绿色和谐矿山建设经验交流 (5) 加强绿色和谐矿山日常管理
福建省	(1) 到2020年，在绿色矿山建设上推进模式创新、技术创新、制度创新，并形成可推广的经验模式 (2) 创新工作机制，建立完善政府部门、企业、第三方评估的多主体分工明确的工作机制	(1) 加快制修订福建省绿色矿山建设的地方标准 (2) 推进绿色勘查，规范地热绿色勘查 (3) 推进示范区建设

续表

省级行政区	目标	主要任务或主要措施
内蒙古自治区	(1) 2018 年底前，新建矿山全按照绿色矿山建设标准进行规划和建设 (2) 到 2020 年，全区矿山总体达到绿色矿山建设基本条件标准	(1) 建立自治区绿色矿山规划体系 (2) 建立自治区级绿色矿山标准体系 (3) 深化矿山环境治理机制改革 (4) 创建绿色矿业发展示范区 (5) 推动绿色勘查示范体系建设 (6) 严格新建矿山准入标准 (7) 推进生产矿山达标建设 (8) 推动矿地和谐发展
黑龙江省	到 2020 年，基本建成绿色矿山发展布局，重点在发展方式转变、模式创新等方面做出成效	(1) 鼓励全省矿山企业争创国家级绿色矿山 (2) 保障用地、用地许可、采矿权许可参考绿色矿山建设绩效 (3) 加大财政政策支持力度，有效发挥绿色金融在绿色矿山建设中的支撑作用
湖北省	到 2020 年，基本建成节约高效、环境友好、矿地和谐的绿色矿业发展模式。基本形成绿色勘查、绿色矿山、绿色矿业发展示范区支撑的绿色矿业发展新格局、矿业转型升级取得明显成效、建立绿色矿业发展工作新机制	(1) 用地许可、采矿权许可参考绿色矿山建设绩效 (2) 有效发挥绿色金融在绿色矿山建设中的支撑作用，配合其他财税政策支持手段

由表 7-1 可见，在绿色矿山建设目标的设定上，各省均将 2020 年设为一个目标节点，大多数省份制定了阶段性目标，部分省份展望到 2030 年；在重点任务上，各省均将绿色矿山规划体系、标准体系、矿山环境治理机制改革、创建绿色矿业发展示范区、推动绿色勘查、推动矿地和谐发展等任务作为绿色矿山建设的主要任务；在政策措施上，矿产资源支持政策、绿色矿山建设用地保障、财政资金保障、绿色金融扶持是普遍采用的政策措施。具体到措施的执行层面，各省又结合自身实际，制定了一些特色措施，如河北针对不同类型的绿色矿山实行不同数额的资金补贴，大型矿山 600 万元、中型矿山 400 万元、小型矿山 200 万元。

另外，可以看到，省与省绿色矿山建设规划的推进也有所差异，到 2017 年末仅有 9 个省级行政单位出台了省级绿色矿山建设规划，3 个煤炭资源富集省级行政单位也只有内蒙古出台了绿色矿山建设方案。

除省级行政单位制定了绿色矿山建设方案之外，其他各级地方也相应地制定了方案，以促进绿色矿山标准化、高质量建设。如山西省忻州市、福建省泉州市、重庆市潼南区和奉节县等。其中，泉州市针对建筑石料、煤炭开采、金属矿山三个行业分别制定了建设标准。

二、发展现状

绿色矿山建设内容主要包含规划、开采选矿、资源综合利用、环境恢复与治理、数字化建设、文化建设和矿地和谐建设。40 年多来，全国原煤入选率由 16.7%提高到 71.8%，提高了 55.1 个百分点；煤矸石综合利用率由 27%提高到 70%，提高了 43 个百分点；矿井水利用率、土地复垦率分别达到 72.8%、49.5%。保水开采、充填开采、煤与瓦斯共采、无煤柱开采等成为绿色矿山建设的重要支撑；燃煤发电基本实现了超低排放；煤炭深加工得到普遍推广，商品煤质量不断提高；高效煤粉型工业锅炉、低阶煤分级分质利用等示范成功，煤炭清洁高效集约化利用水平大幅提升。土地复垦、采煤沉陷区治理改造稳步推进，矿区生态环境发生较大变化。

（一）绿色矿山规划现状

2011 年 5 月 17 日印发的《关于加快建设绿色矿山的实施意见》中要求，新建矿山要全部达到绿色矿山建设要求，生产矿山加快改造升级，逐步达标。[①] 随后，各省（市、自治区）的绿色矿山建设方案中都明确制定了绿色矿山建设的规划和目标。

1. 广东：省新建矿山一律按照绿色矿山要求进行建设

2017 年 8 月，广东省发布《广东绿色矿山建设工作方案》，明确了广东省新建矿山一律按照绿色矿山要求进行建设。并计划到 2020 年全省建设 250

① 国土资源部，等．关于加快建设绿色矿山的实施意见［EB/OL］．http：//www.gov.cn/xinwen/2017-05/12/content_ 5192926.htm.

个绿色矿山和2个绿色矿业发展示范区，其中，2017—2020年各年度的建设计划分别为50个、60个、70个、70个。依托这些绿色矿山示范群建设经验和运行经验，形成绿色矿业发展新模式。①

2. 青海：绿色开发，规划引领绿色矿山建设

为加快绿色矿山建设，青海省编制了《青海省矿产资源总体规划（2016—2020年）》，明确了资源勘察、开发与保护、恢复治理等方面的具体目标，对矿产资源的区域开发布局、资源调查和勘察范围、矿产资源开发利用区域、恢复治理区域等，做了明确的区域界定。在新建矿山的管理上，也规定新建矿山必须按照绿色矿山的建设标准进行，存续期间的矿山则加快进行技术和工艺创新升级。此外，青海省以示范区作为“头雁”，规划了格尔木市、都兰县和大柴旦区三个绿色矿山示范区，并力争到2020年，全部示范区内所有矿山均建成绿色矿山，以示范带动全省绿色矿山建设。②

3. 河北：打造绿色生态煤炭矿山

2017年4月14日，河北省发展改革委印发了《河北省煤炭工业发展“十三五”规划》，在绿色矿山建设方面，对煤炭开采、矿山数字化建设、资源综合利用和环境恢复治理等多个方面做出了要求。在煤矿机械化开采方面，明确了到“十三五”末，采煤机械化程度要大于80%，掘进机械化程度要大于60%，三级以上安全质量标准化水平煤矿达到90%以上。在矿山数字化建设方面，运用信息化技术，科学管理矿井和选煤工序，提高煤炭采掘和洗选的智能化和自动化进程。资源综合利用方面，到2020年的瓦斯抽采量突破9亿立方米，有效利用率保持在47%左右，通过各种利用方式，保证矸石利用率达到95%以上、矿井水利用率达到80%以上等。③

---

① 李维．广东将建设250个绿色矿山［EB/OL］．南方网，http：//news. southcn. com/gd/content/2017-07/04/content_ 173743658. htm.

② 青海省自然资源厅．青海省矿产资源总体规划（2016—2020年）环境影响评价公示［EB/OL］．http：//www. qhlr. gov. cn/text-？ vid＝23033.

③ 河北省发展改革委．关于印发《河北省煤炭工业发展“十三五”规划》的通知［EB/OL］．http：//info. hebei. gov. cn/eportal/ui？ pageId＝1966210&articleKey＝6736990&columnId＝330035.

4. 山东：2020 年基本建成节约高效、环境友好、矿地和谐的绿色矿业发展模式

2017 年 11 月 9 日，山东省国土资源厅等 6 部门印发了《山东省绿色矿山建设工作方案》，重点任务包括：制定绿色矿业建设标准，制定绿色勘查技术规范，严格采矿权准入条件，新立采矿权必须符合绿色矿山建设标准；按照制定的标准，新建矿山要全部达到绿色矿山建设要求；加快推进绿色矿山建设，力争到 2020 年底全省绿色矿山格局基本形成，大、中、小型绿色矿山建成率分别达到 90%、80%、50%左右；积极推动绿色矿业发展示范区建设，重点抓好莱州—招远金矿绿色矿业发展示范区、郓城—巨野煤矿绿色矿业发展示范区、临沂市绿色矿业发展示范区建设，积极推进日照市五莲县绿色矿业发展示范区建设。支持兖矿、新汶矿业、济宁矿业、招金矿业、山东黄金等建设绿色矿业企业集团。

（二）绿色矿山开采选矿现状

1. 煤炭绿色开采取得成效

在国家倡导绿色发展背景下，煤炭行业绿色开采和生态建设取得诸多成效。

一是开采规模化、数字化程度提高，产生了大柳塔、红柳林煤矿等一批千万吨级矿井群，形成锦界、黄陵二号井等一批数字矿山和智能化开采工作面，甚者黄陵一矿等已实现专人巡视下的无人操作模式，主要经济技术指标达到国际先进水平。①

二是绿色开采技术得到广泛应用。代表性技术有保水开采和充填开采等，2018 年矿井水利用率达到 72.8%，煤矸石综合利用率提高到 70%。2018 年大中型煤矿原煤生产综合能耗、生产电耗分别为 11.78 千克标准煤/吨、21.9 千瓦时/吨。

2. 煤炭绿色开采面临的主要问题

一是煤炭开采各个环节的整体智能化程度还处于较低水平，与国际先进

① 林火灿．中煤协：三个不适应凸显煤炭清洁高效利用重要而迫切［N］．经济日报，2018-11-22.

水平存在一定差距，突出表现为人工投入比例过大。虽然我国陆续研发和生产了不少煤机装备，但是在煤机设备的环境—设备耦合性方面，仍有较大的提升空间。整体来说，我国煤炭开采存在用人多、效率低、污染大、智能化程度低的问题。

二是煤炭开采负外部性大。一方面表现为开采过程中缺乏有效的减少污染的手段，导致生态破坏严重，另一方面表现为治理成本高，治理效率低，治理效果差。此外，煤炭开采的生态—社会—经济影响评估指标和技术尚未构建，法律法规也有待进一步健全。

三是煤炭开采人工投入比例过大，开采过程环境恶劣，作业人员防护措施不到位，尘肺病等职业病依然频发。

（三）绿色矿山资源综合利用现状

2017 年 7 月，国家发展改革委、科技部等 14 个部门联合发布《循环发展引领行动》，要求到 2020 年，主要资源产出率比 2015 年提高 15%，主要废弃物循环利用率达到 54. 6%左右。一般工业固体废物综合利用率达到 73%，农作物秸秆综合利用率达到 85%，资源循环利用产业产值达到 3 万亿元。75%的国家级园区和 50%的省级园区开展循环化改造。提出完善鼓励煤矸石、垃圾和沼气发电的价格政策，正式规定了矿产资源及煤炭资源循环发展、综合利用的要求。

煤炭开采主要伴生资源有煤矸石、矿井水、矿井瓦斯等，在综合利用方面形成了以下有效的模式。

一是煤矸石主要用于塌陷地面回填、铺路修道、粉碎制砖。根据煤矸石物理特性，可直接用于井下填充，作为低能量煤销售，用于部分公路路基建设，也可将硬度和块度合适的矸石按要求破碎成石块后作为建筑用料。

二是矿井水的主要利用方式是处理后用作生产用水、消防用水或是生活用水。矿井水通过建设净化回用工程，将经过处理的矿井水用于井下生产供水，也可净化回收用于地面消防用水、部分地面生活用水（诸如洗衣房用水、广场锅炉用水、绿化用水等）。

三是矿井瓦斯主要用于发电和燃料。可建设瓦斯发电站用于瓦斯发电，或者用于工业燃料、民用燃料。

（四）矿山环境恢复与治理现状

1. 治理开发的多种模式

经过多年的探索，我国绿色矿山修复治理基本形成了生态恢复、旅游开发、复垦造田、引水造湖等多种模式。从实践来看，旅游开发的模式是目前采用较多且收益较好的一种。代表性的治理案例包括河北唐山开滦煤矿国家矿山公园、山西大同晋华宫矿国家矿山公园、辽宁阜新海州露天矿国家矿山公园、黑龙江鹤岗国家矿山公园等。

（1）开滦煤矿国家矿山公园。

开滦煤矿国家矿山公园于 2007 年底筹建，2008 年 10 月建成预展，2009 年 9 月对社会开放，是首批国家级矿山公园之一。整个景区分为三大园区。前两个园区由矿山旧址改造而成，分别是中国北方近代工业博览园和老唐山风情小镇，由“龙号机车游览线（由矿用自备铁路连接）”串联组成。第三个园区是唐山矿 B 区工业场区，该园区既有煤炭工业生产功能，又有旅游观光功能，是典型的现代矿山工业和循环经济示范园。①

（2）晋华宫矿国家矿山公园。

晋华宫矿国家矿山公园于 2005 年 8 月由国土资源部审批通过，成为我国首批国家矿山公园之一。于 2012 年 9 月 7 日建成，公园总面积 32.9 万平方米。公园拥有煤炭博物馆、工业遗址参观区、仰佛台、晋阳潭、石头村、井下探秘游、棚户区遗址区七大景区，可进行煤炭工业科普、深海保护示范、探险旅游、休闲度假等多种体验。②

（3）海州露天矿国家矿山公园。

海州露天矿国家矿山公园位于辽宁阜新，由海州露天煤矿改造而成。经

① 滕玲．废弃矿山的十年华丽变身 88 个国家矿山公园等你“到此一游”［J］．地球，2017（12）．

② 吴鹏力，张爱青，张智刚．同煤集团矿山生态环境综合整治实例与经验［J］．煤炭加工与综合利用，2014（9）．

过数十年开采，废弃后成为世界上最大的废弃矿坑。为推进转型升级，在长4千米、宽2千米、深350米的露天采矿遗址上，建设了海州露天矿国家矿山公园，建成后占地28平方千米，由四个游览区组成，分别是世界工业遗产核心区、蒸汽机车博物馆和观光线、国际矿山旅游特区和国家矿山体育公园，具有科普、休闲等多种功能，也是我国资源型经济转型的一项示范。①

（4）鹤岗国家矿山公园。

黑龙江鹤岗国家矿山公园也是全国首批重点建设的28家矿山公园之一，已于2009年8月28日开园迎客。矿山公园占地666公顷，主景区突出矿业遗迹展示，岭北矿北露坑遗址坑边坡完整，地质结构、岩石层和煤层分布清晰。特别是千米长地质大剖面，将1.4亿年前至今的地质遗迹，包括地层构造、矿床产状、煤的形成、褶皱与断层直观地展现在了游客面前。园内的景观建设独具矿山特色，采矿生产时的钻机、电铲、矿用铁路等设施保持原貌，大型浮雕墙、主题雕塑、矿工生产生活艺术小品、历史文物、图片以及多媒体等全面展示了鹤岗矿山百年的沧桑历史以及独特的矿山文化。

此外，内蒙古满洲里市扎赉诺尔国家矿山公园、江西萍乡安源国家矿山公园、山西省太原西山国家矿山地质公园、河南焦作缝山国家矿山公园、山东枣庄中兴煤矿国家矿山公园、宁夏石嘴山国家矿山公园、北京史家营国家矿山公园也是治理开发比较成功的典范案例。

2. *矿山治理的投融资模式*

矿山治理较为复杂，根据资金来源形成多主体融资模式。

首先，在国家层面，自2017年起，中央预算内投资中单独划拨部分资金，成立采煤沉陷区综合治理专项投资，主要用于采煤沉陷区内的人口异地搬迁、基础设施改善、生态环境修复治理、接续产业培育等四个方面。2017年，该专项投资累计20亿元，分布在12个省级行政单位的83个治理项目上。

---

① 刘运松．矿山环境存在的主要问题及治理方法研究［J］．中国科技信息，2011（7）．

其次，在地方层面，矿山治理的投融资方式也显示出诸多特色。各省（直辖市、自治区）的具体投融资办法详见表 7-2。

表 7-2　矿山综合治理的地方投融资方式例举

地区名称	相关文件（项目）	具体办法
山西省	《山西省采煤沉陷区综合治理资金管理办法》	资金来源：中央、省级、市级、县级、企业五级配套，个人资金亦可参与 治理方向：沉陷区居民易地安置、基础设施建设、土地复垦、地质勘察和生态调查、生态治理、固废处理等 搬迁安置资金配套比例：采矿权主体存续情形下，中央、省、市、县、企业、个人的负担比例分别为 40%、10%、5%、5%、30%、10% 采矿权主体非存续情形下，中央、省、市、县、个人的负担比例分别为 50%、20%、10%、10%、10% 采煤沉陷区治理期限：3 年 资金拨付：原则上按年度拨付，提前完成的县，可向省级主管部门申请提前拨付
河南省永城县	东西城区采煤沉陷区治理示范工程（日月湖工程）	融资模式：PPP 模式（国土资源部财政资金 3.86 亿元、省地质环境治理资金 9133 万元、市财政资金 8.63 亿元，永煤集团资金 3.6 亿元、社会资金 7.6 亿元） 治理原则：宜农则农、宜林则林、宜园则园、宜水则水 治理面积：24 平方千米 治理方向：高端休闲旅游区、现代化服务业聚集区

（五）绿色矿山数字化建设现状

我国绿色矿山建设注重矿山数字化建设，在一系列关键技术上取得突破。主要在于大力推进机械化减人、自动化换人，实现矿山开采机械化，选冶工艺自动化，关键生产工艺流程数控化；通过网络信息技术、智能控制技术等先进技术，促进矿山生产全过程的信息化控制管理。例如：珲春矿业板石煤业公司板石一矿和黑龙江龙煤鹤岗矿业有限责任公司富力煤矿在数字化建设方面取得了一定的成就。

珲春矿业板石煤业公司板石一矿在电液控制工作面技术和上行开采技术上取得了重大突破。电液控制工作面应用方面，公司采煤工作面采用郑州四维生产的 ZY3800/8.5/19D 型液压支架，配套北京天地玛珂的 SAC 型支架电液控制系统，实现了采煤液压支架的自动化控制。支架电液控制是将电子技术、计算机控制技术和液压技术结合为一体的新技术。采用电液控制会加快支架的动作速度、提高自动化程度、减少操作劳动量、提高效率和增强安全保障功能，检测技术和计算机技术的应用提高了支架工况和控制过程的信息化程度和监视功能。电液控制取代手动液压控制将减少（人工）控制的随意性和不准确性，提高控制质量，其控制方式的可调性使支架的动作更合理，适应性更强。① 计划采煤机械化程度 90%，实际采煤机械化程度 100%。上行开采技术方面，为改善深井破碎的复合顶板的管理状况，解决煤层巷道支护难度大和维护状况差的问题，提高工作面单产，同时减弱煤层采掘过程中冲击地压的危险，采用上行顺序开采。通过反程序开采实践，确定了反程序开采的可行性，在珲春矿区矿井增加可采储量，延长矿井服务期限，保证采区正常接续，促进矿井平稳可持续生产。板石煤业有限公司成功回采 11906 工作面为珲春矿区上行开采奠定了基础，并积累了经验，减少了资源浪费。通过板石煤矿 11902、11904、11906 工作面成功回采，多采出的煤量增加产值 18327 万元，利税 14751 万元。

黑龙江龙煤鹤岗矿业有限责任公司富力煤矿则在冲击地压危险防控、压风机自动化远程监控系统等方面进行升级改造。在冲击地压危险防控方面，为冲击地压安全投入设备 KBD5 电磁辐射仪 4 台、顶板离层观测仪 200 个、锚杆（索）拉力仪 200 个、单体支柱工作阻力增压检测仪 2 箱，在井下全覆盖布置对危险区域的煤岩体应力变化进行移动式和固定式监测。引进波兰 SOS 微震监测系统 1 套，对全矿区及重点采掘工作面的震动趋势变化进行监测。KJ550 和 KJ615 应力在线监测系统，实时监测工作面和巷道周围的煤体和岩体的应力，并诊断和预报发生冲击地压危险区域和危险程度。② 采用 KJ216A 顶

① 姜文峰，许彪．基于 FPGA 的大采高液压支架控制装置设计［J］．煤炭科学技术，2011（9）．

② 匡坤华．东滩煤矿复杂开采条件下冲击地压预测与防治研究［D］．阜新：辽宁工程技术大学，2015.

板动态监测系统监测工作面支架阻力和井下巷道两帮及顶板相对距离。监测地点布设在二水平四分段-380 南扩区 18-2 层工作面。冲击地压治理投入引进 300 型钻机 6 台、手持风动钻机 4 台、乳化液钻机 2 台、液压马达 20 台、高压注水泵 2 台、自动装药器 2 台，加强了治理冲击地压的手段，对井下危险区域钻孔采取煤体注水、煤体卸压爆破、顶板预裂爆破、顶板高压注水等应急治理措施。压风机自动化远程监控系统改造上，富力煤矿压风系统包括 5 台上海英格索兰 MM250 型螺杆式空压机、3 台北京复盛 SA250 型螺杆式空压机。8 台空压机均采用独立的单机就地控制运行方式，每台空压机由一台高压配电柜单独控制。系统采用水冷方式，包括 4 台供水水泵。压风机自动化远程监控系统改造后可实现 8 台压风机、4 台水泵的远程自动化监控，现场可无人值守，达到减员增效的目的，并实现在线监测和保护，降低了压风机故障率，保障了压风机的安全运行。

（六）绿色矿山文化建设和矿地和谐建设现状

在绿色矿山建设的基本条件中，矿山文化建设和矿地和谐建设是必不可少的。

在矿山文化建设方面，目前矿山企业大致可以分为三种情况：一是一些大型矿山企业已基本建立了符合各自特点、切实可行的企业文化，并认真予以执行；二是一些企业形式上印有企业文化资料，但只是摆设，并未认真执行；三是大多数中小型矿山企业还没有建立自己的企业文化，甚至认为企业文化就是看书读报、打球演戏、唱歌跳舞。

矿地和谐是当前绿色矿山建设的短板之一。具体表现为：矿山企业对矿地和谐的认识和重要性理解不足，导致在矿地和谐工作推进上依赖政府主导，自身主动性不足，或者仅仅停留在捐钱献爱心的层面，或是用底线思维对待矿地关系，认为不发生重大矛盾即可，亟须探索一条企业和社区共同发展、和谐共生的矿地协同发展模式。

三、试点示范

为贯彻落实全国绿色矿山建设工作要求，迅速积累和推广绿色矿山建设经验，我国自 2010 年开始先在 8 个细分行业分 4 批建立了 668 个绿色矿山试点。其中煤炭绿色矿山试点数量占据试点总数的 33. 23%。近年来，煤炭行业的绿色矿山试点在资源综合利用、科技创新、节能减排、环境保护、社区和谐等方面为绿色矿山建设积累了大量的成功经验。

（一）绿色矿山试点设立历程和行业分布情况

绿色矿山试点设立数量多，覆盖行业宽、地域广。自 2010 年《国土资源部关于贯彻落实全国矿产资源规划发展绿色矿业建设绿色矿山工作的指导意见》发布以来，我国分四批设立了共 668 个绿色矿山试点。其中，煤炭绿色矿山试点共有 222 个，占试点总数的 33. 23%，是纳入个数最多的行业（见图 7-2）。

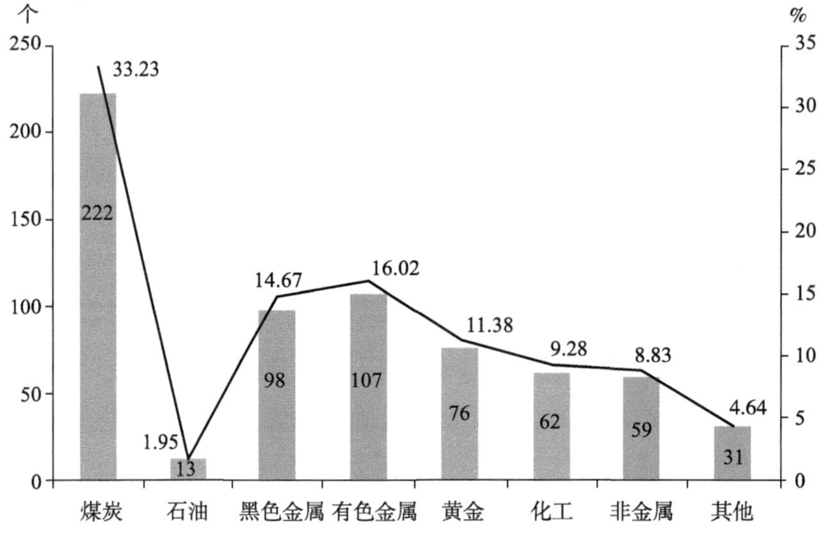

图 7-2　668 家国家级绿色矿山行业分布及占比

煤炭行业绿色矿山在我国多数省、自治区均有分布，在山西、陕西、内蒙古、河南、黑龙江、山东、宁夏等煤炭资源富集省份分布较多，主要分布于沿黄河地区和东北地区。其中，山西省数量最多，为 31 个，第一批次绿色矿山试点山东省数量最多。

煤炭行业绿色矿山建设难度大。截至 2017 年末，我国首批、第二批共 220 个绿色矿山建设评估工作完成，验收评估从依法办矿、规范管理（5）、综合利用（14）、科技创新（12）、节能减排（14）、环境保护（14）、土地复垦（13）、社区和谐（8）、企业文化（5）、规划执行情况和取得的效果（15）十个方面进行考核（括号内为具体分值），其中是否依法办矿一项实行一票否决制，在依法办矿的前提下，总分达到 90 分以上方可通过验收。按照上述标准，通过绿色矿山建设验收的矿山共有 187 家，验收通过率为 85%。其中前两批 76 个煤炭绿色矿山建设试点中，有 58 个通过验收，通过率为 76.3%，低于全国绿色矿山总体合格率。可见，煤炭行业绿色矿山建设历史欠账较多，建设难度较大。

煤炭绿色矿山试点建设成效显著，建设进度存在地区差异。根据《国家级绿色矿山试点单位验收办法（试行）》，我国完成了前两批次国家级绿色矿山试点的验收工作，各省级行政单位通过验收的情况如表 7-3 所示。

表 7-3　前两批省级行政单位通过绿色矿山验收情况对比

省（自治区、直辖市）	绿色矿山数量	通过验收数量	验收通过率
北京	2	2	100%
内蒙古	6	6	100%
浙江	1	1	100%
江西	1	1	100%
河南	5	5	100%
湖北	1	1	100%
广西	1	1	100%
重庆	4	4	100%
云南	1	1	100%
青海	1	1	100%

续表

省（自治区、直辖市）	绿色矿山数量	通过验收数量	验收通过率
山东	10	9	90%
吉林	5	4	80%
河北	4	3	75%
黑龙江	7	5	71%
山西	12	7	58%
安徽	2	1	50%
四川	2	1	50%
宁夏	5	2	40%
甘肃	2	0	0%
贵州	1	0	0%
湖南	1	0	0%

由表 7-3 可知，内蒙古自治区、青海省、云南省和多数东部省份绿色矿山验收通过率较高，东北和多数中西部省份验收通过率相对较低。分省来看，河北、黑龙江、山西、宁夏的绿色试点个数均在 4 个以上，验收通过率均在 76.3%以下，低于平均验收通过率。这些省份多数为煤炭资源富集省份或者“一煤独大”的省份。可见，在中西部以煤炭为主要资源的省份中，煤炭矿山的绿色建设有较多的历史欠账。而煤炭行业绿色矿山国家级试点个数占到总数的 33.23%，煤炭行业绿色矿山建设对于实现我国绿色矿山总体建设目标具有举足轻重的作用，但依然任重道远。

（二）绿色矿山试点建设经典案例及经验

《国土资源部关于贯彻落实全国矿产资源规划发展绿色矿业建设绿色矿山工作的指导意见》发布以来，全国绿色矿山建设步伐大大加快，出现了众多绿色矿山先进案例。其中，国投大同能源公司塔山煤矿、中国神华能源股份有限公司活鸡兔煤矿、冀中能源股份有限公司邢台矿是较有代表性的煤炭行业绿色矿山建设案例。表 7-4 是前两个试点单位的先进经验展示与对比。

由表 7-4 可知，煤炭行业绿色试点在煤炭资源及伴生资源的综合利用、科技创新、节能减排、环境保护、社区和谐等方面均有突出的表现，契合绿色矿山建设的宗旨，达到了矿山与环境、矿山与社会友好协调发展的局面。

表 7-4　绿色矿山试点案例经验介绍

试点项目	国投大同能源公司塔山煤矿	中国神华能源股份有限公司活鸡兔煤矿
综合利用	（1）超前设计和先进技术的应用，努力提高资源利用效率，严禁淘汰类产品进入 （2）优化项目配置，将原煤生产、煤炭洗选和矸石发电融为一体，形成了项目内部循环经济链，将煤炭资源“吃干榨尽”	（1）各煤层回采率超过国家标准，国内领先 （2）矿井水综合利用率达 79%以上 （3）煤矸石综合利用率（含处置）达 100% （4）原煤入洗率达到 100%
科技创新	（1）超前技术设计：矿井采掘、运输、压风、排水系统生产工艺和设备选型处于国内同类矿井先进水平，综合机械化程度 100% （2）日常生产经营重视技术先进应用：引进综采工作面超前支护支架、端头支架、国内先进矿井水处理技术，应用顶板在线监测系统 （3）调动工人创新能力：组织工人积极开展小改小革活动	（1）对复合区下分层综放工作面回采技术进行了研究并进行了顺利回采，解决了矿井的压茬关系 （2）完成了一系列矿井智能化提升项目工程，如：一通三防信息化建设、矿井自动排水系统建设和辅助运输综合指挥监控系统应用等
节能减排	（1）万元产值综合能耗（现价）0.2928 吨标准煤，远低于全国平均水平 （2）优化生产工艺、选择低耗能设备、办公建筑加保温层、门窗安装中空玻璃、办公和生产照明全部使用节能灯等 （3）2015 年度塔山煤矿采区回采率为 78.91%，高于 75.30%的设计回采率 （4）吨原煤生产耗电量、洗煤电力单耗远低于同行业用电单耗 （5）规划保障：编制完成《塔山煤矿能源审计报告》和《塔山煤矿“十二五”节能规划》	（1）矿井综合节能 30%以上，年节省费用约 1500 万元 （2）地下水库的过滤、沉淀、吸附和离子交换，日减少污水外排 2900 立方米 （3）采用皮带栈桥封闭降尘、喷洒封尘固化剂等措施，年节约煤炭 55 万吨 （4）通过回收矿井回风中的低温热能，为井口防冻提供热源，同时解决地面建筑的冬季采暖。矿井“三废”均达标排放，处于世界领先水平

续表

试点项目	国投大同能源公司塔山煤矿	中国神华能源股份有限公司活鸡兔煤矿
环境保护	（1）“同时设计、同时施工、同时运行”，对矿山生产的生态环境实行全流程监管 （2）提取了环境生态恢复治理保证金 （3）编制了《“十三五”矿山生态环境恢复治理方案》 （4）近几年用于环境治理的资金不少于3000万元	（1）矿区绿化覆盖率达到95%以上 （2）矿山地质环境保护与治理恢复方案执行率实现100% （3）污水处理率实现100% （4）废渣处置率实现100% （5）COD平均排放浓度为14毫克/升，是国家排放标准的30%
社区和谐	（1）工作服统一化、职工宿舍管理宾馆化、职工餐厅自助化 （2）煤矿物业、保洁、绿化、保安、运输等服务实现社会化，带动周边乡村就业 （3）建立了磋商协作机制，促进地矿和谐	（1）注重公共事业建设：积极推进整村搬迁、矿井紧急救援、日常医疗保健服务 （2）注重矿群关系建设：企业出资、政府推动、农民受益，拉动就业30000余人 （3）企业文化建设：文化体系“一主多元” （4）系列活动：安全擂台大PK活动、开展“亲情沟通日”和发泄室活动、丰富的体育活动

四、对策建议

根据以上研究，提出煤炭绿色矿山三点对策建议。

（一）扩大煤炭绿色矿山建设的规模，提高绿色矿山建设成效

以规划保障煤炭资源绿色开采规模。编制煤炭行业绿色矿山专项规划、煤炭行业绿色矿山建设标准等政策和规范性文件。采取总量约束的发展项目，优先向绿色矿山企业倾斜，保证新进项目绿色化。鼓励现有的绿色矿山企业和达到绿色矿山考核标准的企业进行零散矿产资源整合，推动绿色煤炭矿业规模化、集约化、基地化发展，提高现有矿山清洁生产比例，促进煤炭资源优势转化为发展优势。

（二）加大新技术创新和引进，提高煤炭清洁生产水平

提高煤炭及伴生资源的综合利用效率，实现主开采矿种和共伴生矿种开

采回采率和综合回收利用率达到或高于设计要求水平，煤矸石、其他尾矿能够得到充分利用。对绿色矿山建设中的重点问题，积极投入资金进行技术开发或引进，创新研究开发方式和途径，扩大技术创新主体，发挥一线职工创新的潜力，在煤炭矿山内推进全员创新。

（三）加快构建多元化治理体系，加强矿山环境协同治理恢复能力

发挥政府在煤炭矿山环境治理中的主导作用和监督作用，制定煤炭行业污染排放和尾矿处理等技术要求，并监督矿山贯彻落实，发挥政府在调动资源支持绿色矿山建设中的优势，加大财政政策支持，创新绿色金融支持方式。积极推动企业在矿山环境治理中发挥主体作用，保证矿山开发—保护同时进行，历史遗留问题统筹解决。发挥社会在矿山环境治理中的服务和支撑作用，一方面要发挥专业环境治理企业的先进治理技术与经验，另一方面要调动矿山周边劳动者参与矿山环境治理，相关收益反哺矿山地区群众，打造和谐地矿关系。

第八章　散煤治理

一、散煤概念与相关政策

（一）散煤概念

散煤是未经入洗和深度洁净加工而直接用于分散式燃烧的煤，是区别于发电和其他行业集中燃煤以外的散烧煤，主要包括小锅炉、小窑炉燃煤，以及居民生活和服务业分散使用的燃煤，具有点多面广、直燃直排的特点。由于散煤大多为灰分、硫分高的劣质煤，燃烧后没有采取除尘、脱硫、脱硝等环保措施，其排放的污染物远高于发电燃煤。目前，环保、能源、工业等相关政策文件对“散煤”含义大体相同，但是略微有差异，主要有以下几种表述。

2014 年 9 月，六部委联合发布的《商品煤质量管理暂行办法》第九条指出：“京津冀及周边地区、长三角、珠三角限制销售和使用灰分（Ad）≥16%、硫分（St，d）≥1%的散煤。”“散煤”虽然未被明确定义，但业内普遍认为“散煤”是与洁净型煤相对的“未经洗选或加工过的劣质原煤”。环境保护部发布的相关政策文件中，“散煤”治理通常是针对民用散煤进行的。根据 2016 年 3 月环境保护部公布的《农村散煤燃烧污染综合治理技术指南（试行）》，民用散煤是指未经成型加工的居民炊事、取暖等分散式使用的动力用煤。

工业和信息化部发布的相关政策文件，主要是针对不清洁的和低效的煤炭利用方式。其中，《煤炭清洁高效利用行动计划（2015—2020 年）》指出，“发展热电联供、集中供热等供热方式，以天然气（煤层气）、电力等清洁燃料替代分散中小燃煤锅炉”“加大民用散煤清洁化治理力度”。

综合已有政策文件对“散煤”的界定，本书中所指的“散煤”通常具有以下特性：①在源头端，灰分和硫分含量高、煤质差。②在使用端，单体体量小且分散使用，燃烧过程效率很低。③在排放端，属于低矮面源，大多数为直燃直排，没有或缺少足够的脱硫、脱硝、除尘等处理设备或措施，污染物排放强度较高，对空气质量影响较大。

从应用领域来看，本书中所研究的“散煤”是指电力和工业集中燃煤以外的、具备上述特性的散烧煤，涵盖工业、民用、农业生产、商用等领域，具体包括：①民用生活散煤。城镇和农村地区居民家中采暖、厨饮、热水等散烧煤。②农业生产散煤。农村地区农作物大棚、养殖、烤烟、制茶等散烧煤。③商业及公共机构散煤。餐饮、酒店、洗浴、机关、学校、医院等商业和公共事业机构的采暖、厨饮、热水、蒸汽等散烧煤。④工业散煤，即工业领域中的小锅炉和小窑炉散烧煤。包括两部分，一是特大城市和大气污染治理重点地区建成区 35 蒸吨及以下的工业小锅炉燃煤，城市建成区 20 蒸吨及以下、其他地区 10 蒸吨及以下的工业小锅炉燃煤；二是涉及建材、冶金、化工、有色金属等多个行业的小锅炉燃煤，目前缺乏具体的设施或设备容量的设定标准。

煤炭消费与雾霾形成密切相关，根据权威环保机构测算，① 散煤燃烧污染物排放量是火电燃煤的 5~10 倍，散煤燃烧污染物排放中的烟尘、SO_2、NOx 分别占排放总量的 23.2%、15.2%和 4.4%，居民生活取暖中的散煤燃烧对 PM2.5 的贡献高达 32%。因此，无论是要控制煤炭消费总量、打赢蓝天保卫战，还是实现煤炭工业绿色发展，散煤治理都是重点工作之一。

（二）散煤治理相关政策

近年来，在“控煤治霾、加快能源转型、推进北方清洁取暖、保民生暖

① 于红，张一清，宋华岭．山东省城乡居民冬季清洁采暖分析［J］．山东工商学院学报，2018（5）：27-33.

民心”的大背景下，散煤治理得到了中央和地方政府、媒体及社会各界的高度重视，散煤治理的政策制定、实施力度以及推进进度是前所未有的。2017年，在散煤治理、清洁取暖、大气污染防治等方面，国家陆续出台了一系列新的政策、法规和要求，主要包括：

（1）2017年4月，国家能源局发布征求对《关于促进可再生能源供热的意见》的函，提出到2020年，全国可再生能源取暖面积达到35亿平方米左右；在京津冀及周边地区，可再生能源供暖面积达到10亿平方米；长三角地区可再生能源供暖（制冷）面积达到5亿平方米。在城镇和农村地区实现较大规模的可再生能源替代民用散煤取暖。

（2）2017年5月，财政部等4部委发布《关于开展中央财政支持北方地区冬季清洁取暖试点工作的通知》，中央财政支持试点城市推进清洁方式取暖替代散煤燃烧取暖，试点示范期为三年，直辖市每年安排10亿元，省会城市每年安排7亿元，地级城市每年安排5亿元。

（3）2017年6月，国家能源局发布《关于开展北方地区可再生能源清洁取暖实施方案编制有关工作的通知》，要求各地区要根据当地的资源优势和取暖需求，按集中供暖与分散取暖相结合的原则确定适合当地实际的主推的可再生能源供暖方式。

（4）2017年8月，环境保护部等发布《京津冀及周边地区2017—2018年秋冬季大气污染综合治理攻坚行动方案》，要求“2+26”城市在2017年10月底前，完成“电代煤”“气代煤”300万户以上。其中，北京市、天津市、廊坊市、保定市完成“禁煤区”建设任务，散煤彻底“清零”。已经列入中央财政支持范围的北方地区冬季清洁取暖12个试点城市扎实推进工作，取得实质性进展。随后，各省市纷纷出台地方攻坚行动方案。

（5）2017年8月，住房和城乡建设部等四部委发布《关于推进北方采暖地区城镇清洁供暖的指导意见》，提出因地制宜推进天然气和电供暖。

（6）2017年9月，国家发展改革委发布《关于印发北方地区清洁供暖价格政策意见的通知》，要求按照“企业为主、政府推动、居民可承受”的方针，遵循因地制宜、突出重点、统筹协调的原则，“宜气则气”“宜电则电”，建立有利于清洁供暖价格机制，综合运用完善峰谷价格、阶梯价格，扩大市场化交易等价格支持政策。

除国家层面的重要政策，重点省市纷纷出台散煤治理专项、行动计划以及推进清洁取暖等相关政策，并得到了很好的落实，2017 年散煤治理工作取得了区域性、阶段性成效。

2018 年 7 月，国务院印发《打赢蓝天保卫战三年行动计划》，将散煤治理和有效推进北方地区冬季清洁取暖作为打赢蓝天保卫战的重要措施予以部署，要求集中力量重点推进京津冀及周边地区、汾渭平原散煤治理，到 2020 年采暖季前，在保障能源供应的前提下，平原地区基本完成生活和冬季取暖散煤替代。全面开展“散乱污”企业及集群综合整治行动，京津冀及周边地区 2018 年底前全面完成，长三角地区、汾渭平原 2019 年底前基本完成，全国 2020 年底前基本完成。

二、散煤消费与治理现状

（一）散煤消费量

目前，我国散煤消费量约 7.5 亿吨，占煤炭消费总量的比重高达 20%左右。[①]《中国散煤综合治理调研报告 2019》指出，2018 年我国共削减散煤使用量约 6100 万吨，2019 年散煤削减量有望达到 4500 万吨。根据实地调研情况，2015 年可估算的散煤消费量约 6.9 亿吨，其中农业生产用煤、商业及公共机构用煤、工业小窑炉的散煤消费量均为不完全统计，预计全国散煤消费量应在 7.5 亿吨左右，具体估算如下：

（1）民用生活散煤约 3.24 亿吨，主要包括城镇生活散煤 1361 万吨和农村生活燃煤约 2.2 亿吨。其中，农村冬季采暖散烧煤约 2 亿吨，占比达 90%左右。

---

① 国务院发展研究中心资源与环境政策研究所，等. 2017 中国散煤治理调研报告［R］. 2017.

（2）小锅炉燃煤约2.2亿吨，主要包括工业领域、农业生产、商用及公共事业单位的小锅炉燃煤。大体上，农业生产用煤2625万吨，住宿餐饮批发零售用煤3864万吨，工业及其他锅炉燃煤1.55亿吨。从锅炉容量来看，初步估算，20~35蒸吨/小时燃煤小锅炉煤耗量约0.6亿吨，10~20蒸吨/小时燃煤小锅炉煤耗量约0.6亿吨，10蒸吨/小时及以下燃煤小锅炉煤耗量约1亿吨。

（3）建材行业小窑炉燃煤约2.36亿吨，主要包括建筑卫生陶瓷行业散烧煤1630万吨、石灰行业散烧煤1018万吨、砖瓦行业散烧煤约2.1亿吨（1.37亿吨来自落后产能，0.73亿吨散烧煤用于隧道窑生产工业，这部分生产线可通过升级改造或采取脱硫脱硝除尘等环保措施实现达标排放），目前砖瓦行业使用的主要燃料是煤矸石和劣质煤，燃料热值非常低（工业小窑炉底数不清，调查难度较大，本书现阶段只统计建材行业小窑炉散烧煤）。

（二）散煤消费构成

从散煤消费构成看，我国散煤消费呈现以下几个方面的特点。

1. 散煤消费集中于工业和民用两大领域

中国民用生活散煤消费的核心区域为广大的农村地区，包括城中村和城郊村。民用散煤总量约为2.34亿吨，农村生活燃煤主要用于采暖、炊事和热水，其中冬季取暖散烧煤约2亿吨，占民用生活散煤的91%，占散煤总量的27%。①

2017年，京津冀及周边地区“双替代”约600万户，散烧煤减量约1800万吨，不及北方农村地区冬季取暖散烧煤消费量的1/10。清洁取暖工作取得的成绩，并未使农村使用散烧煤产生颠覆性的改变。虽然居民生活质量提高，取暖意愿增强，取暖需求增长，但是基于传统习惯和经济条件等因素，仍大量普遍使用低效炉具燃用劣质散煤。这是造成冬季采暖期污染加重的重要原因之一，因此，中国民用散煤治理的重点仍是北方农村地区的清洁取暖。

工业领域散煤主要来自工业小锅炉和小窑炉的散烧煤。其中，工业小锅

---

① 中国煤控研究项目散煤治理课题组.2017中国散煤综合治理调研报告［R］. 2017.

炉中用于工业领域的散烧煤约为1.55亿吨，建材行业小窑炉散烧煤约2.36亿吨，则工业领域的散烧煤总计约3.91亿吨，约占散煤总量的52%。中国工业锅炉主要分布在东三省、河北省、山东省、浙江省、江苏省、广东省等地，其工业锅炉拥有量约占全国的60%。从锅炉大小分布上看，大型锅炉主要分布在北方采暖地区以及产煤区，燃煤小锅炉主要分布在工业和人口集中的城镇及周边。

2. 工业小窑炉散煤消费主要来自落后产能

根据行业不完全统计，2017—2018年，民用散煤、35蒸吨/小时以下的工业小锅炉，以及建材等行业的小窑炉治理，共计削减散煤约1.26亿吨。其中建筑卫生陶瓷、砖瓦及石灰产业小窑炉散烧煤消费量依次为1223万吨、11161万吨和764万吨，主要来自落后产能。

（1）建筑卫生陶瓷产业淘汰类企业约150家，涉及生产线约450条。其中，陶瓷砖产能22.5亿平方米，卫生洁具750万件。

（2）砖瓦淘汰类企业约2.7万家，占行业企业总量的83.6%，基本为轮窑生产，产能约为3375亿块标砖，占总产能的41.7%左右。

（3）石灰产业落后产能3750万吨，主要来自乡镇集体和个体企业，多采用小土窑、劣质煤、作坊式露天生产。

3. 近五成的工业小锅炉散煤用于10蒸吨/小时及以下的燃煤锅炉

工业锅炉通常是指除专业火力发电锅炉以外的、在人们生产和生活中使用的锅炉。截止到2015年底，全国在用工业锅炉57.16万台，其中燃煤工业锅炉46.01万台。35蒸吨/小时及以下的中小燃煤锅炉占在用燃煤工业锅炉总数的91.7%，约为42.19万台；容量占全国燃煤锅炉总容量的48%，约85.44万蒸吨/小时。

全国35蒸吨/小时及以下的燃煤中小锅炉煤耗共计约2.2亿吨。其中，20~30蒸吨/小时锅炉煤耗量约0.6亿吨；10~20蒸吨/小时锅炉煤耗量约0.6亿吨；10蒸吨/小时及以下燃煤小锅炉煤耗量约1亿吨，占比约46%。

10蒸吨/小时及以下工业小锅炉，不仅包括工业领域的小锅炉燃煤，还涉及农业生产领域的种植业、养殖业、加工业（普遍使用 1 蒸吨/小时左右的燃煤小锅炉）以及商用锅炉等。

4. 超九成的民用生活散煤用于北方冬季农村取暖

民用生活散煤约 2. 34 亿吨，其中城镇生活燃煤 1361 万吨，农村生活燃煤 2. 2 亿吨，占民用生活散煤消费量的 94%。因此，民用生活散煤消费的核心区域为广大农村地区，包括城中村和城郊村。农村生活燃煤主要用于采暖、炊事和热水燃煤，其中冬季采暖散烧煤约 2 亿吨，占民用生活散煤的 91%，约占散煤总量的 27%。由此可见，民用散煤的消费存在明显的时空分布特性，消费的高峰期是冬季采暖期，且以北方地区为主。

（三）散煤治理的目标与任务

在控煤治霾和国家力推北方清洁供暖的大背景下，散煤治理作为重要的民心和民生工程，在最近几年明显提速。“2+26”京津冀大气污染传输通道城市成为散煤治理的重点地区，2017 年天津、石家庄、唐山、保定、廊坊、衡水、太原、济南、郑州、开封、鹤壁、新乡 12 个城市成为北方地区冬季清洁取暖试点。

2017 年，“2+26”通道城市以大气污染治理为目标，将散煤综合施治与北方清洁供暖相结合，强调政府激励与监督并重。诸多城市陆续出台环保与大气污染治理、煤炭清洁利用与散乱污企业整治、煤炭流通与质量管控等数十份政策措施文件。散煤治理提出任务目标：以 2017 年散煤治理为基础，2018 年争取散煤减量 6000 万吨，力争超额完成 2020 年减少散煤 2 亿吨的煤控目标，重点工作和主要任务汇总见表 8-1。

按照生态环境部计划安排，2018 年，北方地区清洁能源改造工作预计将完成“气代煤”“电代煤”400 万户。① 目前，京津冀及周边地区和汾渭平原大部分省市已出台相关政策，其中“电代煤”“气代煤”目标约 450 万户，如考虑尚未公布的个别城市的替代目标，以及可再生能源替代在 2018 年的发

① 江晖，左宗鑫. 散煤治理战场扩围点多面广仍是治理难点［N］. 中国工业报，2018-09-17.

展，预计2018年有望实现500万户的清洁能源替代。

（1）结合禁煤区建设和集中供暖普及工作，京津冀及周边地区重点城市和汾渭平原城市区内进一步淘汰35蒸吨/小时及以下燃煤锅炉，在工业和人口密集的城镇及周边地区淘汰20蒸吨/小时及以下燃煤小锅炉。北方地区其他城市以及浙江省、江苏省等南方重点区域加快淘汰20蒸吨/小时以下燃煤锅炉，全国范围内淘汰10蒸吨/小时及以下燃煤锅炉，对20蒸吨/小时及以下燃煤小锅炉实行市场禁售，力争减少小锅炉燃煤1500万吨。

（2）“2+26”城市以及汾渭平原11个城市争取全部淘汰建筑卫生陶瓷、砖瓦和石灰落后产能。其他地区淘汰的落后产能在2017年的基础上减少1/2以上，中东部地区率先淘汰轮窑，力争年底前减少小窑炉散烧煤3000万吨。

表8-1 “2+26”通道城市散煤治理的重点工作和主要任务汇总

重点工作	主要任务
燃煤总量控制	（1）通过煤炭减量化，实现煤炭消费总量负增长。具体为：2017年，北京市煤炭消费量减少260万吨、天津市减少260万吨、河北省减少600万吨以上，山东省按照《大气污染防治行动计划》的煤炭消费减量实施，河南省和山西省纳入通道城市的煤炭消费总量实现负增长 （2）淘汰小火电，治理自备电厂 （3）钢铁、焦炭、化工、建材去产能或绿色生产
城乡散煤治理	（1）加快城乡散煤统一规划、综合治理 （2）在重点地区设立禁限煤区，尤其在中心城区、重点地区散煤清零，严防散煤复烧 （3）加快推进农村煤改清洁能源步伐，推动建设煤改电、煤改气工程，在不具备清洁能源替代条件的地区，大力推广洁净煤使用，如型煤、兰炭等 （4）加强质量监管，严控劣质散煤生产、流通，提高洁净煤生产供应能力
燃煤锅炉治理	（1）组织排查燃煤锅炉，建立燃煤锅炉管理台账，加强考核问责 （2）按照要求，严控新建燃煤锅炉，淘汰10蒸吨/小时以下燃煤锅炉，在有条件的地区提高要求至35蒸吨/小时以下 （3）改造燃煤锅炉为超低排放 （4）对燃气锅炉进行低氮燃烧技术改造 （5）对供热锅炉进行煤改气、煤改电

续表

重点工作	主要任务
清洁供热行动	（1）推进城镇集中供热，提高集中供热率，扩大集中供热范围 （2）清洁供热改造城中村、城乡接合部 （3）改造集成供气供电基础设施
财政支持或补贴政策	（1）国家层面：直辖市、省会城市、地级市每年分别安排 10 亿元、7 亿元、5 亿元，并将重点支持“2+26”城市 （2）地方层面：煤改电、煤改气、清洁型煤等补贴政策
其他保障措施	（1）央企与地方政府紧密衔接，保障供热季电力和天然气的稳定供应和价格稳定 （2）落实分级储气责任，加快城市储气设施建设进度，城市燃气逐步具备年平均 3 天供气量的应急储气能力 （3）国家电网公司要加大与清洁供热相关的配电电网改造力度，规划和实施与相关城市统筹的“煤改电”工程 （4）建立健全电力和燃气应急机制 （5）持续开展大气污染防治强化督查和中央环保专项督查 （6）建立舆论引导工作协调机制

三、散煤治理面临的问题

2018 年散煤治理工作扩围，开辟汾渭平原新领域，北方农村清洁取暖、全国范围内工业小锅炉整治和落后产能淘汰仍是工作重点。以 2017 年冬季的“气荒”为经验教训，2018 年散煤治理转入快车道。民用散煤治理将进行科学合理规划，以因地制宜、多能互补为策略，重点在于建筑节能和农村用能，以能源技术创新、清洁能源价格改革、成本分摊等多种手段，提高清洁取暖的经济性。而且，在全国开展小锅炉淘汰和散乱污企业整治工作，以杜绝污染转移和返煤现象。

散煤治理面临以下几个方面的问题。

（一）煤改气、煤改电的供应与成本两大难题有待解决

在北方地区清洁取暖的大形势下，京津冀及周边地区，尤其是“2+26”城市，出台政策强力推进“双替代”，资源可获得性和经济性成为从政府、企业到用户关注的焦点，也是诸多问题和挑战的根源。

（1）政府有压力。一方面，“双替代”项目对地方财政补贴依赖性较大，新项目的推进以及原有项目的运营维护都需要地方财政的大量投入，给地方财政造成很大负担；另一方面，由于 2017 年冬季“气荒”，清洁取暖项目未能完全发挥作用，反而带来民生问题，使许多地方政府进退两难。

（2）企业有阻力。企业开发建设民用清洁能源替代项目，往往需要前期垫资，资金回笼周期长，而且项目验收及用户满意度评价受用户主观因素影响较大，导致企业参与积极性不高。

（3）用户有顾虑。当前，政府采取“先用后补”的补贴方式，造成用户担心补贴不到位、运行费用高，使 2017—2018 年采暖期供暖家庭供暖温度普遍偏低。

（二）政府补贴方式和可持续性成难点

“双替代”项目的基础工程建设、设备设施、运行维护的投入成本比较高，而“双替代”用户绝大多数为低收入的农村居民，支付能力有限，企业没有动力进行投入，政府从解决民生问题出发，提供政府公共支出建设配套基础设施，并进行补贴以强力推进清洁取暖工作。但是，随着重点区域扩围，清洁取暖工作推进，政府财政支出和补贴持续增加，造成财政压力。例如：北京“电代煤”工程项目，以家庭为单位，每年有 10000 度补贴指标，每度补贴 0.2 元，如果将这项补贴推广到北方地区，不考虑基础工程建设、设备设施、运行维护的投入，仅此一项补贴每年就需要 2000 亿~3000 亿元。[①]

京津冀及周边地区“双替代”补贴政策的执行期限为 3 年，已执行过半，尚未明确余下的补贴政策和期限。对于 3 年执行期限之后如何保障北方清洁取暖成效，还未有明确说法。

（三）清洁能源季节性供需矛盾凸显、调峰压力增大

2017 年冬季，天然气的供需矛盾更加突出。据中国石油集团经济技术研

① 国家能源局．北方地区冬季清洁取暖规划（2017—2021 年）解读［EB/OL］．http：//www.nea.gov.cn/2018-01/24/c_ 136921343.htm.

究院最新预测，2020 年前，我国天然气市场需求增长较快，季节性供需矛盾更加突出。受经济和政策因素双重驱动，预计 2018—2020 年全国天然气消费量年增 250 亿~300 亿方。预计 2018 年全国天然气需求超过 2800 亿方，受到资源和基础设施约束，预计天然气消费量为 2650 亿~2680 亿方，有约 120 亿~150 亿方的需求缺口。

北方 LNG 接收能力短期内难有较大提升。而受到南北管网互联互通的限制，南方投产的 LNG 接收站对于缓解北方季节供需矛盾作用有限。虽然国家加快推进储气调峰设施建设，但是储气设施建设周期较长，从规划到投产需要 3 年以上。此外，进口天然气减供风险和价格风险依然突出。

2017 年“气荒”之后，重点区域“气代煤”项目规划和推进趋于理性，目前多地政策已经转向“电代煤”。从以“电代煤”项目为主的北京地区来看，2017 年冬季，北京地区电网冬季最大负荷已经达到 1915. 7 万千瓦，其中采暖负荷占比约 37%，较上年同期采暖负荷占比增长约 6. 5 个百分点。其中，北京电网夜间最低负荷达到 1326. 4 万千瓦，比上年同期增长 19. 5%，这表明“电代煤”等用电采暖在夜间的增长比例更为突出。[①]

（四）增加“煤改气”“煤改电”中的安全隐患

有些地区为了抢工期赶进度，出现施工缺少设计文件指导、部分施工队伍专业能力不足、监理工作不到位等现象，导致钢管焊接不合格、管道支架安装不规范、未采取防雷接地及防静电措施、未涂管道识别色等问题出现。此外，农村地区常驻居民以老人和孩子居多，安全意识薄弱。

（五）重进度、轻质量，设备安装缺乏统一标准

“双替代”工作推进过程中，缺乏对新建、改建、扩建，以及设施运行、维护和用能情况的信息收集和追踪平台。此外，电采暖和气采暖的设备种类繁多，项目推进中，重进度、轻质量，售后服务难保障。设备接口各异，为

---

① 新华网．北京电网最大负荷再次突破冬季历史极值［EB/OL］. http：//www. xinhuanet. com//expo/2018-01/26/c_ 129799454. htm.

设备更新或更替带来不便，甚至造成资源浪费。

（六）洁净煤与节能环保炉具的质量还需要提高，改进现有的推广模式

渐进式推动民用散煤治理，洁净煤与节能环保炉具是比较好的过渡。但是，洁净煤与节能环保炉具推广使用有两方面难题。一方面，受政策影响较大。清洁能源替代是大势所趋，但是，过去几年地方政府政策不稳定以及采取的“一刀切”的做法，对洁净煤和节能环保炉具行业所产生的影响依旧存在。另一方面，产品经济性和实用性有待提高。主要存在以下四个方面的问题。

（1）半数型煤企业被迫停产，炉具产销量锐减。受“双替代”政策、环保督查、原材料价格上涨、市场需求锐减等诸多因素影响，2017 年炉具制造企业和型煤加工企业超过一半关停或转产，尤其在华北地区，炉具市场急剧萎缩，销售渠道基本停滞，市场转向东北、西北及内蒙古地区。

（2）关键在经济性和实用性。现阶段型煤企业往往存在生产规模小、生产工艺落后、产品质量和稳定性较差等问题，尤其缺乏人性化研究，使得洁净型煤（煤球）产品往往存在不易点燃、火焰高度不够、瞬时爆发力不够、不耐烧、封火难、有异味等不足。加上购买配套环保炉具的额外支出，经济性和实用性有待提高。

（3）企业资金周转和生产调度受限。洁净型煤和节能环保炉具为季节性产品，有销售淡旺季。每年销售旺季一般在 10 月至 12 月，但是大多型煤加工企业不易掌握市场需求变化，往往以销定产，又受限于生产能力，未能及时足量生产以满足市场需求，出现旺季不旺、淡季设备闲置和维护成本高等突出问题。

（4）政府低价招标机制阻碍企业创新与发展。在一些政府招标中，存在低价中标、贴牌销售、企业对用户承诺不兑现等问题。政府低价招标直接导致企业压缩成本，产品质量不达标、售后无保障。同时，影响企业创新的积极性和市场的健康发展。

四、散煤治理的典型案例

（一）德州市散煤清洁化治理

近年来，德州市全面落实市县乡村散煤清洁化治理四级网络化工作机制，坚决打赢蓝天保卫战。2016 年推广清洁煤 120 万吨、洁净型煤 62 万吨；2017 年推广清洁煤 125 万吨，洁净型煤 64.07 万吨、环保炉具 6.33 万台。2018 年在洁净煤全覆盖的基础上，以农村地区散居住户取暖和农业生产为重点，推广洁净型煤 50 万吨。《德州市 2019 年度散煤清洁化治理实施方案》中提到，2019 年，全市计划推广清洁煤 65 万吨，其中，洁净型煤 35 万吨，推广环保炉具 2 万台。德州市空气质量明显好转，京津冀大气污染传输通道城市（“2+26”）空气质量改善考核中，空气质量综合考核为优秀。生态环境部大气重污染成因与治理攻关“2+26”城市工作现场交流会、山东省大气污染防治现场会相继在德州市召开。德州市散煤清洁治理的主要做法是：

1. 党政同责，协同推进

经测算，采暖季二氧化硫浓度高出非采暖季 133%，污染负荷占德州市的 50%以上，德州市把煤炭污染治理作为主攻方向之一，确定了“不搞试点，不留死角，整建制推进散煤清洁化治理，民用散煤全部清洁化”的工作目标。

高点定位，高层推动。德州市散煤治理，起点高、标准严，市委、市政府主要领导多次专门听取汇报，并做出重要指示，市委主要领导数次到黑马集团等重点企业检查指导工作，入村居查看型煤配送情况，多次在环保工作会议上强调散煤治理工作。分管市长带队外出考察学习，经常深入县市区调研，协调解决困难，督导推动工作，全面把握散煤治理工作进程。县市区“一把手”、分管领导更是把主要精力放在一线，夜以继日，经常在晚上调度推进。

健全机制，上下联动。市政府成立散煤清洁治理指挥部，与县市区政府和市直有关部门签订《散煤治理责任书》，层层分解落实，推进工作安排。市散煤清洁治理指挥部定期召开联席会议，协调跨部门工作，讨论解决协调问题，对工作推进情况调度考核；各县市区根据自身特点，出台政策措施细则，分解任务到镇街，定期进行排名，年终开展考核评比；各镇街成立镇街清洁煤推广办公室，到村入户推广宣传，统计需求数量，对接供给与需求，上下形成四级网络化散煤清洁治理工作机制。

2. 突出重点，狠抓关键

制定标准，管控源头。制定完善《德州市煤炭经营监管办法》《德州市煤炭质量标准》《德州市煤质检测办法》《德州市散煤清洁化治理工作考核办法》等一系列文件规章，严格监管执法，严把煤炭质量。配套实施清洁型煤购进、生产、流通、运输、配送、使用等全环节管理工作机制。在充分发挥现有检测体系作用的基础上，大部分县市区购置了煤质检测设备，建立了煤质监测站，“企业自检、县级普检、市级抽检”的三级质检检查体系全面运行。

联合执法，协同治理。各级商务、工商、质监、环保、交通运输、公安等部门密切配合，协同联动，及时协调解决工作中的问题，形成强大的工作合力。由工商部门牵头进行市场整治联合执法，对企业整改无望、超范围经营和环保不达标的全部予以取缔。对经整改提高、规范经营后达标的生产经营企业予以保留。在冬季取暖居民用煤高峰期，各县市区同时开展散煤清洁治理综合整治行动，以高压姿态、无缝覆盖进行执法监督。为加强交通运输治理，德州市在主要交通路口设立煤炭运输检查站 102 处，杜绝劣质煤流入。

科学规划，落实煤源。按照“每个县市区原则上规划建设（改扩建）1~2 处煤炭物流园或培育 2~3 处煤炭经营骨干企业，每个乡镇设置 1 处配送中心”的全市总体规划，德州市建设煤炭物流园区 6 处，有年产 10 万吨以上洁净型煤生产企业 4 家，建立乡镇配送中心 177 个，形成了型煤生产企业、煤炭物流园、配送中心组成的清洁煤产供销一体化。德州市主要分管领导先后赴山西、陕西等地考察型煤和炉具生产企业，积极为县市区牵线搭桥，帮助落实清洁煤源和环保炉具供应主渠道。各县市区通过招投标、竞争性谈判等方式确定了洁净型煤和环保炉具供应企业和采购价格，签订购销合同，提前储备型煤，制定配送计划，科学配送。

宣传发动，贴心服务。市、县广泛利用电视、报刊等媒体和政务服务公开栏、广播站、宣传车以及微信进行宣传，发放宣传资料、年历，粉刷标语，悬挂条幅等。利用集市、会议、文化广场、夜间文化下乡等平台，通过小品、快板等形式进行宣传，组织试烧。同时，边宣传边以村为单位预收煤（炉）款、储备型煤，有序配送。针对洁净型煤如何使用等群众关心的问题，在推广和配送过程中随时予以解决。配发“洁净型煤使用办法”日历，在市、县电视台播放“清洁煤正确使用办法”宣传片，供煤炭企业售后服务全程跟踪，确保群众有问题及时加以解决。

3. 加强保障，强化支撑

政策法规给力。德州市出台了《德州市大气污染防治管理规定》《德州市散煤清洁化治理实施方案》《煤炭市场治理整顿方案》《煤炭运输检测站设立方案》《德州市散煤清洁化治理市场补贴资金管理办法》《散煤清洁化治理联合督导检测和媒体监督方案》等一系列文件规章，对散煤治理工作进行全过程监管，实现了工作有规范、执法有依据。

财政补贴发力。2016 年德州市对居民使用的洁净型煤按照 200 元/吨的标准进行补贴。2017 年，更是加大了补贴力度，上调到县市区 300 元/吨、中心城区 600 元/吨，并且首次把环保炉具纳入政府补贴范围，每台补贴 400 元。市、县两级财政按照 1∶1 承担。2019 年，在财政补贴及资金监管方面，中心城区居民燃用洁净型煤，市财政每吨补贴 300 元，区财政每吨补贴 300 元；炉具补贴 400 元，市财政负担一半。中心城区低保户由区、镇、街财政每年按 1 吨清洁型煤全额给予补贴。其他县市区城乡居民燃用洁净型煤，每吨补贴 300 元，其中，市财政负担一半；炉具补贴 400 元，市财政负担一半。市级财政按照 20 元/吨安排镇村清洁煤推广配送经费，安排 100 万元煤质检测费用。另外，德州市财政还专门安排 200 万元煤质检测费用和每吨 20 元的镇村清洁煤推广经费，禹城等很多县市区同时增加了型煤补贴费用、乡镇推广经费、乡镇配送中心建设、举报奖励等补贴经费。2016 年以来，德州市财政每年安排的清洁煤推广补贴资金都在 3 亿元以上。

科技手段借力。建立“德州散煤治理工作微信群”，各县市区分别建立散煤治理县市区分群，部分县市区还开发了软件平台，实施网上推广、网上购买、网上管理、网上监督的工作模式。

（二）滨州市散煤清洁化治理

滨州市出台了《滨州市煤炭清洁利用和经营监督管理办法》《滨州市散煤清洁化治理工作考核办法》《滨州市散煤清洁化治理联席会议制度》等政策措施，并成立了散煤治理工作领导小组及办公室，组织召开散煤治理工作专题推进会议，印发相应的散煤治理工作进展情况通报。

2017 年 8 月，根据滨州市委、市政府推行“煤改气”“煤改电”决策部署，出台《滨州市清洁取暖改造工作实施方案》，提出从 2017 年 7 月开始，到 2020 年，消除市城区内散煤取暖，实现以集中供暖、“气代煤”、“电代煤”为主的清洁取暖全覆盖，成立滨州市清洁取暖改造工作领导小组，集中力量推进“煤改气”“煤改电”等清洁化改造工作。滨州市散煤治理工作领导小组的工作任务随之发生转变，由原先的“散煤清洁治理为主”调整为“煤质监管和煤炭市场整治为主”。2018 年 3 月，根据《山东省 2018 年散煤治理工作要点》，结合滨州市散煤治理工作实际，研究制定了《滨州市 2018 年散煤治理工作实施意见》，对 2018 年度散煤治理工作做了具体部署。

1. 上下联动，全过程监管

按照“属地管理、部门协同、源头控制、齐抓共管”的原则，严格落实《中华人民共和国大气污染防治法》，把散煤治理工作贯穿商品煤生产、加工、储运、销售、使用等全过程。一是落实主体责任。以县（区）为责任主体，构建县（区）属地管理、主体推进，乡镇（街道）具体负责、全面落实，村居、社区响应号召、积极推广的三级网络化工作机制。市、县（区）、乡镇

（街道）层层签订责任书，明确目标任务，把各项任务分解，层层落实。二是强化部门联动。建立经信、环保、交通等11个市直部门散煤清洁治理工作联席会议制度，及时研究解决散煤治理工作重点、难点问题。联席会议成员单位按照责任分工与县（区）建立“一对一”定向督导机制，围绕辖区内重要交通路口煤炭检查站设立情况、散煤无照经营业户清理情况和煤炭质量抽检情况等关键问题，开展“拉网式”督查，确保“无死角、全覆盖”。三是注重统筹推进。针对滨州市散煤清洁治理工作起步晚、任务重、区域不平衡、协调推进难度大等实际情况，结合环保突出问题综合整治制定《散煤治理专项行动实施方案》，设立市场整治煤质监管、交通运输监管、环保提升和综合协调推广等小组，持续开展专项治理行动，实施周调度和不定期通报制度，全面推进散煤市场整治。

2. 明暗结合，全时段覆盖

针对许多散煤经营网点“小、散、远”等特点，明察和暗访双管齐下、组合出击。一方面，在建立台账准确掌握市场主体情况的基础上，抽调精干执法力量，在全市范围内深入开展散煤市场专项整治行动；另一方面，利用定向督导、工作调研等时机，深入乡镇街村，随时随机开展暗访。突出问题导向，发现并督导解决无证经营、超范围经营、煤炭检查站不完善等一系列问题。对各县（区）工作进展情况和存在问题实施定期通报。

3. 刚柔并济，全方位推进

注重疏堵结合，既加大执法整治力度，从源头上控制劣质散煤的销售和使用，同时加强政策法规宣传，增强民众法律意识，正确引导社会舆论。一是严格执法治理。以《中华人民共和国大气污染防治法》和相关法律法规为准绳，结合滨州实际出台《滨州市煤炭清洁利用和经营监督管理办法》，作为散煤治理工作的执法依据。根据滨州市“煤改电”“煤改气”实施计划，及时发布“禁燃区”，禁燃区外严格落实煤炭质量监测机制，依法处置不符合要求的商品煤。二是积极营造氛围。灵活采用各种形式扩大宣传范围，力求做到户户有明白纸、村村有宣传栏、镇镇有宣传车，营造出“铺天盖地搞宣传、户户取暖清洁化”的舆论氛围，争取广大居民群众的理解和支持。

五、散煤治理的对策建议

《北方地区冬季清洁取暖规划（2017—2021）》指出，“2+26”重点城市作为京津冀大气污染传输通道城市，有必要、有能力率先实现清洁取暖，并提出到2019年，北方地区清洁取暖率达到50%，其中“2+26”重点城市清洁取暖率达到90%以上，县城和城乡接合部达到70%以上，农村地区达到40%以上。

我国北方地区城乡居民应该立足于能源消费和资源状况，统筹考虑清洁能源供应、清洁供暖热源、管网线路、节能建筑等清洁供暖各环节的工作，因地制宜选择方式多样、经济适用的清洁供暖模式。同时，将清洁供暖与新能源消纳结合，发展基于能源互联网的新技术、新模式、新业态，构建“企业为主、政府推动、居民可承受”的运营模式。具体而言，通过扩大集中供暖规模和范围，广泛利用各种可再生能源（如清洁化型煤、兰炭、生物质成型燃料、无烟煤、节能炉具）做补充，辅之以少量的在财政可持续补贴情况下与收入水平相适应的“气代煤”和“电代煤”。

按照“因地制宜”“因人制宜”“因收入水平制宜”“因财政补贴水平制宜”的原则，搞好气代煤、电代煤和清洁煤利用。对于城乡生活散煤治理，不能搞“一刀切”，对广大农村地区仍需燃煤取暖的居民，要查清户数，统计用量，选择合适的取暖方式，制定清洁煤炭（洁净型煤等）替代和节能环保炉具推广年度目标，并严格推进实施。

（一）北方地区城乡居民冬季采暖应着力采取的措施

1. 因地制宜选择供暖热源

城镇区域采用绿动力推广的煤粉锅炉和地热能等可再生能源进行集中供暖。集中供暖增量以可再生能源的充分利用为主，充分利用地热能、太阳能采暖以及土壤源冷热能利用等。对不能集中供暖的城镇郊区分散家庭用能，在政府持续合理补贴的情况下，强制进行“以气代煤”“以电代煤”等清洁化措施。通过分布式集中供暖、地热能利用、太阳能屋顶和其他可再生能源的利用形式，多渠道多形式，因地制宜，实现低收入人群在采暖权上的平等，给予合理的生态环保效益补偿。

非集中供暖的区域，建立多元化的采暖体系。在城乡接合部居民收入水平较高的区域，采用政府合理补贴下的“气代煤”和“电代煤”。在其他农村区域或收入水平较低、暂时不能通过清洁供暖替代散烧煤供暖的区域，重点利用“洁净型煤+环保炉具”“生物质成型燃料+专用炉具”等清洁型煤、节能炉具、兰炭、无烟煤和生物质压块等适合不同收入水平和政府补贴水平的采暖方式。对偏远农村地区农民家庭分散取暖，禁止燃用劣质散煤，采取行政性监管措施控制劣质煤无序流通，强制性采用清洁高效炉具和清洁化型煤、兰炭、生物质成型燃料、无烟煤等，减少大气污染物排放。

第一，可再生能源供暖。

加快推进采用可再生能源进行冬季采暖和夏季制冷，加大储能系统示范和布局，2020 年后选择技术可靠、成本较低、发展前景广阔的储能技术，降低整体能源系统成本。另外，积极开发利用包括中深层地热能、浅层地热（冷）能、生物质冷热电三联供系统、太阳能热泵系统等。

地热供暖。积极推进水热型（中深层）地热供暖，大力开发浅层地热能供暖，完善地热能开发利用行业管理，地热企业要充分发挥好地热供暖的优势，不断提升技术管理水平，在不损害生态环境的前提下扩大地热资源开发，增加地热供暖面积。

生物质能清洁供暖。生物质能清洁供暖布局灵活，适应性强，适宜就近收集原料、就地加工转换、就近消费、分布式开发利用。生物质供暖企业可单独或由第三方建立生物质原料收集体系，推进收、储、运专业化发展，提高原料保障程度，在生物质资源丰富地区，积极发展生物质热电联产和生物质锅炉供暖。

太阳能供暖。大力推广太阳能供暖，积极推进太阳能与常规能源融合，采取集中式与分布式结合的方式进行建筑供暖；进一步推动太阳能热水应用，在城市新建、改建、扩建有稳定热水需求的公共建筑和住宅建筑上，推动太阳能热水系统与建筑的统筹规划、设计和应用。

第二，天然气供暖。

以“2+26”城市为重点，着力推动天然气替代散烧煤供暖，有条件的城市城区和县城优先发展天然气供暖，城乡接合部延伸覆盖。加快“煤改气”实施进程，实现标本兼治，降低天然气使用成本，鼓励用户更多地使用天然气、液化石油气、煤质天然气清洁能源，减少散煤燃烧污染，在各区县完成“高污染燃料禁燃区”划定，禁燃区禁止原煤散烧。

随着生活水平的提升，农村家庭的生物质采暖也要改为天然气采暖；同时，现有采用电暖气、空调的用户，也会在“气代煤”的政策下，选择“气代煤”，即使政府有足够的补贴资金，天然气的供应可能也会有问题。因此，要把有限的天然气集中用于城郊收入水平较高且难以治理的分散用户民用散煤替代，缓解省内“气荒”问题。

第三，电供暖。

结合采暖区域的热负荷特性、环保生态要求、电力资源、电网支撑能力等因素，因地制宜发展电供暖；统筹考虑电力、热力供需，实现电力、热力系统协调优化运行；积极推进各种类型的电供暖，鼓励可再生能源发电规模较大地区实施电供暖。

尽快出台“煤改电”补贴及相关配套政策。虽然京津冀地区各级政府出台了很多政策，但具有实质推动作用的财政补贴、价格政策还较少，政策支持力度和作用还有很大的提升空间。国家电网公司1050项支持政策中，对实施电能替代有重要推动作用的财政补贴、价格政策只有243个，占比不到25%，不足以调动“煤改电”客户的积极性和主动性。实践证明，补贴政策争取到位，“煤改电”工作就顺利，成效就明显；缺乏政策支持，替代工作难度就会增大，山东省应该着重解决电价问题和“煤改电”的初装费，借鉴济南市案例经验，取消基本电价费用，尽快探讨出台“煤改电”初装费的相关补贴渠道。

第四，工业余热供暖。

继续做好工业余热回收供暖，大力发展热泵、蓄热及中低温余热利用技术，进一步提升余热利用效率和范围。

第五，清洁燃煤集中供暖。

加大城市及周边现有发电机组的供热改造力度，优先发展生活采暖型热电联产项目，鼓励采用背压热电联产机组替代分散燃煤锅炉，积极发展热、电、冷三联供和地源热泵，扩大集中供热面积；推进燃煤锅炉“以大代小”（以大型高效节能环保锅炉替代低效分散小锅炉）和节能环保综合改造，开展燃煤锅炉超高能效和超低排放示范，推广高效节能环保煤粉锅炉；加快改造和建设智能化清洁燃煤集中供暖系统，使得户户实现按需采暖智能化控制，在显著降低采暖用能（煤）的条件下，降低居民采暖成本，减少政府采暖补贴。

从一些示范项目的运行情况和技术发展的趋势判断，如果投入“煤改气”增加总成本的1/3，燃煤供暖锅炉完全可以实现比天然气锅炉排放更清洁的“近零”超清洁排放水平，技术上是完全有保证的。以煤粉锅炉为代表的散煤清洁化超低排放改造的投资和运行费用比天然气替代的代价小得多。

以山东兖矿集团蓝天环保技术公司为代表生产的新型分散用户民用高效解耦炉具，配套使用清洁型煤，其烟尘、SO_2、NO_X总量比传统民用散烧取暖炉减排80%以上，实践表明新型的固硫抑尘添加剂使散煤含硫和使用烟煤挥发分的逃逸问题得到了根本的解决。

2. 加大对农村居民的清洁采暖补贴力度

冬季清洁取暖“气代煤”是一项重大的民生工程、民心工程，政府必须拿出足够的财政补贴，加大对农村地区居民的补贴力度，让低收入农户实现天然气或电代煤，保障低收入农户采暖过冬。农村居民尤其是低收入群体应该享受与其收入水平和支付能力相当的清洁采暖补贴，其清洁采暖补贴应该高于城市地区同等的财政补贴，要充分发挥政府财政资金的带动作用，在先行实施一批清洁供暖项目的基础上，鼓励更多投资主体进入清洁供暖市场。

3. 全面提升热网系统效率

加快推动热网和热源基础设施建设，实施集中供热老旧管道改造，提高集中供热管网输送能力和安全保障水平。近期，着力解决德州庆云、滨州阳信、菏泽鄄城无集中供热问题，实现县以上城市集中供热全覆盖，集中供热普及率达到70%以上；远期，城区集中供热普及率达到80%以上。

加大供热管网优化改造力度，有条件的城镇地区要采用清洁集中供暖。

加快供热系统升级。积极推广热源侧的运行优化、热网自动控制系统、管网水力平衡改造、无人值守热力站、用户室温调控及无补偿直埋敷设等节能技术措施。

4. 有效降低用户取暖能耗

提高建筑用能效率。大力推进建筑节能与绿色建筑发展，实施建筑能效提升工程；提高建筑节能标准，完善绿色节能建筑和建材评价体系，制定分布式能源建筑应用标准，县级以上城市规划区内所有新建建筑全面执行绿色建筑节能标准；积极开展既有建筑节能改造行动。

完善高效供暖末端系统。通过各种技术优化，大幅提升供暖效率，节省供暖耗费，实现单位散热面积的最大化，满足“供热低温化”。

推广按热计量收费方式。大力推行住宅供热分户计量，新建住宅必须全部实现供热分户计量，现有住宅要逐步实施供热分户计量改造。

（二）对“双替代”的建议

一是加强“电代煤”和“气代煤”的供需提前研判，增进部门协调和信息共享，提高区域供需匹配能力和效率。

二是建立长效的投入保障机制和退出机制，确定补贴时效，并提前公开。

三是企业以农村“电代煤”和“气代煤”为契机，在运营维护、销售服务、安全巡检等方面创新运营模式。

四是为“电代煤”和“气代煤”用户分别建立统一的巡检、维护和监控平台，针对用电量和用气量超高的情况，帮助居民用户识别问题，并协商解决，提高用户满意率，为设备维护和管理提供保障。

五是针对“电代煤”和“气代煤”设备分别建立统一的标准和规范，统一设备接口，便于设备更替或更新。

六是形成地方政府与燃气企业联手的安全管理模式。加强安全教育和安全管理，包括安全人才的培养、农村居民科学用气的研究与教育。

七是推广应用天然气阶梯价格、峰谷价格，节能机制以及可中断响应等。

（三）提高洁净型煤与节能环保炉具的产品性能和模式创新

1. 加强洁净型煤技术研发，提高洁净型煤性价比

引进消化吸收研发型煤固硫剂技术、引火型煤技术等，以期生产出适销对路的洁净型煤。同时持续优化升级兰炭及民用焦炭生产工艺，注重绿色发展，控制并减少生产过程中的排放污染。

2. 推广自动进料采暖炉具，减少用户劳动和环境污染

自动进料（机烧）采暖炉具重点考虑进料方式，优化炉具结构，极大地降低了用户添加洁净型煤的次数和强度，同时减少了污染物的排放，有助于帮助用户改变采暖炉具使用习惯。

3. 搭配销售洁净型煤与高效清洁炉具

集中使用洁净型煤的地区，应对洁净型煤专用炉具的结构、燃烧方式、热效率、排放标准等技术性能进行检验，如果通过验证，则在煤炭统购和统销平台搭配销售。

4. 加强质量监督

建立洁净型煤市场交易中心，为区域内企业统一提供洁净型煤，通过物流配送体系，统一调配，利于监管。建立健全洁净型煤规范生产标准，确保洁净型煤生产过程符合标准，保障质量监督有章可循。

六、散煤治理的保障措施

在重要区域设立禁煤区、限煤区，禁止、限制使用低效高污染排放的燃

煤。北京市、天津市和河北省保定市、廊坊市京昆高速以东、荣乌高速以北与京津接壤区域以及三河市、大厂回族自治县、香河县全部行政区域被划定为“禁煤区”，涉及18个县（市、区），包括1个城市建成区、14个县城建成区（含404个城中村）和3345个行政村，约105.4万户。禁煤区内，除电煤、集中供热和原料用煤外，燃煤“清零”。除此之外，其他大气污染通道城市建成区均有划定各自的禁、限煤区。

统筹规划管理燃煤小锅炉。按照政府政策制定规划，开展分用途管理，淘汰低效的燃煤小锅炉。

严格督查落实。明确散煤治理的责任分工，严格落实目标，强化以督查考核制度为代表的约束力推动环保督查。

以清洁供暖为出发点，初步形成城镇取暖集中化、农村取暖多样化的清洁供暖格局。在城镇提高集中供暖覆盖率；集中供暖覆盖不到的区域，主推“电代煤”和“气代煤”，具备条件的地区，积极发展可再生能源供热；在清洁供暖无法覆盖的区域，包括农村和山区，推广洁净型煤和适配的节能环保炉具。

加强财政补贴。2017年，财政部、住房和城乡建设部、环境保护部、国家能源局联合印发的《关于开展中央财政支持北方地区冬季清洁取暖试点工作的通知》提出，开展中央财政支持北方地区冬季清洁取暖试点工作。除中央财政支持外，北方地区大部分省、市以及所辖区县财政都出台了一定的补贴政策，这些补贴政策为北方地区清洁取暖的发展带来了突破性进展。

展望篇

第九章　全球煤炭行业绿色发展展望

应对气候变化，降低化石能源消费，控制并减少温室气体排放已成为世界各国共识，面对新兴经济体工业化进程的加快，能源需求快速增长，根据《BP 世界能源统计年鉴》（2018）等多份国际报告的研究结果，全球能源需求保持增长态势，全球能源资源环境压力日益凸显。为推动能源消费的可持续发展，世界能源消费加速向清洁低碳化转型，清洁能源及新能源所占比重将持续增长。在此背景下，全球煤炭行业势必将加快绿色发展的步伐。

一、全球煤炭行业绿色发展形势

据《BP 世界能源统计年鉴》（2019）统计，2017 年全球探明煤炭储量为 1.04 万亿吨，产量为 77.3 亿吨，储产比远高于石油和天然气。具体而言，美国是全球储量占比最大的国家，约为 24.2%；亚太地区在 1997—2017 年探明储量占比快速增长，目前达到 41%，分布范围主要在澳大利亚、中国和印度。与之对应，煤炭的生产地区主要分布在亚太、欧洲、北美，这些地区也是煤炭的主要消费地区。主要的发达经济体诸如美国、欧盟、日本、澳大利亚等和新兴经济体诸如中国、印度、俄罗斯、韩国、印度尼西亚等也都分布在这些地区。两者对煤炭消费需求有很大差异。发达经济体已经进入后工业化时代，对于重工业的依赖性比较低，而且大力发展清洁能源、可再生能源供应电力，煤炭需求急剧下降。而新兴经济体正处于经济快速发展的阶段，即重工业发展阶段，新增能源消费在很大程度上依赖于化石能源消耗，其中成本低的煤炭往往为首选。

（一）发达经济体

1. 欧盟地区

欧盟国家积极致力于温室气体减排、能源节约、发展可再生能源等能源清洁低碳发展，计划到2020年，可再生能源电力占比提高到20%、能效提高20%、温室气体排放以1990年为基准减少20%。煤炭生产消费快速下降。2014—2017年，德国、波兰、捷克、匈牙利、罗马尼亚、斯洛伐克、斯洛文尼亚和英国共关闭27个煤矿。初步估计欧盟将有13%的燃煤发电厂采用装备碳捕获和储存（CCS）技术。目前，煤炭年产量接近5亿吨，能满足55%的总消费量，煤炭在能源消费的占比为16%，煤电在电力结构的占比为24%。

为落实减排目标，欧盟诸多国家纷纷设定目标，出台措施。2015年，法国宣布不会对海外不具备CCS技术的燃煤发电厂投资，挪威直接减少了数十亿欧元的煤炭领域投资。英国比较积极，承诺大力发展清洁能源，逐步减少煤炭消费，预计2025年全部淘汰燃煤发电厂。德国紧随其后，预计2050年全部关停燃煤发电厂。芬兰、葡萄牙、奥地利等国家也承诺逐步减少煤炭消费。

2. 北美地区

美国仅次于中国和印度，煤炭生产和消费世界排名第三。煤炭消费以燃煤发电为主。美国重视环境保护立法，1972年出台《清洁水法》、1976年出台《资源保护回收法》、1977年出台《清洁空气法》，并于1990年对《清洁空气法》进行了多项修改，1990年出台了《防止污染法》，对抑制煤炭消费造成的环境污染起到积极作用。对煤炭政策虽有起伏，但总体状况呈降低态势。美国在奥巴马政府时期推行鼓励清洁能源发展的能源战略，2015—2016年，通过出台“清洁电力计划”等政策和不新增燃煤发电厂的具体行动减少煤炭消费，推出清洁电力计划约束燃煤发电厂污染排放、暂停联邦土地煤炭的开采租赁决定等严控煤炭行业发展的政策措施。特朗普政府上台后，美国的煤炭政策出现重大变化。以“复兴美国煤炭产业”为竞选口号之一的特朗普废除了“清洁电力计划”，转而采取鼓励煤炭行业发展的策略。不过，受市场力量本身的影响，2017 年美国煤炭产量创造历史新低。

加拿大陆续出台法律约束燃煤发电厂，要求燃煤发电厂污染物排放水平与天然气发电厂保持基本一致，新建燃煤发电厂必须上 CCS 项目。目前，加拿大的阿尔伯塔省、萨斯喀彻温省、新斯科舍省以及新不伦瑞克省有燃煤发电厂。为显著改善空气质量，减少煤炭污染排放引致的与烟雾相关的疾病，保障加拿大人的卫生健康，加拿大政府大力推动未来清洁能源经济计划，建设可再生能源发电项目，加速取缔燃煤发电厂，争取 2030 年实现加拿大零煤炭发电，电力的 80%来自可再生能源。这样，加拿大将成为世界上最先彻底取缔煤炭发电的国家之一。

3. 其他地区

日本煤炭资源贫乏，煤炭生产仅能满足不到 10%的需求，煤炭消费 90%以上依赖进口。日本经济发达、科技水平高，GDP 总量居世界第三位，一直致力于全球气候治理。在经历东部大地震和福岛核事件后，开始约束核电发展，开发燃煤发电，煤炭消费增长，使 2030 年和 2050 年双重温室气体减排目标压力增大，为推动减排目标的实现，煤炭清洁高效利用成为关键，而清洁煤技术是煤炭清洁高效利用的核心。以清洁煤技术研发为根本，推动煤炭清洁高效利用相关技术推广应用，将会有效降低煤炭消费引致的温室气体排放，助力两个减排目标的实现。

澳大利亚自然资源丰富，国民经济以农产品和矿产资源出口为主，人均国民收入 5 万多美元，人均温室气体排放全球第一。在经济发展与环境保护的矛盾中，澳大利亚陷入困境。例如：煤炭企业在距离大堡礁几十英里的区域增加产能，以提高产量，但是环保主义者声称会危及珊瑚礁生长，强烈反对，引致因化石能源开采破坏生态环境的问题。诸多类似情况，使气候和能源政策争议不断。尤其是 2015 年澳大利亚承诺以 2005 年为基准，到 2030 年温室气体排放量减少 26%～28%，人均排放量下降至少 50%，每单位 GDP 的排放量将下降 64%。但在 2018 年，时任总理麦肯·腾博宣布“或将放弃 2030 年温室气体减排目标”。政策上的摇摆不定，使煤炭行业绿色发展存在不确定性。

（二）新兴经济体

1. 印度

印度人口众多且仍然呈现增长态势，经济发展步入快车道，处于工业化发展阶段，发电量增速与经济增长基本同步。印度煤炭资源丰富，探明储量接近全球10%。为满足电力行业、钢铁行业、建材行业等的煤炭需求，印度煤炭生产和消费都急剧增加。目前，印度煤炭生产和消费均已位居世界第二位，温室气体排放居第六位。面对全球气候治理的共识，2015 年印度提出以 2015 年为基准，到 2030 年实现温室气体减排 33%~35%，同时植被吸收 25 亿~35 亿吨的二氧化碳。印度为落实目标任务，大力发展可再生能源项目，预计 2027 年项目会建成 275 吉瓦的可再生能源总容量。

2. 俄罗斯

俄罗斯煤炭资源储量丰富，优质煤居多，经济发展方式以资源出口型为主，煤炭生产和消费位居世界前十。2017 年，经济开始转向正增长。俄罗斯能源消费结构呈现清洁化，但是仍积极参与全球气候治理。2015 年，俄罗斯承诺以 1990 年为基准，至 2030 年温室气体减少排放 25%~30%，通过提高燃煤发电节能环保水平、大力发展核电和可再生能源发电落实目标。在煤炭领域，为促进煤炭行业可持续发展，出台诸多纲领性文件，以“一带一路”倡议为契机，开发市场、创新技术、推动绿色发展、建立健全环保法律法规以推动任务实施。

3. 韩国

韩国以前约 70%的电力来自煤电和核电，而且还有税收减免。文在寅上台后倡导清洁能源战略，要求对煤电和核电征收环保税，减免或消除天然气进口税，提出发展清洁能源计划。2017 年，韩国核电约占总发电量的 27. 5%、液化天然气（LNG）约占 20. 8%、燃煤发电超过 40%。韩国为兑现巴黎气候峰会承诺，计划到 2025 年关闭 10 座老化燃煤电厂，提出到 2030 年，可再生能源发电量从 2017 年的 1. 13 万兆瓦提高到 5. 85 万兆瓦，增长 418%，新增太阳能发电量 3.1 万兆瓦和风力发电量 1.6 万兆瓦，燃煤发电降至 36%，核能发电降至 24%。

4. 印度尼西亚

印度尼西亚属于新兴经济体国家，正处于经济快速发展期，面对电力短缺，政府制定了 2020 年全国 90%的家庭可以用上电的目标，由于建设资金缺乏，价格低廉的燃煤发电成为首选。印度尼西亚既是煤炭生产大国，也是煤炭消费大国，均位列世界前十。在能源清洁低碳化引致的煤炭产能过剩背景下，大力拓展国内煤炭市场需求，建设燃煤发电厂，以满足经济增长的需要。2015 年，印度尼西亚承诺通过开发地热等可再生能源项目、规范基础设施建设以及保持煤矿远离森林地区等措施，实现以 2015 年为基准到 2030 年二氧化碳排放量减少 29%的温室气体排放控制目标，但是未给出路线图。

二、全球煤炭行业绿色发展典型国家

世界诸多国家和地区资源禀赋和经济发展阶段存在显著差异，在全球能源清洁低碳潮流中，经济发达体主要是限制煤炭发展，而新兴经济体煤炭行业增长态势明显，为深入研究国别煤炭行业绿色发展，本书选择经济发达体日本和澳大利亚、新兴经济体印度和俄罗斯，分析其采取切合自身发展的政策措施。

（一）发达经济体

1. 日本

日本煤炭资源匮乏，储量少，煤田主要分布在北海道、九州和本州等处，已有 200 多年的开采历史，20 世纪四五十年代曾是日本煤炭工业鼎盛时期，全国煤矿数量多达 1000 余处，煤炭年产量最高达到 5647 万吨。目前，日本煤炭年产量稳定在 130 万吨左右，仅能满足不到 10%的煤炭消费需求，90%以上依赖进口，主要从澳大利亚、中国、印度尼西亚和蒙古等国进口。日本煤炭消费自 2013 年连续递减后，2017 年增加 1.7%，增长动力主要是燃煤发电量的增加。2017 年，日本燃煤发电量由 2016 年的 330.9 万亿瓦时大幅增至 342.5 万亿瓦时，增长了 3.5%。

日本在第二次世界大战后一穷二白的基础上，凭借着自身持续的科技创新以及美国政府的大力扶持，经济再次崛起，曾长期保持 GDP 总量排名世界第二，即使被中国超越后，也一直位列第三，呈现经济发达、科技水平高、消费高的特点。2017 年，全球经济步入上升通道，日本经济得益于国际市场回暖和内需增长，经济总体保持温和复苏趋势。日本经济增长的动力主要源于：①国际市场对科技相关产品的需求回暖，制造业快速扩张；②国内企业投资增速加快，居民消费扩大；③大宗商品石油、天然气等能源价格稳定在较低水平，降低了成本；④安倍经济激励政策发挥作用。

日本一直致力于全球气候治理，但是受诸多因素影响，温室气体减排和能源政策出现波折。1997 年全球首个具有强制性的应对气候变化、减排温室气体的文件《京都议定书》就在日本签订。然而，日本政府 2013 年退出了《京都议定书》。2015 年日本正式承诺以 2013 年温室气体排放为基准，到 2030 年达到降低 26%的目标，并回应满足 2050 年发达国家排放总量应减少 80%以上目标的要求。为落实减排目标：①根据日本温室气体排放来源，电力占据较大份额，按照 2030 年温室气体削减目标，电力企业需要降低 35%，以电力公司为主的 35 家企业发表《电气事业低碳社会施行计划》承诺落实；②日本为推动可再生能源发电，2011 年通过了《可再生能源法》；③日本积极倡导以家庭为单位，开展减排活动，比如购买环保汽车等。

在日本经历了东部大地震和福岛核事故后，核电厂安全标准提升很多，核电站普遍处于停转状态。日本能源政策中，煤炭被评估为“价格低廉的重要基荷电源”。因此，电力缺口主要由燃煤发电填补。在各国缩小燃煤发电规模的情况下，日本增加燃煤发电量，2018 年明确提出到 2030 年煤电将占日本总发电量的 26%，且计划未来十年内至少再增加 36 座燃煤电厂。煤炭消费和燃煤发电会大幅增加温室气体排放，给日本实现 2030 年和 2050 年的减排目标带来阻碍。实现经济增长与环境保护协调发展，煤炭清洁高效利用成为关键。

清洁煤技术是煤炭清洁高效利用的核心，主要指减少煤炭从开发到利用全过程中污染排放与提高利用效率的加工、燃烧、转化和污染控制等新技术的总称。[①] 早在 1980 年，为应对煤炭利用造成的环境污染，日本就开展了清洁煤和新能源技术的研发工作。随着工作深入，在不同发展阶段，制定相应的保障政策。主要政策如下：①1999 年，《21 世纪煤炭技术战略计划》出台，以减少煤炭利用污染排放；②2008 年，《清凉地球——能源创新技术计划》出台，选择优先发展先进超临界技术、整体煤气化联合循环发电系统（IGCC）、CO_2的捕捉和封存技术等能源技术；③2014 年，《能源基本计划》出台，明确煤炭清洁利用以及高效发电的战略地位。日本大力发展清洁煤技术，推动煤炭清洁高效利用，将有效推进减排目标的实现。

2. 澳大利亚

澳大利亚拥有丰富的矿产资源，其中铁矿和煤炭资源尤为突出。煤炭资源已探明储量约为 1448 亿吨，位于美国、俄罗斯、中国之后，居第四位，煤种主要为黑煤（无烟煤、烟煤）和褐煤，其中黑煤集中分布在昆士兰和新南威尔士州，褐煤集中分布在维多利亚州。澳大利亚煤炭地层赋存浅、煤层结构简单，以近水平煤层为主，适宜露天开采。澳大利亚一直是世界重要的煤炭出口国，出口以品质高、发热量高、水分适中、含硫较少的动力煤和炼焦煤为主。澳大利亚煤炭出口市场主要在亚洲，约占总量的 80%，主要包括日本、韩国、印度、中国等。

澳大利亚主要依赖于农产品和矿产资源出口。2017 年澳大利亚经济依然保持稳定发展，呈现出相对乐观和强劲的发展态势，国民总收入约为 1.4 万亿美元，人均达到 5.56 万美元，整体经济发展水平位居全球前列。自 1991 年起，澳大利亚是唯一一个连续 27 年保持经济增长的主要发达经济体国家。以必和必拓（BHP）为代表，澳大利亚煤炭行业生产水平居世界前列，煤矿技术装备水平世界领先，具有煤矿开采条件好，机械化、自动化、信息化水

① 周杰，周溪峤．日本如何实现煤炭的清洁高效利用［N］．中国能源报，2016-03-28.

平高，安全生产水平高的特点。

澳大利亚是世界上人均碳排放量最大的国家，而且可再生能源产能是发达经济体国家中最低的。为积极投入全球气候治理，2015 年，澳大利亚宣布以 2005 年为基准，到 2030 年温室气体排放量减少 26%~28%，人均排放量下降至少 50%，每单位 GDP 的排放量将下降 64%。澳大利亚主要通过设立温室气体排放减少基金及其保障机制落实减排目标。然而，澳大利亚的气候和能源政策存在争议。2017 年，特恩布尔总理出台旨在加强能源安全、减少温室气体排放和降低电价的能源政策，以落实 2030 年温室气体减排目标，受到商界和能源界的一致支持，但遭到自由党党内反对；2018 年，表示“或将放弃 2030 年温室气体减排目标”，被商界抨击政府决策的准确性，破坏了可信任、可扩展和持久的能源和气候政策框架，影响电力和能源投资，影响澳大利亚国际声誉，将会受到国际贸易制裁。

（二）新兴经济体

1. 印度

印度位于亚洲南部，煤炭资源丰富，探明储量为 977.28 亿吨，约占世界总量的 9.4%。煤种分布为烟煤和无烟煤，占比高达 95%，剩余 5%为次烟煤和褐煤。印度煤炭储量高，但是煤质一般灰分高热值低，加上基础设施建设滞后，煤炭供给远不能满足需求，需要大量进口，煤种以动力煤为主，炼焦煤和动力煤进口量占据绝对数量。其中，钢铁行业所需焦煤从澳大利亚进口，供应电力和水泥行业所需动力煤从南非和印度尼西亚进口。

目前，印度人口数量位居世界第二，据预测 2024 年印度人口将超越中国，而且印度不像中国人口日趋老龄化。印度人口结构中，潜在劳动人口占比高，老龄人口占比低，优势突出。印度人口数量增长，持续释放红利，推动经济发展，增加了能源消耗，由于建设资金短缺，价格低廉的煤炭成为首选。印度政府提出“2020 年煤炭产量达到 10 亿吨”的目标，从 2006 年到 2017 年新增了 152 吉瓦的燃煤电厂项目。2017 年印度发电量为 1193 吉瓦，其中热电占比高达86%，电力供应以燃煤发电为主。

随着全球气候变化谈判进程的推进，印度作为全球人口大国和第六大温室气体排放国，能源消费需要转向清洁化和低碳化。2015年，印度政府承诺以2015年为基准，到2030年实现温室气体减排33%~35%，植被吸收25亿~35亿吨的二氧化碳，同时为本国应对气候变化设立基金。温室气体减排计划主要包括减缓气候变化、适应气候变化、资金、技术移转、能力建设5个方面，并寻求国际资金和技术转让的帮助，通过加强可再生能源利用，倡导低碳发展，出台政策保障，以实现减少温室气体排放、保护环境的目标。

印度政府为落实承诺，于2016年出台“戒煤”计划，大力发展新能源技术，计划在2017年实现全面停止煤炭进口，但是2017年煤炭进口量不降反升。2016—2017年，可再生能源成本下降了50%，首次出现新增可再生能源装机容量超过火电装机容量，规划到2027年57%的新增电力装机来自非燃煤发电，满足275吉瓦的可再生能源总容量需求。因此，按照规划需要每年新增可再生能源电力装机21~22吉瓦。还规定除在建煤电项目之外，不新建燃煤电厂。

2. 俄罗斯

俄罗斯煤炭储量居世界第三位，约为1570亿吨，其中无烟煤和烟煤491亿吨，亚烟煤和褐煤1079亿吨。近94%的煤炭资源集中在西伯利亚和远东地区，近80%的煤炭储量位于西伯利亚地区。俄罗斯煤炭已探明储量的一半以上是优质煤，灰分含量（低于15%）和硫含量（不超过1%）较低，而且焦煤储量超过俄罗斯煤炭总储量的20%。俄罗斯是世界上最大的烟煤、焦煤和动力煤出口国之一。俄罗斯煤炭生产和消费均居世界前十之列，2017年煤炭生产居第六位，煤炭消费居第五位。

苏联解体后，俄罗斯继承了大部分经济实力，但是资源出口型经济发展模式没有发生根本性改变，经济受大宗矿产商品价格波动影响比较大，尤其是石油。自2014年遭遇西方经济制裁后，俄罗斯经济发展愈加困难，GDP大幅缩水，甚至与我国广东省同期水平相当。从能源消费来看，俄罗斯属于典型的清洁型能源结构，天然气消费占比超过50%，而煤炭低于15%。煤炭主要用于发电和炼焦。受天然气价格走低影响，天然气发电超过70%，燃煤发电不足30%。由于俄罗斯油气资源丰富，而煤炭生产和运输成本相对较高，煤炭开发滞后。

相对于中国、美国和印度而言，俄罗斯温室气体排放量不大，但是俄罗斯积极参与全球气候治理。2015年，俄罗斯承诺将温室气体减排作为既定目标，计划在1990—2030年减少温室气体排放量25%~30%。俄罗斯承诺的目标落实途径，主要是鼓励燃煤发电加强环保设施建设，加强污染物和废弃物排放监测管理，发展循环经济；新建和改进核能发电，到2020年将核能发电量提升到全国总发电量的18%；为可再生能源发电市场交易提供便利条件，促进可再生能源发展。

俄罗斯为进一步促进煤炭行业可持续发展，相继出台《2035年前俄罗斯能源战略》《2030年前俄罗斯煤炭工业长期发展规划纲要》《国家资源再生和利用规划纲要》等纲领性文件。具体内容为：①以“一带一路”倡议为契机，调整出口市场，从欧洲转向亚太；②加强国际合作，引进、消化、吸收先进煤炭开采技术，提高生产效率；③大力发展煤炭清洁生产和清洁高效利用；④建立健全环保法律法规，加大环境污染的惩罚力度，加强执法。

三、煤炭国际贸易绿色需求变化

《BP世界能源展望》(2018) 数据显示，2017年世界煤炭产量为77.3亿吨，2018年全球煤炭产量为3916.8百万吨油当量，较2017年的3755百万吨油当量增长4.31%。其中，亚太地区煤炭产量为2853.1百万吨油当量；其次是北美洲，煤炭产量为400.7百万吨油当量；独联体国家煤炭产量为276百万吨油当量；非洲地区产量为155.8百万吨油当量；欧洲煤炭产量为170百万吨油当量。亚太地区煤炭消费量占全球的72.84%，《BP世界能源统计年鉴》（2019）数据显示，2018 年中国煤炭产量占世界总产量的 46%，比上年增加 0.4 个百分点。产量亿吨以上的国家有十个，按数量排序分别为：中国、印度、美国、印度尼西亚、澳大利亚、俄罗斯、南非、德国、波兰和哈萨克斯坦。前十名国家中，印度尼西亚超越澳大利亚居第四位，其余排序与上年相同，其中美国、德国和波兰煤炭产量较上年有所下降，其余国家煤炭产量均有所上涨。未来，在印度和中国需求推动下，全球动力煤产量年均增幅为 1.9%。到 2023 年，产量将达到 76 亿吨。从长期看，尽管电力需求仍然在增长，但燃煤发电比例将处于下降趋势。目前，中国和印度的燃煤发电比例分别为 67%和 75%。但是，两国都承诺减少二氧化碳排放，到 2030 年，中国和印度的燃煤发电比例将分别下降至 58.5%和 50%。

2017 年，全球煤炭消费量为 37.3 亿吨油当量，比上年上涨 1%。其中，中国占世界煤炭总消费量的 46.4%，比上年下降 4.2 个百分点。2018 年，消费量排名前十的国家是中国、印度、美国、日本、韩国、俄罗斯、南非、德国、印度尼西亚和波兰，韩国成为全球第五大煤炭消费国（见表 9-1）。

表 9-1　2018 年世界前十大煤炭消费国排名

单位：亿吨油当量

序号	国家	2018 年	同比（%）	2017 年	同比（%）	2016 年
	世界总消费量	37.73	1.4	37.18	0.32	37.06
1	中国	19.07	0.9	18.90	0.53	18.89
2	印度	4.52	8.7	4.16	2.5	4.06
3	美国	3.17	-4.3	3.31	-2.9	3.41
4	日本	1.17	-2.1	1.20	0.84	1.19
5	韩国	0.88	2.4	0.86	-3.6	0.892
6	俄罗斯	0.88	4.9	0.84	2.6	0.819
7	南非	0.86	2.0	0.84	-0.8	0.847
8	德国	0.66	-7.2	0.72	-5.0	0.758
9	印度尼西亚	0.62	7.7	0.57	6.7	0.534
10	波兰	0.51	1.5	0.50	1.0	0.495

资料来源：国家煤炭工业网。

受益于部分国家电力能源需求强劲，全球煤炭需求目前尚且维持稳定。

近期全球经济转好也有利于促进全球煤炭产量增速回升，尤其是位于经济增长较快与新能源发展滞后的国家或地区的煤炭企业有望实现稳定增长。

2017 年，受世界经济上行影响，全球煤炭需求量保持增长态势，但在不同地区存在显著结构性差异。煤炭市场需求在欧美地区持续下降，而在东南亚、南亚地区呈现上升趋势。究其原因，主要有以下几点。

第一，全球的经济已然进入上行周期，2017 年的增长率为 3.6%，全球的经济发展迅猛，估计增长率到 2018 年、2019 年能到达 3.9%，远超 2017 年。经济增长带来能源需求增加，煤炭成本低的优势具有很大吸引力，增长成为必然。

第二，欧美地区煤炭市场需求变化。美国特朗普政府上台后，为刺激经济，执行与前任奥巴马对立的煤炭政策，减缓了煤炭需求下降幅度。欧盟地区国家在不断关闭煤矿，但是波兰等国家在新建和扩大煤矿产能，总体煤炭需求下降减缓。

第三，主要是亚太地区煤炭需求增长。在东亚地区，煤炭进口总体平稳增长。其中，日本和中国台湾进口规模比较稳定，而韩国呈现飞跃式上升。在东南亚、南亚地区，经济快速增长，正处于城镇化与工业化进程中，煤炭需求急剧增长。其中，印度最为明显，煤炭生产和消费已居世界第二位。

第四，释放国际煤炭行业潜力。以“一带一路”倡议为导向的国际合作，促进了沿线国家经济的快速发展。为支撑经济增长，煤炭行业也得到快速发展。预计 2020 年前后，中国参与 25 个国家中 240 个煤电项目建设，总装机容量达到 2.51 亿千瓦。煤电项目建设带动煤炭需求，促进了国际煤炭贸易。

目前，中国仍是全球最大的煤炭消费市场，预计到 2040 年将占 40%的全球煤炭消费需求。在中国坚持执行煤炭减量化政策措施下，煤炭消费量有所减少，但是减少部分，将被印度及其他新兴亚洲经济体的需求增加所抵消。从增速方面考虑，排名第一的为印度，预计到 2040 年，印度在全球煤炭需求中的占比与 2016 年相比将会增长约 15%。在全球煤炭行业绿色发展趋势下，煤炭国际贸易绿色需求也在发生改变。为应对气候变化、减少温室气体排放等，国际社会对国际贸易流通中的商品制定了更为严格的标准，高能耗、高污染、高排放和高碳排放的商品贸易将受到极大限制，同时低能耗、低污染、低排放、高技术含量的产品比例会上升。煤炭作为一种高碳、不可再生能源，在当前绿色低碳发展的现实背景下，国际贸易要求煤炭开发通过不断提升煤炭开采技术、提高煤炭利用效率、采取切实可行的减排措施减少煤炭对生态环境的破坏，提升生态环境质量，有力地促进煤炭行业绿色发展。

第十章　我国煤炭行业绿色发展展望

在全社会贯彻落实习总书记关于加强生态文明建设、建设美丽中国、推进能源生产和消费革命，构建清洁低碳、安全高效的能源体系，做好能源“四个革命、一个合作”要求，实现“绿水青山就是金山银山”美好愿景的背景下，煤炭行业作为我国主体能源行业实现绿色发展是新时代建设美丽中国的必然要求。

一、我国煤炭行业绿色发展形势

近年来，我国能源革命不断推进，绿色发展理念在煤炭行业领域持续实践，我国煤炭行业绿色发展的内在动力和外在压力不断增强，支撑煤炭行业绿色发展的相关技术加速涌现，国家和地方也通过政策和法律文件逐步规范煤炭行业的绿色发展，我国的煤炭行业正由少节制、低效率、高污染发展转向低碳化、清洁化、智能化的绿色发展。

（一）我国煤炭行业绿色发展的现实要求

1. 两大目标要求压缩煤炭消费比例

在“蓝天保卫战”背景下，“去煤化”趋势明显。随着工业化进程的推进，化石能源消耗量增加所带来的环境污染和气候变化问题越来越严重。尤其是煤炭的高碳资源特征，使得煤炭燃烧带来大量的二氧化碳排放，伴生污染也尤为突出。煤炭作为燃料使用将得到进一步限制。近些年，我国东部地区每年秋冬季节频繁出现的大范围“雾霾”和 PM2. 5 指标爆表的极端天气，掀起了大气污染防控的“高潮”。对于作为重要诱因之一的煤炭燃烧排放，各地陆续推出“以气代煤”“以电代煤”等“去煤化”措施，以保证“蓝天保卫战”顺利推进。

碳排放强度和峰值系列目标要求降低煤炭消费比例。煤炭的化学组成决定了单位热值下二氧化碳排放更多：根据 IPCC 排放清单，天然气、原油、煤炭的碳排放系数之比为 1 ∶ 1. 31 ∶ 1. 67，而我国在《巴黎协定》中提出“到 2030 年左右使二氧化碳排放达到峰值并争取尽早达峰”“到 2030 年，单位国内生产总值二氧化碳排放比 2005 年下降 60%~65%”的自主贡献目标，对经济低碳化发展提出了更加严格的要求，其中能源消费结构改革尤其是降低煤炭消费比例是实现自主贡献目标的关键内容。《中国制造 2025》也明确了要以绿色示范工厂、绿色示范园区为抓手，推进能源重化工行业的能源消费在 2020 年达到峰值，主要污染物排放强度下降 20%。到 2025 年，制造业绿色发展和主要产品单耗达到世界先进水平，绿色制造体系基本建立，同样对控煤力度提出要求。

2. 煤炭作为主体能源的地位短期内不可替代

尽管煤炭消费比例下降的压力较大，但煤炭作为我国的主体能源，其地位短期内不可被替代。具体表现为：①我国的能源储量表现出“缺油少气，煤炭丰富”的现状，煤炭储量占化石能源的 94%，相比之下，石油和天然气仅有 6%，煤炭在我国能源消费体系中的主体地位显而易见。我国化石能源资料总储量的 95%以上是煤炭，石油和天然气分别只占 2. 45%和 2. 25%左右。从 2000 年起，原煤生产量占能源生产量的比重始终维持在 73%以上。②尽管经过了持续多年的能源结构优化调整，煤炭能源生产和消费的比例分别下降至 70%和 62%。但总体来说，煤炭生产和消费比重还是过高。③我国石油对外依存度超过 60%，逼近国际能源安全警戒线，天然气对外依存度超过 32%（2015 年），且还有快速上升的趋势，为了获取进口的石油和天然气，国家付出了大量的精力和外汇。[①]《中国油气产业发展分析与展望报告蓝皮书（2019—2020）》指出：2019 年，我国原油进口量 50572 万吨，增长 9. 5%，石油对外依

① 中国煤炭加工利用协会．张绍强：我国煤炭清洁利用进展与发展趋势［EB/OL］. http：//www. chinacoaljournals. com/i，16，7287，0.

存度达70.8%；天然气进口量9660万吨，同比增长6.9%，对外依存度达43%。

根据石油经济技术研究院《2050年世界与中国能源展望》的研究结果，中国煤炭消费（不含火电）比例将从2016年的41.6%下降到2050年的16.7%，但2050年电力结构中仍有接近33%的煤电比例，也就是说，到2050年煤炭仍承担了将近30%的能源供应（见图10-1）。

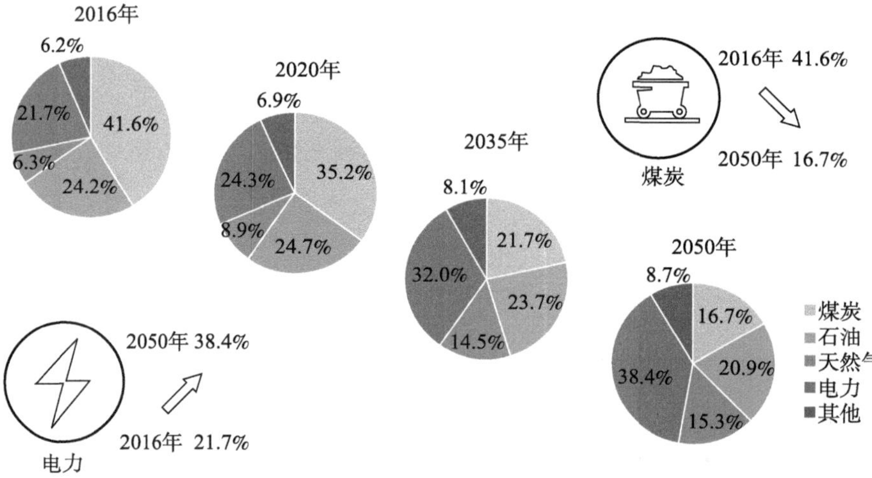

图10-1　2016—2050年能源消费结构预测

资料来源：《2050年世界与中国能源展望》。

根据《中国“十三五”煤炭消费总量控制规划研究报告（2016—2020）》（中国煤炭消费总量控制和政策研究课题组）的预测，在2℃情景和煤控情景下，2050年中国煤炭消费总量仍将达到10亿吨标准煤左右，约合实物量14亿吨。可见煤炭消费量在中短期均将保持较大的份额和绝对量。

3. 煤炭行业供给侧结构性改革形势依然严峻

煤炭行业供给侧结构性改革仍须面对两个严峻问题。一是化解过剩产能连带问题，主要是关闭退出煤矿资产处置难度依然较大，多数关闭退出煤矿资产尚未得到有效处置，既造成资产闲置又加重企业负担；多数煤炭企业债务为集团公司统借统贷，去产能关闭煤矿具有债务分割难、处置难等问题，增加了企业资金成本；股份制煤矿利益主体多，煤矿关闭后多个利益主体利益分配方案很难达成，退出难度较大；目前制造业总体不景气，能够提供的就业岗位少，去产能减掉的员工分流安置工作难度大，解决不妥当会造成社会问题。二是煤炭行业存在产能大，但落后产能多的结构性问题。根据《2017 煤炭行业发展年度报告》的数据，全国 30 万吨以下的煤矿数量仍有 3209 处、产能约 5 亿吨，其中，9 万吨及以下的煤矿数量 1954 处、产能 1.26 亿吨，[①] 可见煤炭行业进行供给侧结构性改革的任务仍然艰巨。

4. 煤炭行业绿色发展是我国生态文明建设和工业 4.0 时代的内在要求

根据前述内容，尽管环境保护和应对气候变化两个方面都对能源消费结构改革，特别是煤炭消费比例下降做出了要求，但煤炭作为我国主体能源的地位在短期内不会动摇，中长期内也将保持一定比例和数量的煤炭消费，与之匹配的庞大的煤炭行业体系也将长期存在。因此，将环保寄希望于“去煤化”是不切实际的，在工业 4.0 时代下，工业生产对能源清洁化的要求越来越高，实现煤炭行业绿色发展是我国生态文明建设和工业 4.0 时代的内在要求。

（二）我国煤炭行业绿色发展的技术支持

目前我国在煤炭行业的生产和消费领域均取得了一系列重大技术上的突破，以促进煤炭资源节约与综合利用，保证煤炭行业绿色化、高质量发展，2012 年以来已分 6 批发布了 334 项矿产资源节约与综合利用先进适用技术推广目录，其中涉煤技术 55 项，占技术数量的 16.5%。此外，一批未包含在推广目录之中的绿色技术也得到了推广。煤炭清洁高效利用也被列入未来我国 100 项重大工程，重要性凸显。当前的技术体系已经从绿色智能开采、矿山治理和修复、煤炭安全生产、资源综合利用、煤炭清洁高效利用等方面对煤炭行业绿色发展初步形成了技术支撑体系，详见表 10-1。

① 中国煤炭工业协会 . 2017 煤炭行业发展年度报告 [R]. 北京，2018.

表 10-1　煤炭行业绿色发展技术支撑体系

所属领域	技术名称
绿色智能开采	煤矿生产系统信息采集与智能识别控制技术
	建筑物下综合机械化充填采煤技术
	薄煤层顺槽控制综采自动化工作面技术
	露井联合开采技术
	水资源保护采煤技术
	7 米大采高综采工作面回采工艺
	露天煤矿端帮陡帮开采技术
	露天煤矿超薄煤层开采提质技术
	刨煤机薄煤层开采技术
	覆岩隔离注浆充填不迁村采煤技术
	煤矿深埋煤层底板注浆保水采煤关键技术
	薄煤层综合机械化高效开采技术
	水体下厚煤层有效开采技术
	村庄下与承压水上膏体充填绿色开采技术研究
	超高水材料井下充填开采技术
	高突矿井信息化建设关键技术研究与工艺示范
	煤矿井下定向深孔钻机成套技术
	极薄煤层高效综采关键技术
	分布式地下水库技术
	智能化无人开采技术
矿山治理和修复	西部干旱半干旱煤矿区土地复垦的菌根等微生物修复技术
	煤矸石井下充填置换煤成套技术
	矿井深部采区高承压水综合治理技术研究
煤炭安全生产	煤矿区水害致灾隐患高效探测与治理技术
	露天煤矿抛掷爆破—吊斗铲无运输倒堆工艺
	厚煤层综放开采顶煤水压致裂弱化技术
	高水膨胀材料充填采煤技术
	东荣一矿特厚富水砂层“天窗”下安全开采技术
	综放工作面煤炭安全高效回采成套装备优化
	西南矿区软岩支护与无煤柱开采关键技术
	急倾斜近距离煤层群瓦斯抽采技术

续表

所属领域	技术名称
煤炭安全生产	低透气性煤层增透抽采瓦斯技术
	急倾斜高瓦斯特厚煤层走向长壁综采放顶煤技术研究
	急倾斜特厚易燃煤层长壁倾斜综合开采技术研究
	厚煤层无煤柱自成巷 110 工法技术
	急倾斜煤层综放开采顶煤超前预爆弱化技术
	急倾斜中厚煤层综采技术
资源综合利用	矿井废弃热源综合利用技术
	煤矿井下废水加载絮凝磁分离处理技术
	煤矿区煤层气地面钻井抽采技术
	矿井瓦斯发电
	模块式干法重介质流化床选煤关键技术与装备
	矸石电厂及瓦斯发电余热热电冷联供技术
	基于多重探查信息的深部岩溶地热水疏放及综合利用工程配置
	高硫煤矸石高密度重介分选技术
	煤泥管道输送系统新技术
	煤矿通风瓦斯（乏风）发电利用技术
	特厚煤层采空区瓦斯地面直井抽采技术
	煤系共伴生油页岩资源综合利用技术
	高瓦斯厚煤层采煤方法改造项目
煤炭清洁高效利用	贫煤和贫瘦煤高炉喷吹技术
	易选煤复合式干法选煤技术与工艺
	煤泥复合循环流化床洁净焚烧利用技术
	中低温脱硝工艺
	低氮燃烧技术
	煤炭燃前清洁化预处理技术

资料来源：根据矿产资源节约与综合利用先进适用技术推广目录和其他资料综合整理。

（三）我国煤炭行业绿色发展的政策导向

1. 国家政策措施

2017 年，国家层面关于煤炭行业的政策主要围绕供给侧结构性改革制定和颁布，如2017年5月12日国家发展改革委发布了《2017年钢铁煤炭行业去产能工作意见》。在煤炭行业绿色发展方面，2017年1月5日印发的《国务院关于印发“十三五”节能减排综合工作方案的通知》要求煤炭、钢铁等重点行业进行改造升级，向高端化、智能化、绿色化转型。要求“加快发展热电联产和集中供热，利用城市和工业园区周边现有热电联产机组、纯凝发电机组及低品位余热实施供热改造，淘汰供热供气范围内的燃煤锅炉（窑炉）”。

2017年2月8日国家能源局印发的《煤炭深加工产业示范“十三五”规划》指出，到2020年，已建成的示范项目实现安全、环保、稳定运行，自主技术和装备可靠性得到验证，煤制清洁燃料和化工原料得到市场认可和应用，煤制油、煤制天然气单位产品的综合能耗、原料煤耗、新鲜水耗至少达到表10-2中的基准值，力争达到先进值。

表10-2　煤炭资源利用效率主要指标

单位：吨标准煤/吨

指标名称	煤制油（直接液化）		煤制油（间接液化）		煤制天然气	
	基准值	先进值	基准值	先进值	基准值	先进值
单位产品综合能耗	≤1.9	≤1.6	≤2.2	≤1.8	≤1.4	≤1.3
单位产品原料煤耗	≤3.5	≤3.0	≤3.3	≤2.8	≤2.0	≤1.6
单位产品新鲜水耗	≤7.5	≤6.0	≤7.5	≤6.0	≤6.0	≤5.5
能源转化效率（%）	≥55	≥57	≥42	≥44	≥51	≥57

2016年12月30日国家发展改革委印发的《煤炭工业发展“十三五”规划》中，对煤炭工业绿色发展的指标和应达到的水平做出了明确要求，详见表10-3。规划要求到2020年，煤炭安全绿色开发和清洁高效利用水平显著提升，职工生活质量改善，煤炭治理体系和治理能力实现现代化，基本建成集约、安全、高效、绿色的现代煤炭行业体系。

表 10-3　《煤炭工业发展“十三五”规划》对煤炭绿色发展的期望指标

指标	2015 年	2020 年	年均增速（累计）
土地复垦率（%）	48	60	[↑12]
煤矸石综合利用率（%）	65	75	[↑10]
矿井水利用率（%）	68	80	[↑12]
煤层气（煤矿瓦斯）产量（亿立方米）	180	240	5.9%
煤层气（煤矿瓦斯）利用量（亿立方米）	86	160	13.2%
原煤入选率（%）	66	75	[↑9]

《能源发展“十三五”规划》中还对煤炭绿色消费做出了要求，特别是在煤电行业，污染物排放水平要明显下降，煤电机组要向先进机组改造，进一步扩大超低排放机组改造。

《能源生产和消费革命战略（2016—2030）》对煤炭绿色消费做出了较为细致的战略安排：要求到 2020 年，煤炭消费比重进一步降低，清洁能源成为能源增量主体，2021—2030 年，逐渐减少含碳量高的化石能源消费比例，到 2050 年，能源消费总量保持稳定。

在能源消费结构上，化石能源消费比例要小于 50%。要求重点控制煤炭和石油的消费总量，在煤炭消费端对钢铁、建材等耗煤行业实施更加严格的能效和排放标准，促进绿色低碳生产。

在煤炭清洁利用方面，对煤炭生产、煤炭运储、煤炭消费多个环节做出了要求，首先是制定更严格的标准保证煤炭产品质量，控制新增产能，化解产能过剩。其次是完善煤炭清洁运储体系。最后是控制劣煤、散煤燃烧，对煤炭消费设备进行技术升级改造，包括工业锅炉（窑炉）的改造、电机机组的升级等。

在煤炭开采过程中的污染防治和生态地质修复方面，治理煤炭开采粉尘，限制硫、灰、砷、氟含量高的煤炭开采，明确矿山企业的社会责任，参与采煤沉陷区综合治理，提高煤层气抽采效率，提升煤矸石、矿井水的综合利用水平。

2. 地方代表性政策

在国家文件纷纷出台的背景下，地方政府特别是煤炭资源富集的省级行政区，也相继跟进政策文件，并针对地方特色，出台了一些更加具体、更加特色的规定，见表 10-4。

表 10-4　内蒙古自治区和山西省部分政策措施列举

省级行政区	文件名称	政策措施
内蒙古自治区	《内蒙古自治区煤炭工业转型发展行动计划（2017—2020 年）》	转型要求：煤炭行业绿色发展 转型主要目标：煤炭资源综合利用水平提高，矿区环境保护效果显著 矸石处理：加大发电和建材之中用矸石的量，新增矸石利用率大于 40%，矸石回填，对已有的矸石堆放进行处理 土地复垦：露天矿排土场复垦绿化达到 90%以上 沉陷区治理率：大于 80%
山西省	《山西省煤炭资源综合利用规划》 《关于推动煤炭清洁高效利用的实施意见》	到 2020 年： 煤矸石、粉煤灰综合利用量：1.2 亿吨 原煤入洗率：80% 洗煤废水闭路循环率：100% 煤层气抽采量：133 亿立方米，利用量：85 亿立方米 矿井水综合利用率：90% 矿井水和生活污水处置率：100% 绿色矿山建设目标：30% 到 2020 年： 建设目标：山西特色煤化工产业体系基本建成 技术方面：针对山西煤种，突破气化技术 示范项目：煤制油、烯烃、乙二醇示范项目稳定运行 量化指标：转化利用煤炭约 2 亿吨，其中焦化 1.5 亿吨、现代煤化工 3000 万吨、传统煤化工及其他 2000 万吨

二、我国煤炭行业绿色发展展望

当前，我国煤炭行业绿色发展处于起步阶段，相关的体系机制尚未完全搭建起来，在这个阶段，不仅需要明确我国煤炭行业绿色发展的重点领域、发展氛围等，还需建立统一的组织工作体系、政策法律体系、技术支撑体系和绩效评价体系，为我国煤炭行业绿色发展相关工作有序开展奠定基础。

（一）我国煤炭行业绿色发展的重点领域

作为我国经济体系中不可或缺且规模庞大的系统之一，煤炭行业绿色发展必然是围绕煤炭的开采、物流、消费等各个环节展开的。煤炭行业绿色发展涉及生产的主要领域，包括绿色矿山建设、煤炭行业绿色投资、和谐劳工关系和地矿关系、煤炭清洁生产技术等方面。物流领域主要涉及创新应用绿色运输方式、减少运输损耗和污染等。消费领域的绿色发展体现在燃煤发电、冶金炼焦、现代煤化工、锅炉用煤和民用散煤等方面。

1. 煤炭清洁生产

在绿色矿山建设方面，一是建设绿色矿区环境，合理规划矿区建设，保证矿区布局合理；矿区内煤炭生产运输存储全封闭管理，争取做到“采煤不见煤”，实行雨污分流，有效处置伴随污染。二是践行绿色开采，未来资源节约型、环境友好型开采方式和其他绿色开采技术将在煤炭开采领域得到大规模应用。三是加大资源综合利用力度，重点是矿井瓦斯、高岭土、油页岩、煤泥、煤矸石的抽采、回收和处置。四是建设现代数字化矿山，主要涉及生产技术工艺装备的现代化、煤炭开采自动化、生产管理信息化、科研投入持续化等。五是树立绿色矿山企业形象，重点在企业文化建设，企业诚信体系与环境、健康、安全管理体系建设，积极承担社会责任等方面。

在绿色煤炭项目投资方面，要做好煤炭行业项目论证和筹备的清洁生产调研和审查，严控高污粗放的项目投资，在煤炭行业投资额度下，鼓励煤炭清洁生产相关投资。要创新投融资方式，设置专项绿色资金和相关配套资金，尝试采用 PPP 等先进融资模式进行煤炭行业绿色投资。注重投资效率，定期进行煤炭绿色投资成效评估和经验推广。

在绿色劳工关系和地矿关系构建方面，要保障员工合法权益，丰富员工的精神文化生活，加大安全生产的监督力度和宣传力度，加大安全生产方面的技术研发和投资建设。要创建和谐地矿关系，主动承担促进就业等社会责任，及时有效合法处理相关权益纠纷。

在煤炭行业绿色技术体系建设方面，要多渠道增加煤炭行业绿色技术研发项目的立项个数，合理整合相关科研力量，积极调动企业、高校和其他科研单位及相关主体的研发积极性，特别是加大对一线技术人员解决实际问题和创新相关技术的奖励力度。适度加大煤炭绿色技术研发的投融资，多元化技术研发的投资主体，加强研发效率监管，提高研发资金使用效率。

2. 煤炭绿色物流

煤炭行业大力建设发展 14 个能源基地部署，行业集中度会进一步提高，煤炭物流压力将会加大。煤炭物流作为联通煤炭生产和消费的重要环节，是煤炭行业绿色发展体系的重要组成部分，仍需重点优化运输方式和网络、规范仓储管理以及提高信息化建设等。

3. 煤炭绿色消费

针对我国煤炭消费现状，应理顺思路，分清各个消费领域污染程度如何，哪些领域很好治理，哪些领域难以治理，须寻求其他途径。2017 年，我国煤炭消费主要领域和比例如图 10-2 所示。

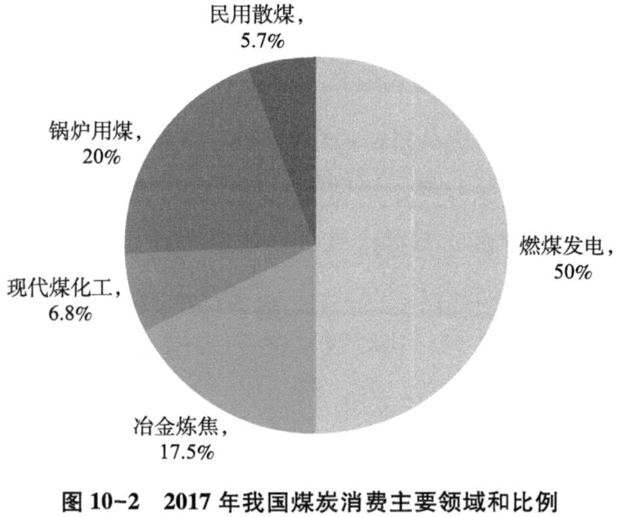

图 10-2　2017 年我国煤炭消费主要领域和比例

燃煤发电方面：目前全国约9.4亿千瓦煤电中，已有50%以上完成节能升级改造，实现了超低排放发电（“超低排放”的概念目前尚有争议，约定俗成的是以燃气发电排放标准为标杆，烟气粉尘排放浓度小于10毫克/立方米、二氧化硫排放浓度小于35毫克/立方米、NO_x排放浓度小于5毫克/立方米）。经过超低排放节能升级改造，我国的煤电机组中已经有5.8亿千瓦以上的机组实现了超低排放。国家已经明确规定，到2020年全国所有燃煤电厂都要改为超低排放，主要途径是对存量机组进行升级改造以实现超低排放，或是将超低排放机组进一步升级，实现更高标准的绿色化发电。例如，神华三河热电厂和国电廊坊热电厂的烟囱粉尘排放浓度最佳值已经达到0.23毫克/立方米，二氧化硫排放稳定在20毫克/立方米以内，NO_x稳定在30毫克/立方米左右，这些指标比燃气发电排放标准更低，且有成本优势。

冶金炼焦方面：由于焦炭在冶金行业高炉中既是加热燃料，也是鼓风通道支撑骨料和铁矿石炼铁的还原剂，因此在金属冶炼过程中天然气替代不了焦炭。炼焦（包括生产兰炭）和高炉炼铁冶金时，产生的大气排放物存在污染，现有技术和装备对这一大气排放物进行处理后也完全可以做到“超低排放”。目前大范围开展的绿色升级改造治理行动有对焦油池进行封闭、对焦炉气进行综合利用、对VOC_s逃逸进行焚烧净化等。

现代煤化工方面：一是开发高效经济的煤气化新技术。如：针对煤质特征和产品要求，开发煤质适应性强、处理能力强、自动化程度高的气化技术，重点开发8.7兆帕单炉投煤量3000吨/天的水煤浆气化技术、4.0兆帕单炉投煤量3000吨/天的干煤粉气化技术、1500吨/天的固定床固态排渣气化技术、1000吨/天的固定床连续液态气化技术。二是积极开发煤制清洁液体燃料和高能液体燃料。如：开展单系列100万~180万吨/年直接液化制高能燃料技术开发与示范、单系列100万吨/年煤油共炼工程示范、单系列100万吨/年以上的费托合成高端化学品工程示范，推进煤制清洁液体燃料的高端化。三是大力发展煤制天然气。如发展煤制天然气能有效弥补供应缺口，重点开发甲烷化关键技术及工程化示范研究，获得单系列20亿立方米/年自主知识产权技术。四是有序发展煤制烯烃，积极发展煤制芳烃。如加快研发单系列60万~100万吨/年新一代甲醇制烯烃技术、单系列100万吨/年大型甲醇合成技术与装备、单系列100万吨/年煤制芳烃技术，努力实现乙二醇商业化装置的稳定运行和产品质量提升。五是研究开发煤制氢气。研究新一代煤催化气化制氢、氢气纯化技术，降低制氢成本，为大规模制氢奠定基础。六是研究开发煤制碳纤维。在碳纤维制备技术上，实现抗拉强度最高（7.02吉帕）、单丝直径最细（5.3微米）的碳纤维制备，达到世界先进水平；进一步研发抗拉强度超过9吉帕、单丝直径低于4微米的碳纤维；在产业发展方向上，促进高强型碳纤维规模生产，高强中模型碳纤维实现产业化，并逐渐开拓和巩固碳纤维复合材料的市场。

锅炉用煤方面：目前我国燃煤供热供暖工业锅炉近48万台，每年消耗7亿吨左右非发电用煤，这部分煤炭消费属于散煤范围，是燃煤污染较为严重的领域。一方面，数十年来我国中小型工业锅炉出于成本考虑，一直采用层燃型燃烧器，工业锅炉技术进步缓慢；另一方面，由于管理方式和标准不能及时跟进，市场需求和技术进步的动力不足，燃煤工业锅炉效率低、烟气污染防控设施简陋、运行维护和管理水平低下，建设选址监管缺失。未来锅炉用煤将是煤炭行业消费端绿色发展的重点领域，主要是加强相关的监管工作，一是创新监管方式，扩大监管范围，重点监测工业生产企业和集中供热供暖的用户锅炉的清洁用煤；二是制定不同类型锅炉的排放标准和配套环保设备标准等；三是注重技术创新和锅炉清洁升级改造，如对于20蒸吨/小时以上等级的工业锅炉进行烟气净化改造，使其达到超低排放，对于10蒸吨/小时以下的小锅炉，由于过度分散、炉型老旧、容量小、能效低、烟气治理单位成本过高和总体运行管理水平差，不宜再进行改造，应加快淘汰进程，大力支持整合更换。

民用散煤方面：我国民用散煤消费总量每年在2亿吨左右。占全国人口一半的农村居民，居住分散，经济承受能力偏低，长期使用传统、落后的炉具、灶具，烧散煤用于炊事和取暖，燃煤产生的废气低空直排，是主要的燃煤面源污染源，也是散煤污染最难治理的领域。据有关资料分析，目前全国有 6600 多万户农村和城乡接合部常年使用散煤用于炊事和取暖。对这部分民用散煤用户，应根据具体情况多策并举分别进行治理：对城乡接合部燃煤用户，优先采用“以气代煤”“以电代煤”进行能源品种更换，禁燃煤制品。对居住相对集中的大中型农村地区，优先采用点供办法进行 LNG 替代和集中供热供暖改造，减少散烧劣质煤。对老少边穷等偏远地区，允许在采用新型高效炉具的基础上燃用清洁化煤制品，包括无烟块煤、兰炭、固硫抑尘型煤、生物成型燃料，以及沼气、风光电、地热等新型能源，逐步淘汰散烧煤，同时加大对该地区清洁能源改造的资金补贴和设备支持。

（二）“一带一路”倡议中的煤炭绿色发展展望

自 2013 年下半年习近平主席在出访中亚和东南亚国家期间，先后提出共建“丝绸之路经济带”和“21 世纪海上丝绸之路”（以下简称“一带一路”）的重大倡议以来，我国围绕“一带一路”推进了诸多有力举措，取得了一系列可喜的成就。在此期间，能源合作特别是能源绿色发展作为“一带一路”的内容之一，也在有序开展，并取得了有益的进展。

2017 年 5 月，《推动丝绸之路经济带和 21 世纪海上丝绸之路能源合作愿景与行动》指出，中国将持续不断地推进能源国际合作，深度融入世界能源体系，愿意在力所能及的范围内承担更多的责任和义务，为全球能源绿色发展做出更大的贡献。这无疑为煤炭绿色参与“一带一路”能源合作提供了巨大机遇，这种机遇体现在煤炭绿色发展技术合作开发、绿色发展技术应用推广和迭代周期缩短、煤炭绿色产业链的延伸等诸多方面。

在燃煤绿色技术推广和应用方面，“一带一路”沿线燃煤电厂投资建设是典型的模式，例如，印度尼西亚塔卡拉燃煤电站项目总装机容量 2×100 兆瓦，为印度尼西亚第二期 1000 万千瓦电力发展计划重点项目之一，电站提前建成投产有效缓解了苏拉威西省南部地区电力供应紧张的局面；胡布燃煤电站项目（简称胡布电站）是 11 个中巴经济走廊能源项目之一（11 个能源项目总装机达 7470 兆瓦），由中国电力国际有限公司参与投资建设。该电站的建设将大量采用超临界技术之类的先进技术，以保障经济效益和环境效益的协同发展。在废弃排放物处理方面，采用先进的海水脱硫技术、电除尘技术、低氮燃烧技术等，以降低硫、粉尘和氮氧化物的排放。再如，在越南承建的永新燃煤电厂一期项目，是迄今中国企业在越南的最大投资项目，致力于打造花园式电厂，首次在越南采用超临界 W 火焰锅炉技术。

在绿色矿山建设方面，煤炭矿山建设理念和技术将在“一带一路”建设中大有作为。如，中铁隧道局集团有限公司与中国煤炭科工集团有限公司联合体以 EPC 模式承揽的沙尔贡煤矿现代化改造项目，将是乌兹别克斯坦第一个现代化井工矿，是中国优势产能和乌兹别克斯坦煤矿转型升级的有机结合，升级改造后的产能将由 16 万吨/年提升至 90 万吨/年。

现代煤化工也是“一带一路”煤炭绿色合作的重要内容，如哈萨克斯坦煤炭资源丰富，中方可以向哈方提供煤化工设备和技术，从而推动双方在煤制气、煤制油等煤化工领域的深入合作。

煤炭企业作为最基本的生产单位，是推进和促成“一带一路”能源绿色生产、产能合作的主力军。“一带一路”沿线企业可在技术、资本、贸易等方面开展合作。在技术合作上，通过购买、控股等多种方式，获得勘探权和开采权，从而将我国的先进勘探技术和采掘技术应用于“一带一路”的能源生产过程中，并在技术应用中针对各地的生态环境进行创新和突破。在资本合作方面，通过股权合作等方式开展合作营运。在贸易合作上，通过“一带一路”的平台，达成战略联盟，从而降低贸易壁垒，共同设立绿色贸易标准，推进能源贸易绿色化。①

总之，在“一带一路”平台的支撑下，开展煤炭绿色合作，既可以为中国在煤炭行业绿色发展方面积累国际经验和相关技术，也可以牵引加速国内煤炭行业的绿色发展，甚至可以形成中国煤炭行业绿色发展的指标体系、评价体系等，引领全球煤炭行业绿色发展。

---

① 中国煤炭资源网．“一带一路”煤炭绿色产能合作前景看好［EB/OL］. http：//field. 10jqka. com. cn/20170911/c600386570. shtml.

（三）煤炭绿色发展的阶段特征和长期目标

为应对气候变化、现代化经济体系建设、供给侧结构性改革等诸多政策和发展目标，我国未来必将掀起一场煤炭革命，这场革命将涉及煤炭生产消费的各个环节，通过煤炭行业的绿色发展，将煤炭最终转变为一种清洁能源。

1. 煤炭绿色发展的阶段特征

从时间角度看，煤炭的生产历经了几个世纪，可以总结为两个阶段。第一个阶段主要是人工开采，效率低、产量小、劳作环境艰辛，以露天和浅层煤为主，那时的煤炭消费主要是用作燃料，这个阶段可称作“煤炭 1.0”阶段。到“煤炭 2.0”阶段，机械化开采被广泛应用，煤炭消费领域也由单一燃烧转向了煤焦化、煤化工等多个领域。目前，我国乃至全球的煤炭开采和消费效率大幅提升，利用方向十分广泛，但随着煤炭开采的负外部性越来越大，煤炭绿色发展的呼声越来越高，相关行动开始付诸实践，可以说，当前进入了“煤炭 2.0”阶段的后期。

从空间角度看，“煤炭 1.0”阶段主要是露天开采和浅层煤开采，进入“煤炭 2.0”阶段后，随着机械化作业的普及，开采深度已达到 1.5 千米，地压环境、地温等地质条件与过去完全不同，亟须创新开采手段和方法，减少人工在地下作业的比重。①

2. 煤炭绿色发展的长期目标

按照煤炭行业的发展历程，未来 30 年，我国煤炭绿色发展将依次经历煤炭 3.0 阶段、煤炭 4.0 阶段和煤炭 5.0 阶段，最终实现煤炭绿色清洁高效生产和应用。未来三个阶段的时间节点以及主要目标如表 10-5 所示。

---

① 谢和平，王金华，王国法，等．煤炭革命新理念与煤炭科技发展构想［J］．煤炭学报，2018（5）：1178-1197.

表 10-5　煤炭工业发展三个发展阶段主要目标列示

阶段	时间节点	发展目标
煤炭 3.0 阶段	2020 年	人员投入：减少井下人员 核心目标：实现煤炭智能开采和超低排放洁净利用 排放目标：接近天然气排放水平 生态保护：最大限度地消除煤炭开采及利用的环境负效应 开采深度：<2000 米 智能化水平：全矿井实现自动化、智能化 开采技术：充填开采、保水开采、多资源联合开采，智能化无人开采
煤炭 4.0 阶段	2035 年	阶段定位：能源技术由量变到质变的突破期和转换期 人员投入：井下无人 排放水平：接近清洁能源排放 关键技术：无人化开采、流态化开采、近零排放以及液态化开采
煤炭 5.0 阶段	2050 年	阶段定位：颠覆传统煤炭开采理念和技术体系，实现深部资源原位液态化开采 人员投入：井下无人 开采深度：3000 米 阶段特征：井下无人、井上无煤，固体煤炭资源转变为气态、液态 技术支撑：以人工智能、分布式控制技术为基础，打造采、选、充填、气化、发电一体化的高可靠性智慧装备系统，提高地下空间的开发利用技术

资料来源：谢和平，等．煤炭革命的战略与方向［M］．北京：科学出版社，2018.

3. 互联网人工智能时代下的煤炭绿色发展

煤炭绿色发展必须依靠一系列技术体系的支撑，而当下互联网和人工智能技术迅速发展，煤炭智能化生产、绿色生产和消费也迎来了空前机遇。代表性技术有：现代化的智能遥感技术、“互联网+大数据”信息处理系列技术，这两大技术在煤炭工业绿色发展中的支撑作用如表 10-6 所示。

表 10-6　互联网人工智能技术在煤炭工业绿色发展中的应用前景

技术名称	应用前景
现代化的智能遥感技术	应用环节：开采前的勘察和详查 支撑技术：多维立体成像技术 可实现的功效：确定煤炭资源赋存定位、资源储量，确定伴生资源、周边地质构造等 应用作用：实现地下煤炭资源信息可视化，根据资源性质采取恰当的采掘方案
"互联网+大数据"信息处理系列技术	应用环节：井下开采环节 支撑技术：智能采掘技术与装备、井下人工智能机器人、3D 打印、集群控制、定位与导航技术等、物联网技术 应用效果：增加煤炭开采过程的智能化，使运输实现流态化，减少井下人工

在这两大技术体系的支撑下，智能化无人开采、流态化开采技术、地下空间的开发利用技术等煤炭绿色发展的核心技术得以创新和应用在煤炭发展的各个阶段。这三大技术的应用演进路线如表 10-7 所示。

表 10-7　煤炭工业绿色发展关键技术应用演进路线

智能化无人开采	2020 年以前：2000 米以浅智能化开采 2020—2035 年：3000 米以浅智能化无人开采 2030—2050 年：打造 3000 米以深的智慧矿山，实现井下无人
流态化开采技术	2020 年以前：前瞻性理论、基础性技术研究 2020—2035 年：建立现有煤炭开采及转化技术体系对流态化开采的基础支撑架构，部分流态化开采关键技术的深部原位实现 2030—2050 年：重大关键技术实现突破，开展现场实施，并随着开采深度的加深，不断进行颠覆性创新
地下空间的开发利用技术	2020 年以前：500 米以浅废弃矿井空间开发利用 2020—2035 年：2000 米以浅深部地下空间开发利用，用于医疗、实验等用途 2030—2050 年：开展与流态化开采相配套的地下空间开发利用技术研究

三、我国煤炭行业绿色发展的政策建议

党的十九大报告提出，推进能源生产和消费革命，构建清洁低碳、安全高效的能源体系，进一步指明了新时代煤炭行业的发展方向，提出了新的更高的要求。煤炭行业要坚持以习近平新时代中国特色社会主义思想为指导，

认真贯彻党的十九大精神，以生态文明建设为指引，推进煤炭行业绿色发展，推动煤炭行业实现更高质量、更有效率、更可持续的发展。

（一）建设四大体系

目前，我国煤炭行业绿色发展的重点领域已有相当显著的工作成效，但是各个领域存在各自为战的现象，难以统一进行规划、实施、监督和评估，各领域之间的技术、政策等进度不一，如：尽管传统煤化工现代化改造的技术已经具备，但由于政策和法律制定滞后，煤炭企业在升级改造时大打“擦边球”。因此，当前我国煤炭行业绿色发展的主要任务是形成系统性的绿色发展体系，亟须统筹各个领域，统一形成四大体系。

一是制定煤炭绿色发展政策法律体系。为保证煤炭行业生产、物流、消费全面实现绿色发展，宜将当前煤炭绿色开采、绿色物流、绿色矿山、散煤治理等内容统筹形成煤炭行业绿色发展规划，促进各领域协调实现绿色发展。各细分领域制定相关政策的过程中，要根据各领域之间的上下游关系和其他联系兼顾其他领域的政策协调性，促进煤炭行业绿色发展政策体系的统一性。要建立煤炭行业绿色发展的法律法规保障体系，对相关企业和个人的责任义务以及违规处罚等做出系统性的规定。

二是完善煤炭绿色发展技术支撑体系。目前，我国在煤炭行业绿色发展相关领域已经具备和应用了一批先进技术。为使各个领域协调实现绿色发展，宜调查和研究各个领域当前的紧缺技术、各领域间关键技术的支撑关系，统一编制煤炭行业绿色发展技术体系目录，加大绿色技术的创新和引进力度，建立先进技术推广工作机制，定期开展技术交流和分享活动，在交流中推广，在交流中创新。

三是创建煤炭绿色发展组织工作体系。为促进煤炭行业绿色发展，宜在原有相关部门和机构内，增加绿色发展职能机关，并由相关负责人担任该职能部门的主要领导，统筹负责煤炭行业绿色发展的规划、监督和评估等职责。各领域之间要形成相互联系的工作体系，定期开展工作交流，统筹煤炭功能绿色发展的相关资源和力量。建议在自然资源部等官方网站醒目位置开辟煤炭行业绿色发展专栏，专题进行监督管理和经验分享。要在煤炭行业的各个领域加大宣传力度，营造煤炭行业绿色发展的文化氛围。

四是建立煤炭绿色发展绩效评估体系。要加强煤炭行业绿色发展的顶层设计，科学研究制定相关领域绿色发展的重点工作内容和任务，在每个任务下研究制定“规定动作”和“自选动作”，并根据工作内容设计绩效评估指标和评价方法，科学开展煤炭行业绿色发展绩效评估。论证绿色发展绩效评估结果与企业发展绩效考核挂钩的相关机制。

（二）建设以绿色发展为核心的现代煤炭行业体系

现代煤炭行业体系主要由五大部分组成。

一是推动绿色智能开采。加大工业互联网技术、人工智能技术等先进技术在煤机装备制造和控制系统设计中的应用，提高采掘设备和控制系统的智能化、自动化水平，提升全部开采环节的智能化水平，以提高煤炭资源利用率，降低能耗和水耗，减少污染物排放。

二是推动绿色矿山建设。从煤矿生产的前期勘察设计到开工建设，再到投产采煤，全过程要按绿色矿山的标准建设，最大限度地避免对生态环境和地质环境的损害。因地制宜推广保水开采和瓦斯共采，提高伴生资源的综合利用率。应用先进技术，加大生态恢复力度。积极承担企业社会责任，构建和谐地矿关系。

三是推进煤炭清洁高效利用。控制散煤使用规模，特别是北方冬季采暖的散煤使用，构建集中、高效、清洁、绿色的供暖体系。大力推进燃煤设备升级改造工程，在工业锅炉和窑炉、电力机组等用煤大户上，开展燃煤清洁化燃烧和超低排放改造。

四是推动现代煤化工绿色发展。加大研究力度，突破技术掣肘，提高原材料与设备的适应性，优化煤化工生产工艺，推进煤化工实现清洁、高效利用。突出绿色发展导向，推动煤焦化、煤气化、煤炭深加工高端化、规模化发展。

五是建设现代煤炭市场交易体系。首先，推进煤炭行业绿色产品交易规则和标准等制定、实施以及惩罚机制的建设。其次，以试点示范为导向，倡导绿色交易数据中心建设，推动数据中心节能降耗。再次，完善煤炭市场绿色产品监管服务，加大监测预警，实现有序交易，有效监管。复次，发展煤炭市场绿色产品期货交易，调节供给与需求的长期关系，避免短期内价格产生剧烈波动。最后，煤炭企业进行产业链延伸，发展绿色物流服务，发挥协同效应，降低综合成本，探索现代煤炭市场交易建设。

（三）提升煤炭行业绿色发展科技创新能力

加强煤炭绿色科技创新体系建设。坚持以煤炭安全绿色智能化开采和清洁高效低碳集约化利用为主攻方向，健全完善煤炭绿色科技创新平台，优化科技创新资源配置，推进科技与产业横向联合，促进产学研用深度合作，系统提升行业持续创新能力。

推动煤炭绿色科技基础理论研究、关键技术攻关与重点工程示范。加强煤炭资源综合开发利用、煤矿重大灾害防治与环境保护、煤炭高效转化与清洁利用等基础理论研究和关键技术攻关，扎实推进企业技术升级、煤炭安全绿色开采、煤炭深加工、煤层气开发利用等重点示范工程建设，推广煤矿绿色开采、煤田高精度勘探、煤矿巷道全断面掘进、井下高效清洁辅助运输等先进适用技术，着力提升煤炭生产力水平。

提高煤机装备制造水平。按照《中国制造 2025》总体战略部署，加强煤炭智能地质钻探、高效绿色开采、智能开采洗选、灾害防治和应急救援等关键装备的攻关，不断提升关键零部件的加工精度、性能稳定性、质量可靠性并延长其使用寿命，提高煤机装备成套化和国产化水平，为煤炭结构调整、转变发展方式提供有力支撑。推动“知识型+技能型+创新型”人才队伍建设。优化升级煤炭行业人才结构，突出煤炭企业国际化、煤炭开采绿色化、煤炭利用清洁化、企业管理智能化的要求，加快培养一批高层次国际化经营管理人才、科技研发人才、工程技术类人才等，组建知识型、技能型、创新型人才队伍，提升推动现代化煤炭经济体系建设的人力资本。

（四）推动煤炭绿色发展对外合作

以“一带一路”建设为依托，将可持续发展理念融入项目建设，加强同沿线国家能源发展战略对接，重点开展国家之间的煤炭资源禀赋、煤炭相关法律法规、煤炭产业政策、煤炭贸易政策和人文习惯研究，共同推动煤炭绿色发展。以政府为平台，加强煤炭行业协会、煤炭学术界、煤炭企业界的交流沟通，建立战略合作伙伴关系，深化互信合作、促进互利共赢。建立煤炭国际贸易及技术信息交流平台，强化资金流、物流和信息流一体化建设，为煤炭贸易开展奠定基础保障。推动煤炭国际合作由注重规模速度向注重质量效益转型，以煤炭产能合作为契机，输出我国先进煤炭开采技术、设备、管理和标准，由注重资源开发转向绿色发展，引导国际合作朝着优化结构、拓展深度、提高效益方向转变。

参考文献

［1］周其刚．煤矿区开发生态约束力评价指标体系研究［J］．能源环境保护，2013（8）：16-18.

［2］王继明．煤炭的绿色开采（上）［N］．陕西日报，2016-01-29.

［3］谷树忠，王兴杰．绿色发展的源起与内涵［N］．中国经济时报，2016-05-20.

［4］姜大霖，聂立功．我国煤炭行业绿色发展的内涵与低碳转型路径初探［J］．煤炭经济研究，2016，36（11）：17-21.

［5］王佟，张博，王庆伟，江涛．中国绿色煤炭资源概念和内涵及评价［J］．煤田地质与勘探，2017，45（1）：1-8.

［6］白中科，杨侨，白甲林．论绿色矿山建设的源头管控与过程监管［J］．中国矿业，2018（8）：75-79.

［7］司春彦，雷涯邻，李宪海．政策网络视角下我国煤炭地区绿色发展政策设计［J］．中国矿业，2016，25（3）：54-57.

［8］郝秀强．我国煤炭行业清洁生产水平评价研究［J］．中国煤炭，2018，44（3）：9-14.

［9］国家发展改革委．煤炭工业发展“十一五”规划［Z］．2007.

［10］国家发展改革委．煤炭工业发展“十二五”规划［Z］．2012.

［11］中国煤炭工业协会．2017 煤炭行业发展年度报告［R］．北京，2018.

［12］国家统计局．中国统计年鉴（2017—2018）［M］.

［13］国家统计局．中国 2017—2018 年国民经济和社会发展统计公报［Z］.

［14］国务院．中国制造 2025［Z］．2015.

[15] 工业和信息化部. 工业绿色发展规划（2016—2020年）[Z]. 2016.

[16] 国务院. 能源发展战略行动计划（2014—2020年）[Z]. 2014.

[17] 国家发展改革委，国家能源局. 能源生产和消费革命战略（2016—2030）[Z]. 2016.

[18] 何建坤. 实施能源革命战略促进绿色低碳发展 [J]. 科学中国人，2017（28）.

[19] 国土资源部，等. 全国矿产资源规划（2016—2020年）[Z]. 2016.

[20] 中国煤炭工业协会. 煤炭工业"十三五"结构调整指导意见 [Z]. 2016.

[21] 国家能源局. 煤炭清洁高效利用行动计划（2015—2020年）[Z]. 2015.

[22] 姜耀东，张博，宋梅，孙旭东. 煤炭清洁高效利用与中国的碳减排战略 [A] //苏树辉，袁国林，李玉崙. 国际清洁能源发展报告（2015）[M]. 北京：社会科学文献出版社，2016.

[23] 国家能源局. 煤炭深加工产业示范"十三五"规划 [Z]. 2017.

[24] 中国煤炭工业协会. 关于推进煤炭工业"十三五"科技发展的指导意见 [Z]. 2016.

[25] 中国煤炭建设协会. 关于煤炭工业"十三五"基本建设的指导意见 [Z]. 2016.

[26] 中国煤炭工业协会. 2015年中国煤炭行业运行报告 [Z]. 2016.

[27] 新华每日电讯. 何为结构性改革？该如何推进 [EB/OL]. http：//cpc.people.com.cn/n/2015/1111/c64387-27803380.html，2005-11-11.

[28] 牛犁. 供给侧结构性改革正在破解煤炭领域深层次矛盾 [N]. 中国经济时报，2017-07-07（008）.

[29] 李平. 煤炭行业"去产能"今年能否破局？[N]. 中国矿业报，2016-01-28（006）.

[30] 国家发展改革委，国家安监局，国家煤矿安监局，国家能源局. 关

于做好符合条件的优质产能煤矿生产能力核定工作的通知［EB/OL］. http：//www. chinacoal-safety. gov. cn/xw/zt/2018zt/mkscnlgl/zcwj/201803/t20180323_ 203804. shtml.

［31］国家发展改革委．扎实推进煤炭去产能工作再上新台阶［EB/OL］. http：//www. mlr. gov. cn/xwdt/bmdt/201708/t20170811_ 1562873. htm.

［32］行业效益增加，结构调整加快大型现代化煤矿成煤炭生产主体［N/OL］. 人民日报，http：//www. gov. cn/xinwen/2018-03/28/content_ 5277940. htm，2018-03-28.

［33］中国煤炭工业协会．2016 煤炭行业发展年度报告［R］. 北京，2017.

［34］贺佑国，叶旭东，王震．煤炭工业发展形势及“十三五”展望［N］. 中国能源报，2015-02-02.

［35］国家发展改革委．煤炭工业节能减排工作意见［Z］. 2007.

［36］胡庆明．国务院印发《节能减排“十二五”规划》［J］. 石油石化节能，2012，2（9）：56.

［37］国务院．大气污染防治行动计划［Z］. 2013.

［38］国家发展改革委，环境保护部、国家能源局．煤电节能减排升级与改造行动计划［Z］. 2014.

［39］国家能源局．关于促进煤炭工业科学发展的指导意见［Z］. 2015.

［40］中国振动机械网．“十三五”煤炭洗选加工和煤化工发展“指导意见”［EB/OL］. http：//www. findzd. com/industry/122603. html.

［41］北极星环保网．关于煤炭工业“十三五”节能环保与资源综合利用的指导意见［EB/OL］. http：//huanbao. bjx. com. cn/news/20161103/785928. shtml.

［42］前沿产业研究院．2018 年国家环保产业最新政策汇总及解读［EB/OL］. http：//www. h2o-china. com/news/view？id=272598&page=2.

［43］全国人民代表大会常务委员会．中华人民共和国环境保护税法［Z］. 2016.

[44] 生态环境部．湖北省对外公开中央环境保护督察整改情况［EB/OL］．http：//www. mee. gov. cn/gkml/sthjbgw/qt/201805/t20180515_ 439495. htm.

[45] 生态环境部．陕西省对外公开中央环境保护督察整改情况［EB/OL］．http：//www. mee. gov. cn/gkml/sthjbgw/qt/201805/t20180515_ 439484. htm.

[46] 生态环境部．云南省贯彻落实中央环境保护督察反馈意见问题整改总体方案［EB/OL］．http：//www. mee. gov. cn/gkml/sthjbgw/qt/201704/t20170427_ 413088. htm? COLLCC=1725079236&.

[47] 生态环境部．河北省贯彻落实中央环境保护督察组督察反馈意见整改工作进展情况［EB/OL］．http：//www. mee. gov. cn/gkml/sthjbgw/qt/201705/t20170525_ 414790. htm.

[48] 贺佑国．2017 中国煤炭发展报告［M］．北京：煤炭工业出版社，2017.

[49] 尚建选．科技创新驱动煤炭绿色高效开采与分质清洁转化［C］．中国科协年会，2016.

[50] 张东京，王秀云．浅谈煤炭高效清洁利用［J］．山东煤炭科技，2017（2）：170-171.

[51] 煤炭洗选尴尬几多?［N/OL］．中国矿业报，中国矿业报网，http：//www. zgkyb. com/observation/20150330_ 15139. htm.

[52] 国家发展改革委．煤炭物流发展规划［Z］．2013.

[53] 秦芬芬．推进运输结构调整政策的思考［J］．综合运输，2018，40（12）：83-87.

[54] 胡洋，赵达，孙斌勇．煤炭行业绿色物流探析［J］．物流科技，2013（12）：48-50.

[55] 李保玉．煤炭企业循环经济发展战略及模式研究［J］．煤炭经济研究，2011，31（2）：17-21.

[56] 国家发展改革委，等，煤矸石综合利用管理办法（修订版）［EB/OL］．http：//www. ndrc. gov. cn/zcfb/zcfbl/201501/t20150112_ 659942. html，2015.

［57］《煤层气（煤矿瓦斯）开发利用“十三五”规划》发布［J］. 天然气工业，2016，36（12）：79.

［58］国家发展改革委 .《国家重点节能低碳技术推广目录》（2017 年本，节能部分）技术报告［Z］. 2018.

［59］孙永奎 . 型煤加工及利用［J］. 江苏煤炭，2003（2）：41-42.

［60］王中伟 . 科技风向：更精准更节约更环保［EB/OL］. 中国煤炭网，2017-08-21.

［61］国家煤炭工业网 .《煤炭工业“十三五”推广应用先进技术》目录［EB/OL］. 2016-04-19.

［62］电力规划设计总院 . 中国能源发展报告 2017［R］. 2018.

［63］毛涛 . 论我国煤炭清洁高效利用的法律政策保障［J］. 环境保护，2017，45（12）：35-38.

［64］人民网 . 煤炭清洁高效利用之路——国内首台“近零排放”燃煤机组在神华国华舟山电厂投产［EB/OL］. http：//energy. people. com. cn/n/2014/0925/c387883-25732387. html，2014-09-25.

［65］樊金璐 . 煤炭清洁高效利用方式发展方向研究［J］. 中国能源，2016，38（9）：20-22.

［66］林火灿 . 煤炭清洁高效利用步伐加快［N］. 经济日报，2018-01-25.

［67］杨迪 . 东方锅炉首创技术让大型燃煤机组更高效清洁［N］. 经济参考报，2018-06-21.

［68］樊金璐 . 煤炭清洁高效利用方式发展方向研究［J］. 中国能源，2016，38（9）：20-22.

［69］大众网 . 潍坊开展散煤清洁治理 3 年行动　用清洁型煤补贴［EB/OL］. http：//www. ccoalnews. com/201705/31/c14516. html，2017-05-31.

［70］王辅臣，代正华 . 煤气化——煤炭高效清洁利用的核心技术［J］. 化学世界，2015，56（1）：51-55.

［71］刘江 . 煤化工是实现煤炭清洁利用的能源革命［N/OL］. 经济参考

报，http：//jjckb. xinhuanet. com/2017-11/13/c_ 136747522. htm，2017-11-13.

［72］鄢丽娜. 能源革命中，煤炭该做什么？［EB/OL］. 中国煤炭网，2017-06-30.

［73］郭水文. 神华集团煤炭清洁高效利用的实践与途径［J］. 煤炭经济研究，2017，37（12）：34-37.

［74］杨沛洁，王育红. 平煤神马煤焦化绿色发展迈入新里程［N］. 平顶山日报，2014-10-20.

［75］2020年前气化用水煤浆用量预计将突破2亿吨［EB/OL］. 中国煤炭资源网转载自《中国能源报》，http：//www. sxcoal. com/news/4565484/info.

［76］管西龙，朱艳艳，刘殊丽. 煤炭的高效清洁利用技术进展［J］. 氮肥技术，2015，36（4）.

［77］国家发展改革委，国家能源局. 能源技术革命创新行动计划（2016—2030年）［Z］. 2016.

［78］许家林，钱鸣高. 绿色开采的理念与技术框架［J］. 科技导报，2007（7）：61-65.

［79］陈华. 关于煤炭绿色开采技术实现途径的探讨［J］. 科技创新与应用，2012（13）：70.

［80］张国桥，李钢. 煤炭绿色开采技术及其应用［J］. 中国煤炭，2008（8）：112-113+120.

［81］王家臣. 煤与瓦斯共采需解决的关键理论与研究现状［J］. 煤炭工程，2011（1）：1-3.

［82］方君实. 煤层气"十三五"规划解读［J］. 化工管理，2017（1）：51-52.

［83］浦其建. 注浆减沉开采技术应用实践［J］. 科技创业家，2014（8）：119-120.

［84］吴历勇. 煤矿区生态恢复理论与技术研究进展［J］. 矿产保护与利

用，2012（4）：54-58.

［85］袁亮．淮南矿区现代采矿关键技术［J］．煤炭学报，2007（1）：8-12.

［86］刘书红，王海．国家能源充填采煤技术重点实验室挂牌［N］．科技日报，2013-12-24.

［87］矿产资源储量司．新汶矿业集团有限公司（新汶矿区）以矸换煤绿色开采示范工程［Z］．2012.

［88］刘瑾．为煤炭开采披上“绿衣服”［N］．经济日报，2018-01-24.

［89］罗欣．新型煤化工技术的应用必要及发展趋势［J］．化工管理，2013（22）.

［90］王军，杨绍飞．国内外煤炭液化的技术现状［J］．环球市场信息导报，2013（39）：122-124.

［91］刘加庆，邹海旭．从美国大平原发展分析国内煤制天然气项目前景［J］．现代化工，2014，34（2）：14-16.

［92］李慧．我国绿色矿山政策动态及展望［J］．中国经贸导刊，2010（12）.

［93］丁全利．六部门联合印发《关于加快建设绿色矿山的实施意见》［N］．中国国土资源报，2017-05-11.

［94］国土资源部，等．关于加快建设绿色矿山的实施意见［EB/OL］．http：//www. gov. cn/xinwen/2017-05/12/content_ 5192926. htm.

［95］李维．广东将建设 250 个绿色矿山［EB/OL］．南方网，http：//news. southcn. com/gd/content/2017-07/04/content_ 173743658. htm.

［96］青海省自然资源厅．青海省矿产资源总体规划（2016—2020 年）环境影响评价公示［EB/OL］．http：//www. qhlr. gov. cn/text-？ vid=23033.

［97］河北省发展改革委．关于印发《河北省煤炭工业发展“十三五”规划》的通知［EB/OL］．http：//info. hebei. gov. cn/eportal/ui？ pageId=1966210&articleKey=6736990&columnId=330035.

［98］林火灿．中煤协：三个不适应凸显煤炭清洁高效利用重要而迫切［N］．经济日报，2018-11-22.

［99］滕玲．废弃矿山的十年华丽变身　88 个国家矿山公园等你“到此一游”［J］．地球，2017（12）．

［100］吴鹏力，张爱青，张智刚．同煤集团矿山生态环境综合整治实例与经验［J］．煤炭加工与综合利用，2014（9）．

［101］刘运松．矿山环境存在的主要问题及治理方法研究［J］．中国科技信息，2011（7）．

［102］姜文峰，许彪．基于 FPGA 的大采高液压支架控制装置设计［J］．煤炭科学技术，2011（9）．

［103］匡坤华．东滩煤矿复杂开采条件下冲击地压预测与防治研究［D］．阜新：辽宁工程技术大学，2015．

［104］于红，张一清，宋华岭．山东省城乡居民冬季清洁采暖分析［J］．山东工商学院学报，2018（5）：27-33．

［105］胡润青，窦克军．我国北方地区可再生能源供暖的思考与建议［J］．中国能源，2017-11-25．

［106］国务院发展研究中心资源与环境政策研究所，等．2017 中国散煤治理调研报告［R］．2017．

［107］中国煤控研究项目散煤治理课题组．2017 中国散煤综合治理调研报告［R］．2017．

［108］江晖，左宗鑫．散煤治理战场扩围点多面广仍是治理难点［N］．中国工业报，2018-09-17．

［109］国家能源局．北方地区冬季清洁取暖规划（2017—2021）解读［EB/OL］．http：//www. nea. gov. cn/2018-01/24/c_ 136921343. htm．

［110］新华网．北京电网最大负荷再次突破冬季历史极值［EB/OL］．http：//www. xinhuanet. com//expo/2018-01/26/c_ 129799454. htm．

［111］于学华．洁净型煤破偏远山村取暖困局［N］．中国电力报，2018-11-17．

［112］欧盟委员会．欧盟煤炭地区：未来的机遇与挑战［Z］．2018．

［113］周杰，周溪峤．日本如何实现煤炭的清洁高效利用［N］．中国能

源报，2016-03-28.

［114］BP世界能源统计年鉴（2018）［Z］. 2018.

［115］梁敦仕.2018年世界煤炭市场形势·展望［EB/OL］. 中国煤炭网，2018-03-15.

［116］中国煤炭加工利用协会. 张绍强：我国煤炭清洁利用进展与发展趋势［EB/OL］. http：//www. chinacoaljournals. com/i，16，7287，0. html.

［117］国务院. 国务院关于印发“十三五”节能减排综合工作方案的通知［EB/OL］. http：//www. gov. cn/zhengce/content/2017-01/05/content_ 5156789. htm.

［118］国家能源局. 国家能源局关于印发《煤炭深加工产业示范“十三五”规划》的通知［EB/OL］. http：//zfxxgk. nea. gov. cn/auto83/201703/t20170303_2606. htm？keywords=.

［119］国家发展改革委. 国家发展改革委国家能源局关于印发能源发展“十三五”规划的通知［EB/OL］. http：//www. ndrc. gov. cn/zcfb/zcfbtz/201701/t20170117_ 835278. html.

［120］国家发展改革委. 国家发展改革委国家能源局关于印发《能源生产和消费革命战略（2016—2030）》的通知［EB/OL］. http：//www. ndrc. gov. cn/zcfb/zcfbtz/201704/t20170425_ 845284. html.

［121］张玉峰. 关于我国煤炭可持续发展的探讨［J］. 中国煤炭地质，2018（S1）：56-59.

［122］国家能源局. 推动丝绸之路经济带和21世纪海上丝绸之路能源合作愿景与行动［EB/OL］. http：//www. nea. gov. cn/2017-05/12/c_ 136277473. htm.

［123］中国煤炭资源网. “一带一路”煤炭绿色产能合作前景看好［EB/OL］. http：//field. 10jqka. com. cn/20170911/c600386570. shtml.

［124］谢和平，王金华，王国法，等. 煤炭革命新理念与煤炭科技发展构想［J］. 煤炭学报，2018（5）：1178-1197.

［125］谢和平，等. 煤炭革命的战略与方向［M］. 北京：科学出版社，2018.